東京大学
教養のフロンティア講義

私たちは世界の「悪」にどう立ち向かうか

東京大学東アジア藝文書院・編

Transview トランスビュー

まえがき

石井剛（東京大学東アジア藝文書院副院長）

1　「30年後の世界へ――学問とその〝悪〟について」

２０１９年に発足した東京大学東アジア藝文書院（East Asian Academy for New Liberal Arts, EAA）は、「東アジアからのリベラルアーツ」を標榜しつつ、北京大学をはじめとする国際的な研究ネットワークの下に、「世界」と「人間」を両面から問い直す新しい学問の創出を目指しています。わたしたちが考える学問とは、単に未来を予測するものではなく、意志して望む未来を創出する営みです。そこでわたしたちは、学生の皆さんが社会の中心で活躍しているであろう「30年後の世界」に向かって、学問的な問いを開く試みを発足当初から行っています。

本書は２０２１年度の春学期に東京大学教養学部でＥＡＡが行ったオムニバス講義「30年後の世界へ――学問とその〝悪〟について」の内容に整理を加えて再録したものです。このオムニバス講義は２０１９年から毎年開講されており、２０２０年の講義は、『私たちはどのような世界を想像すべきか』というタイトルですでに書籍として刊行されています（トランスビュー、２０２１年）。本書はしたがって、講義シリーズ「30年後の世界へ」からの２冊目の刊行ということになります。

ＥＡＡ発足後、わたしたちの世界は急速にそのすがたを変え始めました。２０２０年の年明け以来、今日に至るまで人類は新型コロナウィルス感染症（COVID-19）の災禍に苦しんできました。いずれ終息する日は来るかもしれませんが、世界各国でさまざまに試みられてきた医療・公衆衛生対策はそれぞれに課題を抱えており、その影響はまだ見通せません。この感染症がパンデミックに入ったばかりのころから、ＥＡＡは感染症を課題の一つに据えてきました。２０２０年４月にはその皮切りとして「感染症の哲学」というオンラインワークショップを開催しました（他のワークショップと併せて『文学・哲学・感染症』として論創社から刊行されています）。

このなかで、ＥＡＡの中島隆博院長は、この災禍は「すでに気づかれていた弊害」が一気に噴出したものに過ぎないのではないかと問うています。地球の南北どちらに住んでいるかによって生存条件が大きく異なり、また、１％の人口が他の99％の人々の富の総量を所有しているとすら言われる構造的な格差問題、テクノロジーの高度化による生命倫理の動揺や社会生活の一望監視化、少子高齢化の急速な進行、グローバルな人と経済の流動がもたらすさまざまな摩擦や社会分断などなど。COVID-19の世界的流行が示しているのは、感染によって生じる疾病《しっぺい》がみごとなまでに、このような「すでに気づかれていた」構造的な弊害を、その構図通りになぞっていることです。コロナウィルスの人類への感染という現象自体が、自然を収奪しながら人とモノの大量移動によって維持される近代資本主義産業経済が行き着くべくして行き着いた結果であるという声もあります。

「すでに気づかれていた弊害」のひとつひとつをすべて一気に解決する術《すべ》はどこにもないでしょうし、それを目指したところでよい結果は望めないでしょう。それでもわたしたちは、学問の名において、想像力を解放し、よりよい未来を望むことができるはずです。なぜなら、ジャック・デリダが『条件なき大学』の中で述べているように、学問とは「到来すべきもの」を公に向かって告げるものにほかならないからです。学問は希望の灯《あか》りであるはずです。

しかし、学問はただ希望であるだけではないですし、常に善であるはずもありません。そして、学問は、そのある部分では無垢であるどころか、巨大な「悪」に加担してしまっているのではないかという問いが、いまわたしたちが享受しながらそれによって脅《おびや》かされてもいる文明の現実に思いを致すときにどうしても生起して来ざるを得ません。もしかすると学問は、「すでに気づかれていた弊害」の構造化に寄与し続けてきたのではないでしょうか？

思えば、20世紀以来、アウシュビッツや核兵器など、人類は自らが生み出した学問と技術の力によって導かれた極端な悪に苦しめられてきました。9・11事件で幕を開けた21世紀にはグローバル資本主義と近代産業システムの功罪が深刻に問われる事態をわたしたちは経験し、「善」と「悪」の二元論では片づかない現実に直面しています。新しい学問は、学問の限界と難題（アポリア）を知るところから始まるはずです。新しい学問の出発点は、新しい社会的想像力の出発点でもあります。わたしたちは、ゼロからでも理想からでもなく、自分たちが背負ってきた知の限界や難題を遺産として受け継ぐことで、「30年後の世界」を自分の手で作り出していくしかありません。

登壇者の一人である金杭《キムハン》さんは、特定の人間を「排除しながら政治が本来持つ遂行性を消去する」ことが政治における悪だと述べています。政治は未決のものに対して人々の間でめぐらされる言表や行為全般のことだと金さんは定義していますから、わたしたちの学問もまた政治的であることから逃れることはできませんし、政治から距離を置こうとすることで学問が悪から自由になるのではなく、むしろそうすることによって、学問は「政治における悪」に加担することにすらなります。「学問とその〝悪〟」について考えることは、学問と政治を切り離すのではなく、学問という営みそのものが必然的に有する政治性について考えることにほかなりません。

しかしそれ自体は悲観すべきことではないどころか、むしろ希望につながっていると思います。フランスの哲学者ジャック・ランシエールは「人間は知性を従えた意志である」と述べます。意志の出発点は、見ること、聞くこと、手探りすることであり、それらはそのまま、意志するひとりひとりの魂と能力を構成していくと彼は言います。中国の詩人顧城《こじょう》の詩に「闇夜はぼくに黒い瞳を与えた。だがぼくはその黒い瞳で光明を探す」という一節があります。暗黒の「悪」のなかから世界を眼差そうとする意志が知性を構成し学問となり、わたしたちの希望へとつながるはずです。

2 本書の内容

今回は特に計画段階から講義がオンライン形式で行われる可能性を考慮しましたので、その結果、海外からも登壇者をお招きすることが実現しました。オンライン・コミュニケーションは時差という克服しがたい問題こそあれ、空間の隔《へだ》たりを軽々と越えられることにはやはり魅力があります。わたしたちは「東アジア」という地域の概念を名称に含んでいますが、地域的ネットワークを豊かなものにしていくために、オンライン会議ツールはたいへん有益です。感染症の世界的流行という困難の中から芽生《めば》えてきた数少ない光明の一つはこれだったのではないかと思います。時差の近接する地域内での知的コミュニケーションが活発化することは、特にアジアという多様で複雑な相貌をもつ地域での相互理解を後押しするでしょう。ＥＡＡはそのようなモデルを提示する存在でありたいと思います。

本書の編集に当たっては、実際の講義が行われた順番ではなく、テーマに沿って目次を再構成しました。以下では簡単に各講義の概要をご紹介しますが、あくまでもわたしの視点からの切り口ですので、読者の皆さんはこれを参考にしながら、自由に気に入った講義から順にお読みいただければと思います。

まず、そもそも「悪」とは何でしょうか。また、悪と善はそれほど明確に対照的なことがらなのでしょうか。**朝倉友海**さん（第１講）は、善と悪は自明でなく、相互に転じ合うパラドキシカルな関係にあると説きます。「あらゆる偉大なる世界史的な出来事や人物は繰り返される、一度目は悲劇として二度目は茶番として」としたカール・マルクスにならいながら、ただこれまでの善悪の基準に従って善につこうとしているだけではかえってその中から悪が結果することもありうる、だからおそれて何もしないよりも創造的な「賭け」に出ることによってしか未来は開けないといいます。そうだとすれば、わたしたちは小さな失敗を繰り返しながら前に進んでいくしかないということなのでしょう。

近年「フェイクニュース」や「ポスト・トゥルース」と呼ばれる現象が注目されています。この現象に温床を提供したのがポストモダン思想であるとする批判があるのだそうです。**星野太**さん（第2講）はこうした批判に対してポストモダン思想を擁護《ようご》しながら、真偽や善悪といった区分けが安易さの落とし穴に陥るからといって相対主義に流れるのではなく、両者の（朝倉さんの言うパラドクスの）あいだにある緊張関係をより精緻に読み解くことこそが、ポストモダン思想の主張であることを確認します。ポストモダン批判は、期せずしてポストモダンが批判していた罠にとらわれてしまっているのです。わたしたちが「学問とその〝悪〟」を問おうとするのは、まさにこうした罠を回避するために他なりません。

鶴見太郎さんの講義（第3講）は、旧ソ連における「ユダヤ人」の形成と彼らのイスラエルへの移民という実例から、「民族」または「人種」といった概念がいかに政治的に分節化してくるのか、そしてその結果、人々に具体的な行動を起こさせるまでに現実化していくのかを明らかにしています。真実か否かという評価基準とは別の次元で、政治的に現実が作られていくという構図は星野さんの論じたポストモダン思想批判のあり方に通じます。そうであればこそ、民族のような実体の不明な概念については、脱構築的に向き合う必要があります。鶴見さんの議論は2022年の2月に始まったロシアによるウクライナ侵攻の背景を知る一助となるだけでなく、わたしたちがこの世界史的事件に対する分析を複雑化するためにも有益です。

「民族」や「人種」の問題は、このあといくつかの講義に通底するトピックとして、さまざまに論じられます。**中島隆博**さん（第4講）が田辺元《はじめ》の「種の論理」を取り上げたのもその一つです。中島さんは、田辺が個人と人類を媒介するものとして「種の論理」を構想したのは、単に田辺の現実政治へのコミットメントであるだけでなく、弁証法という構想の方法の方に問題があったのかもしれないと述べます。それはある意味で哲学の限界が露呈する瞬間だったのかもしれません。中島さんは「偶然性」を論じた九鬼《くき》周造に注目することによって、田辺が歩もうとしたのとは別の方向にも哲学が開かれていく可能性があったことを示唆しています。

一方、**王欽**さん（第5講）が竹内好《よしみ》の再読を通じて主張するのは、自由に生きることを欲するのは人間にとって普遍的な原理であるけれど、その原理を希求する言語が必ずしもストレートには表現されないということです。つまり、表出した言語がそのまま真実を表しているのではないからこそ、言語が身体化を通じて内面的に獲得されていくことの重要性をいうのです。しかもそれは「絶えざる自己更新」によってなされるべきだとあります。これは先にも言及した「政治」の具体的表現だと言えるかもしれません。言語と〈身体的〉真実との間には多かれ少なかれ決定的なずれがあるはずですので、そのずれこそがわたしたちが自ら未来を創造するポテンシャルのありかなのだと言えるでしょう。

林少陽さん〈第6講〉は、中国において清帝国が中華民国という近代国家へと転換していったダイナミックな歴史の中で、理論面から民族革命を推進した章炳麟《しょうへいりん》について論じています。章炳麟は「民族」という概念に依拠しながら、しかもそれを過度に実体化することを戒《いまし》めるような思想を荘子の思想や仏教の教えの中に求めていきます。彼にとって、真実の存在を求めることは究極的には不可能であり、いったんは「個」がそれに近いとは言えたとしても、それより上位のいかなる集団もみな幻想の産物でした。したがって「民族」も「国家」も一時的に仮託する対象に過ぎず、彼の一見民族本位な思考は、実は弱者の連帯に向かって開かれていたのだと林さんは言います。こうした章炳麟の思考を支えていたのは人間の本性は悪であるからこそ、人の営為によってそれを克服していくことができると考えた荀子《じゅんし》でした。

学問に内在する「悪」について、**張政遠**さん〈第7講〉は、あらゆる動物の中で人間だけに備わる理性がさまざまな悪の要因を作ってきたのではないかと指摘しています。人間の理性は、人間の世界の秩序が暴力によって乱されないようにするために、ある種の暴力を合理化せざるを得なかったというのです。さらに張さんは、このことは学問の世界の内部にも及んでいると述べます。悪を牽制《けんせい》するのもまたある種の悪であるならば、この循環を断ち切ることよりもむしろ利用したほうがよい、パロディ（悪戯）やルポルタージュ（暴露）はそうした戦略であると張さんは述べます。どちらも理性的な言語と秩序に小さなひびや裂け目をもたらすものです。

このことは中島隆博さんが述べた九鬼周造の「偶然性」にもつながるでしょう。九鬼は理性では割り切れない事態としての偶然こそが「いき」、すなわち人が人として「生きる」ことを支えていると理解していました。この点において、「生」こそが根本的な価値であるとする張さんの儒学理解と、中島さんの九鬼理解は共鳴しながら交錯していると言えるでしょう。そして、生きることの価値を尊ぶことは、ただ生命を保全するということとは同義ではないでしょう。

「民族」が問題になることは、そもそも近代的な国民国家を単位として成り立つ民主主義という政治自体のもつ必然かもしれないということを、**金杭**さん（第8講）の講義はわたしたちに考えさせてくれます。そしてこのことは、自分たちとそれ以外（他者）を峻別しながら自らを囲い込むことが現代政治のアポリアであることを示唆しています。このアポリアは、苦痛を回避する「滅菌空間」への欲求に生の意味が単純化した先に人々が陥りかねない「安楽主義」において、衛生思想的な排除の論理へと転じます。アポリアはしかし本来、政治のよって立つべき出発点であるはずです。政治の賦活《ふかつ》化のためには、現実をもとから与えられたものとしてでなく、政治的に形成されてきたのだとする認識が大切でしょう。生命の意味を考えること自体がわたしたちにとって重要な政治であると言えるでしょう。

さらに、生命は人間だけのものではなく、より大きな視点では、地球上で40億年近くの間、繁栄と絶滅を繰り返しながら今日に至っているきわめて多様な生命と共に享受されているものなのだと、**太田邦史**さん（第9講）は教えてくれます。自然を改変しながら生きる人類の存在そのものが、地球の生物多様性という角度から見れば「悪」であると太田さんは言います。このことから導かれる結論は、人類の生存を考えるときには、人類のことだけではなく地球に棲《せい》息《そく》する生命全体を結びつける多様な動的ネットワークのことを考えなければならないということです。持続可能な発展目標（ＳＤＧｓ）が叫ばれるようになって久しいですが、それは生命の多様性を豊かにすることをも含んで追求されるべきであり、そうでなければ人類もまた窮《きゅう》する結果になってしまいます。

続く**佐藤麻貴**さん（第10講）の議論は、数的繁栄を欲しがちな近代の発展観に警鐘を鳴らしています。日本ですでに起こり始めている人口減少は必ずしも悪いものではなく、むしろ減少のトレンドの中から豊かな生に関する新しい想像力を生み出すべきだと説きます。これは、太田さんが示す「良いシナリオ」を具体化する有益な手がかりではないでしょうか。その際、生の豊かさとは時間の複数性を前提にした多様な他者との共生を意味しているのだと理解した上で、望むべき未来を構想し、そこに向かって科学技術を統御していくべきだというのが佐藤さんの論旨であるとわたしは受け取りました。

ミハエル・ハチウスさん（第11講）は「知識史」というあまり馴染みのない歴史学の分野を

紹介しながら、知識と道徳（善と悪の価値判断を含む）が分離したのが近代の特徴であることを明らかにしています。その結果、「実学」ということばの意味が幕末以降の近代とそれ以前とでは変化しました。江戸時代までの実学は朱子学のような漢学によって担われていたのですが、そこで実学とは、学問的修養が学ぶ者個人のみならず、世の政治と道徳に寄与していくと理解されていたのです。富国強兵に資する知識だけが実学であるとされるようになると、「経済学」という語の成り立ちである「経世済民の学」に込められていたはずの政治と道徳の学問という意味あいは捨象されていきました。漢学はこうして「虚学」として貶《おとし》められていきます。

最後にわたし（石井剛）の講義（第12講）ですが、登壇した皆さんの議論の一部を振り返りながら、学問をシステムであると見た場合、その中には「悪」に転じる要素が不可避であることと、そしてだからこそ同時に「善」へと向かう努力が可能であることを、中国哲学のキーワードである「勢」、「道」、「文」などに依拠しながら論じてみました。大学で学び、教えることとは、儒学が求めた「正名」のプロセスを不断に営んでいくことにほかならず、学問によって社会にもたらされた悪もまた学問によって正されていくにちがいないという希望を述べてみましたが、読者の皆さんはどう思われるでしょうか。

本書の編集に当たっては、講義の録音を文字に起こしたあと、トランスビューの高田さんが読みやすいように書き直してくださり、登壇者がそれをもとに改稿を加えました。改稿の過程では受講者の皆さんからの質問も参考にしています。前回に引き続く高田さんの奮闘に支えられて本書は完成しました。この場をお借りして深く感謝いたします。

本書のもとになった各講義の模様はUTokyo OCWという東京大学の授業配信サービスにより無料で公開されています（https://ocw.u-tokyo.ac.jp/course_11450/）。ご関心のある方はぜひご覧ください。

また、ＥＡＡは東大とダイキン工業株式会社との産学協創協定によって運営されており、各回の講義には社員の方々も聴講に訪れてくださいました。これもＥＡＡが目指す新しい学問の一つのかたちです。ダイキンのみなさまのご支援にも心から感謝申し上げます。

２０２２年7月23日

CONTENTS

第5講

私たちの憲法〝無感覚〟
――竹内好《よしみ》を手掛かりとして

王 欽

「憲法〝無感覚〟」とはどういうことか／普通の人々が憲法に覚えた違和感／新安保条約締結に反発して辞職した竹内の意図／私たちはどのようにして憲法を自分のものとしていくか／憲法の普遍性はどこにあるか／「方法としてのアジア」を捉えなおす

p.135

第6講

清末中国のある思想家の憂鬱
――章炳麟《しょうへいりん》の「進化論」批判

林 少陽

章炳麟が掲げた「アジア主義」／「進化論」の何を批判したのか／善が進化すれば、悪もまた進化する／個人が「近代」から自由になるために／章炳麟の国家観／争いのない世界は訪れるか／章炳麟の議論から110年後の我々はどう考えるべきか

p.161

第9講

地球上の生命と人類は30年後にどうなっているか

太田邦史

p.233

「カーボンニュートラル」が見落としていること／地球の生命の歴史／ピンチをチャンスに変えてきた生物／人類は地球にとって「悪」である／人間の移動（モビリティ）が与えた影響／30年後の「良いシナリオ」と「悪いシナリオ」／質疑応答からの抜粋

第10講

未来社会2050——学問を問う

佐藤麻貴

p.263

未来予測は「誰」がするのか／未来を見据えるためには、過去を見返さなければならない／コンピュータは正確に未来を予測するか／「人口減少が問題」は本当なのか／AIの中では何が行われているか／未来予測とは何か／あるべき未来の姿を考えるシナリオ分析の手法／未来社会を見据えて、学問を問う／学生たちとのやりとり（抜粋）

第1講

悪をめぐる三つのパラドックス

朝倉友海

あさくら・ともみ
東京大学大学院総合文化研究科准教授。1975年京都市生まれ。京都大学理学部卒業、東京大学大学院人文社会系研究科博士課程修了、博士（文学）。専門は哲学、比較思想。著書に『概念と個別性――スピノザ哲学研究』（東信堂）、『「東アジアに哲学はない」のか――京都学派と新儒家』（岩波書店）がある。

未来へ向かうことと悪を避けること

この学術フロンティア講義では「30年後の世界へ」という大きなテーマのほかに、今回は「学問とその〝悪〟について」というテーマが与えられています。これら二つのテーマは、それ自体では全く別々のものに見えますが、二つを架橋するような仕方でお話しいたします。話の中心は、悪についてどう考えればよいかという内容ではありますが、未来へ向けてどう生きていけばよいのかという問題意識のもとで考察を行います。

先を見通すことは、30年後はおろか、1年先の世界についてさえ、容易にはできません。私自身について言えば、決して先を見通して生きてきたというわけではなく、自分の選択に対して「何て馬鹿なことをしているのだろう」と薄々感じながら紆余曲折を経てきました。例えば、発生進化学の研究室に所属していた学部生時代には、急に「文転」してしまうなどとは自分でも予期していませんでした。哲学研究室では西洋哲学の研究を専門としながら、中国思想や日本哲学の研究を同時に続けてきましたが、それも決して何か目的意識のもとにやっていたわけではありません。

かといって、好き勝手に気ままに生きてきたというのも違います。私は、いわゆる「高学歴ワーキングプア」が社会問題化した世代に属します。問題の当事者として、私自身のもとにもニュース番組の取材依頼が来たことがありました。生活苦にあえぐ中で、常に「自分は何か馬鹿で無駄なことをしているかもしれない」と思いながらも、そしてしばしば周りからそう言われながらも、直感に従ってきたというのが実情です。

ただ、30年近く前を思い返せば、私の目にしっかり見えていたものも、確かにありました。私の哲学研究は中国語圏での議論を含んでおり、それなりに中国ウォッチング歴もあるのですが、思い返せば、私が高校から大学へと進んだ1990年代には、中国が今のような経済大国になることを見通していた人はほとんどいませんでした。当時はまだ、日本の代表的な知識人たちが、強すぎる経済大国日本が再び周辺諸国を侵略して支配してしまうのではないか、などと懸念しておりました。知識人が信用を失うのも無理はありませんね。

しかし、一部の人たちには近い将来の中国の発展が「見えて」おりました。私の場合は、何となく分かったと言った方がいいかもしれません。もともと私は古風な中国趣味を持ち合わせていますが、むしろ大きかったのは、大学生のころ初めて中国を訪れた際に受けた強烈な印象でした。大陸に巨大な夢が動き始めている、と強く感じたのをおぼえています。私にとってこの経験は、ものを考える原点ともなりました。

振り返って思うのは、先々のことが自然に「見える」ことがあるということです。先を見通すことは、世界についてはもちろん自分についてさえ容易にはできないし、自分自身がどうするかでさえ思い通りにはならないのも事実ですが、何となくの直感はあります（感覚としての「直感」と、直に見通すという意味の「直観」は、書き分けることもできますが、今はあまり区別にこだわる必要はありません、以下では「直観」を用います）。

結論を先取りすれば、私たちは自分自身の「直観」を信じて生きていくしかない、というのが私の考えです。ちょっとやそっと頭を働かせたぐらいで、先々の大切なことが見えてくるほど甘くはない。むしろ直観に賭けることこそが大切だと、考えています。

言うのは簡単ですが、直観との付き合い方というのは非常に難しい。そもそも直観は往々にして間違いを起こします。デカルトが感覚的知識について述べているように、一度でも欺《あざむ》かれたら二度と信用しないのが賢明、という考え方もあります（『省察』）。しかし、ここで述べている直観はもう少し知性的なものですから、それを信じないで生きるということもまた、それはそれで難しい。それに、直観が正しいか間違っているかの判別は、そう容易ではない。一見すると間違っていたように見えるけれども、まわりまわって最終的には直観が正しかったことが判明するという場合だってあるのです。

誰も間違えたくないわけですが、直観に賭ける上で何に注意すればよいのか。この問いに対しては、やはり悪に手を染めないようにするということが大切だと答えることができます。なぜなら、大きな悪に手を染めないかぎり、私たちはたとえ選択を間違ったとしても、やり直せるからです。悪に加担しないかぎり、私たちは再び直観に賭けることができる。このように、未来に向けてどう生きていけばいいかを考えることと、悪について考えることとは、「直観」というテーマを通してつながっています。

では、本題に入りましょう。

『マクベス』と『老子』をつなぐ、善悪のパラドックス

「いいは悪いで、悪いはいい」――シェイクスピア『マクベス』の有名な冒頭部分、魔女たちの台詞です。これは、東大駒場で教鞭を執られていた小田島雄志《おだしまゆうし》の訳ですが、もしかしたら「きれいは穢《きたな》い、穢いはきれい」（福田恆存《つねあり》訳）のほうが一般的によく知られているかもしれません。原文は「Fair is foul, and foul is fair.」ですね。

どのように訳すにせよ、正反対の価値を持つものがお互いに転換し得る、あるいはそれが等しいという逆説（パラドックス）が表現されていることには変わりありません。この文章自体は必ずしも善悪のみを意味するものではありませんが、「いい」と「悪い」という言葉そのままの意味として、「いいは悪いで、悪いはいい」という文を受け止めて話を進めましょう。

こうした逆説はシェイクスピアに特有というわけではなく、東アジアの人々にとっては非常に親しみ深い考え方です。『淮南子《えなんじ》』に出てくる「塞翁《さいおう》が馬」とか、あるいは『韓非子《かんぴし》』に出てくる「矛盾」とかいった考え方ですよね。ある意味では、東洋思想のほうがこうした逆説的な表現に長《た》けていると言えるかもしれません。『老子』には、このような一節があります。

世の中で皆、美しいものを美しいとしているが、これはむしろ醜悪だ。皆が善なるものを善とするのも、善くないことだ。（天下皆知美之為美、斯悪已。皆知善之為善、斯不善已。）

善悪に限らずこの手の逆説的な表現は古今東西たくさん見られます。パラドックスとは、もともとは「常識（ドクサ）に反する命題」という意味ですが、より現代的には、「妥当な推論により得られる受け入れがたい結論」として定義されます。今述べているような善悪のように相反するものをめぐるパラドックスにおいては、一般的に正反が互いに入れ替わるという形を取ります。今日の授業でお話ししたいのは、このような矛盾を哲学的にどう考えたらいいのか、そしてそこから未来に向けたヒントが得られないかということです。「いいは悪いで、悪いはいい」という善悪の逆説から、三つのパラドックスを引き出すことができます。

1　善は悪であるというパラドックス
2　悪は善であるというパラドックス
3　善と悪の等しさに関するもの

それぞれについて詳しく見ていくことになりますが、大きく言えば次のような話題です。一つめの「善は悪であるというパラドックス」は典型的にはカントに見られ、さらにその進化形がアドルノ、ホルクハイマーといった哲学者の議論に見られます。二つめの「悪は善である」については、ニーチェの考え方を軸にお話しします。これら二つについても孟子や韓非子といった東洋思想を織り交ぜてお話ししますが、三つめの「善と悪の等しさ」では、むしろ仏教の話が前面に出てくることになります。

第一のパラドックス「善は悪である」——カントと形式主義

まず、「いいは悪い」すなわち「善は悪であるというパラドックス」について説明しましょう。悪が正義のふりをしてやってくるということは、哲学を持ち出さずとも多くの人は経験を通して知っていることだと思います。いかにも悪そうに見えるコワモテの人が実はいい人だったというのは、一般によくあることです。逆に、いかにも善人に見える人が、実は極悪だったということは、実際に目にする機会はあまりないかもしれませんが、話にはしばしば聞くところではないでしょうか。

哲学史においても、古くは古代ギリシア哲学においてすでに、ソクラテスやプラトンが徳とは何か、正義とは何かという問題を考えた際に、やはりニセの徳やニセの正義から、どのように真の徳や真の正義を選り分ければよいのか、といったことを論じていました。しかし、以下でお話ししたいのはそこまで歴史的にさかのぼる話ではありません。近代哲学・倫理学の基礎を築いたカント（1724-1804）の考え方についてです。

カントは『道徳形而上学の基礎づけ』で、人間愛や同情から人に施《ほどこ》すことは「道徳的なこと」ではないという主張をしています。普通に考えれば、人間愛や同情から人に施すことは「善い行い」であるようにしか思えませんが、この常識に反するような「逆説」を述べているのです。これはいったい、どういう意味でしょうか？

同情心に富む人が施しをすることは、好きなことをするということでしょう。そこには何らの義務感も、葛藤《かっとう》もない。カントが言うには、何の葛藤もないところに道徳的価値を認めるわけにはいかない。なぜならば、もしそこに道徳性を認めようものなら、道徳と「好み」や「趣味」とのあいだに区別がなくなるからです。趣味として施しをするのは、いわば性癖のようなものなので、道徳とは言えない。むしろ、同情心など持ち合わせていない冷たい人が、それにもかかわらず義務感から施しをするようなこと、葛藤に耐えながら施しをすること、そこにこそ道徳的価値が出てくる――このようにカントは考えます。

普通の感覚では、同情心に富む人は明らかに善い人でしょう。善い人が道徳的でないというのは、奇妙な主張にも見えます。しかし、善人のように行為することがプログラムされているロボットは、道徳的でしょうか？　自らの「性癖」に従っているだけで、葛藤することもないなら、それは道徳的とは認めがたいでしょう。カントは、このような一見道徳的に見えることが実はそうではないということを強調しました。

カントの哲学は批判哲学と呼ばれますが、そもそも哲学者は安易に常識に乗っかろうとはしません。善人として常識が捉えるものは、むしろ悪人ではないだろうか、と考えるわけです。とりわけ、自分が非常に道徳的であるという思いや、自分は正義だという自信を「道徳的狂熱」と呼んで、それがいかに道徳性を欠くものかを批判しました（『実践理性批判』）。「道徳的狂熱」は、英語で言うなら moral enthusiasm となります。カントはここに善悪のパラドックスを見出すのですが、その理屈を簡潔にまとめると、重複も含みますが次の四点になります。最初の二点を挙げましょう（なお、ここから二、三段落は、読み飛ばしても結構です）。

①「善および悪の概念は、道徳的法則に先立つのではなく後にあり、道徳的法則によって規定されねばならない」（『実践理性批判』）
②なぜなら、もし善悪の規定が道徳的法則に先立っているなら、快・不快の感情によって決定される「趣味的なもの」にすぎないことになるから

私たちは、「善」はこういうもの、「悪」はこういうものだという価値観がまずあって、それを実現するために道徳的法則が立てられたと思いがちですが、実際はその逆だとカントは言います。仮に、善悪の概念が法則よりも先にあるのだとしたら、それは人間によって捉えられた

「趣味的な」判断、つまり快・不快などの感情で決められたものでしかないからです。

一方、善悪に法則があるのだとすれば、その法則には普遍的な原理がなければなりません。普遍的な道徳的法則こそが、善悪を決めるのです。しかし、そのような原理は見つかるのでしょうか？　次の二点を見ましょう。

③善悪は客観的に決められるものであり、普遍的な原理により規定されねばならないのであるから、善悪を決定するのは道徳的法則である
④だが、道徳的法則を実質的・具体的に示そうとするなら、結局のところ自愛の原理に帰着するようなものしか示し得ない

カントの答えは否定的です。道徳的法則を具体的に示そうとすると、結局「自愛の原理」になってしまうと言っています。「自愛」とは読んで字のごとく、自分の利益になるということです。例えば、「人に親切にするのが善いことだ」という法則を立てるとしましょう。しかし、この法則は何に基づいているのでしょうか。考えてみると、親切にすると巡り巡って自分に返ってくるからだといった、自分の利益に帰着するはずです。これはかなり絶望的な話で、カントによれば道徳的法則を具体的に示すことはできないということになります。

言い換えれば、善悪を決めるような道徳的法則を、実質的な内容をもったものとして呈示す

ることは、できないのです。では、どうしようもないのかということになりますが、ここでカントはいわゆる「形式主義」と呼ばれる考え方を持ち出します。実質的な内容（例えば親切にするとか、正直であるとか）は盛り込めないとしても、内容を欠く形式的な言い方ならば、可能だということです。

カントの形式主義をかみ砕いて言えば、以下のようになります。まず、善悪は法則により規定されなければならないというのは先に述べたとおりですが、その法則が具体的・実質的な内容や命令をもったものであってはなりません。善悪を規定する法則は、実質的な内容の代わりに、次のような「形式」のみを持ちます。その「形式」とは、「私たちの善悪の判断が基づくその法則が、普遍的な法則であることを私たちが欲し得ること」というものです。言い換えれば、一切の権威や利害を超えた普遍的な「かくなすべし」という声（これを「定言命法《ていげんめいほう》」と呼びます）に聴き従う仕方で、善悪が判断されるということです。

一切の権威や利害を超えた理性の命令は、自らの理性が課する法則であるとともに、普遍的な法則でもあります。それは自らが課す法則であるとともに、おのれの私欲とは相容れないような、いわばおのれとは異質の命令であるために、わたしたちは道徳的に葛藤するのです。このように、自らが課す法則に義務的に（言い換えればイヤイヤながらに）従うのが道徳性であるということは、「自律」の語のもとによく知られているところです。

理性の命令から「天命」へ——孟子をてがかりに

以上の理屈は小難しいですが、実は私たちにとってむしろ直観的に分かりやすいものだということを簡単にお話ししておきたいと思います。

というのも、実は儒学では「天道」とか「天命」といった考え方があり、日本人もこうした「天」（普遍的な命令をするもの）についてよく知っているからです。儒学で四書の一つに数えられる『孟子』には、次のような言葉があります。

其の心を尽くせば、其の性を知るなり。其の性を知れば、則ち天を知る。（尽其心者知其性也、知其性則知天矣。）

ここで「性」というのは人の本性とか道徳性ということなのですが、心（道徳心）を尽くして本性（道徳性）を知ることができれば、それがすなわち「天」に通じるということだ、というわけです。これは、一切の権威や利害を超えた普遍的な「かくなすべし」という声を聞くことを目指すということにほかなりません。

もちろん、天の声が突然聞こえてくるわけではありません。道徳的狂熱には警戒せねばなりません。そうではなく、孟子が言うように我々の道徳心の端緒（四端の心）をうまくつかんで、道徳心を取り戻す、つまり「心を尽くす」、あるいは「拡充する」という実践によって、はじめて天を知るに至るわけで、そこに儒家の修養があるわけです。

東アジアの知識人にとっては、近代になってやっと入ってきたカントの形式主義は、実は非常に直観的に理解できるものでした。カント自身は「直観」などと言うのを嫌がって「形式」だと主張するわけですが、儒学的な背景を持つ近代東アジアの思想家たちは、もちろんそれが「性を知る」ことや「天を知る」ことと近いことに、すぐに気づいたのです。だからこそ、カント倫理学は近代アジアで広く人気を博したとも言えます。

これは近代日本だけでなくて、中国語圏でも同様でした。とりわけ、牟宗三《ぼうそうさん》（1909-95）という20世紀中盤から後半にかけて香港・台湾で活躍した哲学者は、カント倫理学と儒学との深い理論的相同性を追究したことでよく知られています。

「善は悪である」の進化形？

善悪があらかじめあって道徳判断がなされるのではなく、道徳的法則が先にあってそれによって善悪の概念が定まるのだということを説明しましたが、一見「善」に見えるものが、実際は善ではなかったということがあるのも、このことに基づくと言えます。しかし、カントは積極的に善が悪に転じるということを説明したわけではありませんでした。

それに対して、カント以降の人たちは、善が積極的に悪に転じていくという弁証法的運動へ着目していきます。その集大成と言えるのが、第二次世界大戦の悲惨な経験を経た上でまとめられたドイツの哲学者テオドール・アドルノ（1903-69）とマックス・ホルクハイマー（1895-1973）の『啓蒙の弁証法』です。二人はナチスによる迫害から逃れてアメリカに亡命しました。なぜ、啓蒙を経て高度に文明化されたヨーロッパにおいて、ユダヤ人虐殺のような「野蛮」としか言えないような出来事が起こるのか――この問いに答えるために書かれたのがこの本です。

同書の中で著者たちは、「啓蒙された文明が現実には未開・野蛮へと復帰する」と述べています。私たちは学問や技術によって文明が進歩していく、それによって理性的、合理的になってより「正しさ」に近づくと思っているけれども、実はそうではなくむしろ「退化」しているというのです。実際、21世紀になっても、高度な文明社会のただ中で「野蛮」なことが起きています。『啓蒙の弁証法』が問うたものは、今でも有効なのです。

この「進歩は退化である」というテーゼによって、「善は悪である」というパラドックスがより先鋭的な仕方で示されます。『啓蒙の弁証法』での分析は、啓蒙化されたはずの社会がむしろ低俗で憎悪に基づく言説により動かされていくことの指摘となっていますが、これはフェイク・ニュースに踊らされる現代社会の中で、私たちが日々実感していることではないでしょうか。善が悪に転じる事態に対して、私たちは目を光らせておく必要が常にあるのです。

第二のパラドックス「悪は善である」——ニーチェと系譜学

さて、ここからは二つめの「悪は善であるというパラドックス」について見ていきます。善とされるものが悪であることがあるのと同様に、悪とされるものが悪でないことがある。悪とされがちなものこそが実は善だったということさえあります。なぜこのようなことが起こるのでしょうか。

改めて目を向けたいのは、そもそも「悪」というものは、どういうものかということです。先に述べたカントの考え方はひとまず忘れて、話を進めましょう。悪について、倫理学的にはいくつかの考え方があって、規範からの逸脱ということのほかに、自律性の喪失や、正当化の不可能性といったことによって「悪が悪たるゆえん」が説明されます。ただ、こういった説明では、悪とされがちなものこそが実は善かもしれないということは、うまく説明できないのです。

しかし、「悪は善であるというパラドックス」をうまく説明した思想家がいます。ニーチェ（1844-1900）は、そもそも「悪」には二種類のものがあるとして、その区別をしました。『道徳の系譜学』という重要な著作の中で、善悪という評価基準には二種類のものがあり、それによって道徳にもまた二つの類型があると述べています。二種類の評価基準とは、「よいとわるい（Gut und Schlecht）」というものと、「善と悪（Gut und Böse）」というものです。日本語でこう訳してもすんなりと通じないかもしれませんが、要するに「悪い」にはドイツ語で「シュレヒト」（語源的には英語のslightに当たる言葉です）と「ベーゼ」（英語では、下劣とか悪質という意味でbaseという言い方があります）との二つがあり、それによって善悪には二種類あるということです。

まず、「よいとわるい」という評価様式は、ニーチェが「騎士的・貴族的評価様式」と呼ぶものです。ネーミングはちょっと悪趣味かもしれませんが、要は「よい」というのは優れているもの、強いものであって、反対に、たいしたものではないもの、取るに足らないものが「わるい」という評価様式です（貴族道徳）。お互いに切磋琢磨する強いライバルは、たとえ敵であっても「よい」のであり、それに対して取るに足らないような対戦相手は「わるい」、といった感じです。ここでは「よい」が主役であり、「わるい」はあくまでも従属的です。

もう一つの「善と悪」という評価様式は、ニーチェが「奴隷道徳」と呼んだことで有名ですが、これは先ほどとは逆に、「強者は悪い」という考え方です。同じように善悪といっても、こちらはむしろ「悪」に対する非難の声が最初にあって、悪ではない自分たちこそは「逆に」善であるという考え方です。弱者といっても意外と強いのです、なぜなら強者を悪者にしてしまうというトリックを使うからです。ニーチェが言うように、「惨《みじ》めなる者のみが善き者である、貧しき者、力なき者、卑《いや》しき者のみが善き者である」（同書1-7、木場深定訳）。これが先の評価様式と大きく異なるものであることは明白です。

「悪」に二種類があるとすれば、「悪は悪ではない」という矛盾した命題は、「悪Aは悪Bではない」として解釈することができるので、矛盾は解消されます。貴族道徳で言うところの悪は、弱者であり、したがって奴隷道徳で言えば善になる。逆にまた、奴隷道徳で言うところの悪は、強者であるところから、貴族道徳ではむしろ善になるかもしれない。このように二つの評価方式を混在させれば、「悪は善である」はもはやパラドックスではなくなります（それどころか、形式的には三つのパラドックスすべてを解くことさえできます）。

ところで、騎士的評価様式における「よい」は、好敵手への尊敬を伴うもので、自己肯定に基づくもの（能動的）だとして、ニーチェは積極的に評価しました。このあたりのことは高校の倫理の教科書にも載っていますから、ご存じの方も多いと思います。

それに対して、「弱者こそが善である」というのは、いわば逆転の発想です。この評価方式をニーチェは「復讐《ふくしゅう》的評価様式」とも呼びますが、強者に対する反感を、あるいは復讐を、含んでいます。強者は実は善ではなく悪であるというのは、弱者による復讐なのです。これはいわば、自分を脅《おびや》かすような強い他者への、恐れと憎悪に動かされた考え方であると言えるでしょう。他者に対する反感（ルサンチマン）の原理によって、弱者としての自分が「逆に」正しいという価値観の転倒（いわゆる「奴隷一揆」）を起こすのです。

もっと俗な言い方を用いれば、これは「嫉妬《しっと》をこじらせる」ことに近いかもしれません。あいつは金も地位も持っているから、うらやましくて憎らしい。だから悪いヤツだと決めつける。

これがルサンチマンですね。最近でも「上級国民」という言葉が流行《はや》りましたが、この文脈でとらえることも可能でしょう。東大生もよく「受験強者」などと言われますから、反感をもたれがちだということを、そして社会ではしばしば悪者扱いされるということを、皆さんも認識しておいた方がいいかもしれません。

「嫉妬をこじらせる」——これは非常に人間的なあり方だとニーチェも言っていますが、こういう逆転の評価様式が文化を動かしてきたというのが彼の文明観の一つのポイントとなっています。たとえ少々こじらせたとしても、それをバネにして向上心をもてばいいわけです。そもそも、まったく嫉妬しないような人は、あまり人間的ではないでしょう。私自身も学生時代に教員から「嫉妬の嵐」とからかわれたことがあります（笑）。ただ、一部の人たちは嫉妬をこじらせるあまりに、そこから個人攻撃だとか、暴力行為とかに移る人もいるから厄介なところですね。

評価様式そのものを見直してみよう

以上の話から学べることとは、「善い・悪い」「正しい・間違っている」といった評価様式そのものを見直すということの重要性です。個々の評価よりも、その評価様式そのものがどのような原理によって成り立っているのか、その由来を注意して見て、それを腑分《ふわ》けしていくような思考が、批判的思考として求められるということです。これをニーチェは「系譜学」的な思考と呼び、『道徳の系譜学』はその代表的なテキストなので皆さんもぜひ読んでその考え方を学んでみてほしいと思います。そして、自らが日々則っている現実の評価基準について、思いをめぐらせてほしいと思います。

付け足して言いますと、系譜学的な思考は、決してニーチェの専売特許であるわけではありません。東アジア思想の古典へと目を向けると、例えば『韓非子』には、系譜学的な思考が現れています。韓非子は、礼楽《れいがく》がどのような成り行きで制作されてきたかを考えることで、儒家に抗して、新たな時代の制度をめぐる考察を展開しました（この特徴は「五蠹《ごと》」篇に顕著に見られます）。儒家批判であるため、あまり高い評価が与えられなかった時期もありましたが、非常に重要な思考です。中国古典というと何となく権威主義的な伝統のイメージが先に来るかもしれませんが、実際に読んでみると全然そんなことはありません。古典から学ぶべきことは多くあります。

私たち自身が系譜学的な考え方をする場合に少し注意が必要なのは、実際の評価基準は、決して単純にどちらかで割り切れるものではなく、二種類のもの（あるいはそれ以上）が複雑に絡み合っているということです。そのため、系譜学的な思考法を自ら展開する際には、それなりの技巧や習熟が必要となってきます。ニーチェはその実践をして見せてくれましたし、韓非子であれ現代の批評家であれ、「思想家」と呼ぶに値する人たちは多かれ少なかれ系譜学的な思想を実践していますので、学んで実践してみるとよいでしょう。

では、なぜ系譜学的な思考が必要なのでしょうか。無批判的に既存の評価様式に従うのは何も考えなくてもよいので楽かもしれません。系譜学的な思考を欠いたまま既存の評価様式に従うことは、「思想」を欠くということですが、その方が従順で飼いならしやすい人間が出来上がります。しかし、それは悔しくありませんか？　誰かにとって都合がよい人間は、果たして善人なのでしょうか？　むしろ、思わぬところで大きな間違いを犯してしまうということが起こるのではないでしょうか。批判的な思考は悪を避けるために必要なのです。

第三のパラドックス「善悪の等しさ」――仏と悪の不思議な関係

これまで「善は悪である」「悪は善である」という二つのパラドックスについて考えてきました。これらは善と悪がいわば対立するものであるということが前提になっています。これらとは異なり、三つめのパラドックスは「善悪は等しい」というものです。つまり、善と悪は結局のところ同類であるというような立場もあるということです。

このように言うと、すべての行いはある面では善であり、ある面では悪でもあるといった相対主義が思い浮かべられるかもしれません。善悪が評価者によって違うということや、絶対的な善悪というものはないという考え方は、むしろ大昔からあるもので、まったく新しさを欠く、陳腐な考え方です。ここで述べているのはそういうことではありません。

ここで目を向けたいのは、いわば「存在論的」な観点です。善悪が異なることは疑い得ないわけですが、善も悪も「存在している」という点では区別できない、存在者としてはむしろ同じものである、ということです。善人も悪人も言うまでもなく人間であって、この点で同じであることは疑い得ません。逆に言えば、人間は善にも悪にも向かうことができる生き物です。言い方としては、悪人は「人間ではない」「人に非《あら》ず」という考え方も大昔からありますが、これは単なるレトリックではないでしょうか。なぜなら、悪人も生物学的には人間に違いがないわけですから。

もちろん、こうした見方には古くから反発もあります。「人に非ず」という言い方は孟子にも見えるわけですが、彼のいわゆる性善説は、悪というものの存在をめぐって難しい問題をはらんでいます。一方、よく知られているようにキリスト教においては、神は本当に「悪」をつくったのか、ということが神学的な問題になります。この問題に対しては、ローマ帝国時代の教父の一人でキリスト教神学の基礎を確立したアウグスティヌスの答えが代表的ですが、「悪はそもそも存在するものではない」といった考え方もあります。

神学的には、全能の神が「悪」を創造するなんてことは認めがたい。「悪」と思える出来事はたくさんあるように見えますが、それはなぜかといえば、悪とは善が「無い」ことであって、被造物が「無」へ堕ちていった結果だと説明するわけです。その意味で、悪など存在しない、あるいは、悪というものは存在するとみなすにも値しないということになります。これはこれで、首尾一貫した考え方と言えるでしょう。

他方で、東アジア思想に目を向けてみると、仏教では善と悪が等しいということを非常に強調した考え方があることが分かります。東アジアの中でもとりわけ日本では、こうした考え方が伝統的に非常に大切にされてきました。

代表的なものとして、天台宗での「性悪論」と呼ばれる考え方を挙げることができます。天台性悪論の出どころとして、『観音経』の注釈書である『観音玄義』にある次のような記述を見てみましょう。

仏は性悪を断ぜずと雖《いえど》も、しかも悪に能《よ》く達せり。悪に達するを以《もっ》ての故《ゆえ》に、悪において自在なり。（仏雖不断性悪而能達於悪、以達悪故於悪自在）

仏も亦《ま》た性悪を断ぜず。機縁の激する所、慈力の熏《くん》ずる所にして、阿鼻《あび》に入りて一切の悪事に同じて衆生《しゅじょう》を化す。（仏亦不断性悪、機縁所激慈力所熏、入阿鼻同一切悪事化衆生）

（『観音玄義』巻上T34: 883a）

言い換えれば、仏というのは悪を断ち切っているがゆえに悪事を為さないのではない。悪というものを完全に理解しているからこそ、悪に対して自由な存在（自在）でいられる。悪を断ち切るのではなく、地獄にまで入っていって悪事のただなかへと分け入ることを厭《いと》わない、そうすることで衆生を教え諭《さと》して止むことがない……といった具合です。悪を遠ざけるのではなく「悪において自在である」、ここが非常に特徴的な考え方です。

ミイラ取りがミイラになるという言い方がありますが、悪を憎むあまり罪を犯してしまうというのは、刑事ドラマなどでよく見られるパターンですよね。これは「悲劇」のミニチュア版とも言えるのですが、悪に囚われている人は、実は悪に陥りやすいというのは、真理を突いているのではないでしょうか。悪を憎悪する、敵視するというのは、たしかに正しいことではあるのですが、そこには罠のようなものがあります。悪を憎む善人もまた、悪に囚われている。悪を憎むだけでなく、悪を救うようなものとしての仏だけが、そうした悪の罠から自由である、というのが天台性悪論のポイントです。

仏は「阿鼻」すなわち地獄に入って、あらゆる悪事の中に分け入ることができます。もし悪を単に断ち切っただけの仏ならば、地獄を避け、悪人を避けますよね。しかし天台宗で強調されるのは、悪の中に分け入っていく仏の姿です。

『維摩経《ゆいまきょう》』では、維摩居士《こじ》は夜の街に出かけていって、遊女を教化したりすると書かれています。そんな維摩居士のことを、とても私たちの手に負える人物ではありませんといって、仏弟子たちは病気に臥《ふ》している維摩居士のもとにお見舞いに行くのをためらう。かつて維摩居士に会ったことがあるが、散々に論破されてしまったのでもう会うのはこりごりだといって固辞するわけです（笑）。しかたがないので、お釈迦さん自らが維摩居士に会いにいって対談する――これが『維摩経』の大まかなストーリーです。

大乗仏教では、『法華経』や『華厳経』と並んで『維摩経』が大変に重視されてきましたが、皆さんは読んだことがあるでしょうか。特に日本仏教では、「悪において自在である」という考え方が根付いています。悪を憎み、滅ぼそうとすることも大事なのですが、それだけでは救いはありません。悪をよく理解し、時には悪に身を投じながらも人々を救う。それこそが悪から「自在」であるということだ、というわけですね。「善悪は等しい」とは仏が体現するパラドックスです。

悪の陳腐さと反道徳的シニシズム

仏の教えなど古いイメージだと思われるかもしれませんが、悪を異常なものだとして憎んだり、忌避したりすることには実は大きな落とし穴があるということは、20世紀の歴史的経験が教えるものでもあります。

しばしば「悪の陳腐さ」という言葉で語られるものですが、この言い方は、ドイツからアメリカに亡命したユダヤ人哲学者ハンナ・アーレント（1906-75）のものです。多数のユダヤ人の命を奪ったナチスのホロコーストの指揮を執っていたとされる人物の裁判を傍聴して、アーレントは、彼が愚劣のため大きな罪を犯したのではなかった、と記しました。むしろ、まったくの無思想であり、非常に凡庸《ぼんよう》で陳腐な人間であったため、大罪を犯したのだ、と(『エルサレムのアイヒマン』)。

言うまでもなく一般市民の虐殺は戦争犯罪であり、大量虐殺は「巨悪」です。しかし巨悪は決していかにも悪い悪党のみによって為されるのではなく、凡庸で陳腐な何でもない「おじさん」によっても遂行されてしまう。しかしより興味深い逆説は、この単純な事実を指摘したアーレント自身が、「ナチスを擁護するのか!」と世界中から非難を受けたことです。これはまさに悪を理解することの難しさを示しています。

アーレントが指摘したのは、善と悪はそれほど隔絶したものではなく、ごく普通の人が巨悪を為すことがあるのだということ、巨悪は私たちから遠くかけ離れたところにではなく、むしろすぐ隣にあるということでした。悪を心から憎むからこそ、アーレントは巨悪が凡庸なおじさんによって為されたという絶望的な事実を、指摘せざるを得ませんでした。

しかし、さらに絶望的なのは、人々がアーレントを攻撃したことですね。なぜそうなるのでしょうか。巨悪は極悪人が為すものでなければ、都合が悪いのです。さもなければ、善の側にいるはずの自分たち自身もまた、悪かもしれない可能性が出てくるからです。もし悪がそうとは見えないところにあり、私たちがそれに加担しているのかもしれないとすれば、どうでしょうか。あなた方も気づかないまま悪に加担しているのかもしれないよ、と言われれば、怒り出す人がいても不思議ではないでしょう。

気づかないままに加担しているかもしれないとすれば、悪の見極めほど難しいものはない。悪の陳腐さというより陳腐な悪の例として、「失言」というものがあります。政治家や芸能人などが、失言による炎上によって謝罪に追い込まれる、といったことがありますが、多くの場合、悪い発言をしていることに本人はあまり気づいていません。以前なら許されていたような発言が、時代の変化によって許されなくなってくる場合があるからです。これは悪への加担と呼ぶには小さなことかもしれませんが、少なくとも小さな悪の許容範囲に関してなら、時代によって変化するのは事実です。

善悪の区別の難しさを述べてくると、善悪の相対主義をとれば安全と思われるかもしれません。しかし、反道徳的なシニシズム（斜に構えること）は、現実の前では単に無力であるにすぎず、結局は悪に服従することになってしまいます。道徳的にはやはり、悪を憎むことは必要なことでしょう。善悪を厳しく峻別する道徳心が無意味なわけでは決してない。しかし悪は、悪人が担当してくれているというわけではなく、私たちのすぐ傍《そば》にあり、私たちもそれに加担しているのかもしれないとすれば、悪を憎むことさえも難しい。

しかも、正しく悪を憎んだとしても、それによって悪に堕ちることがある。先ほど、刑事ドラマなどでよくある筋書きと言いましたが、法律的に罰することができない悪に対して「私刑」

を加えるというような仕方で、悪に堕ちるというのはよくあることでしょう。すでに第一のパラドックス「善は悪である」もまた、こうした事態と関係していました。悪の見極めは、かようにも難しい。

歴史は繰り返す――悲劇と茶番について

では、悪は避けられないのか――先ほど「絶望」と言いましたが、パラドックスばかり述べてきたので、皆さんもではどうすればいいのかと途方に暮れるかもしれません。しかし、途方に暮れることは、時には必要なことでもある（笑）。いや、もう少しで結論になるので辛抱してください。

歴史は繰り返すとよく言われます。放っておいても、歴史は繰り返されてしまう。よく知られていることですが、歴史は繰り返されるという言い方に対して、マルクスはこう指摘しました。

あらゆる偉大なる世界史的な出来事や人物は繰り返されるとヘーゲルは述べたが、こう付け加えるのを忘れてしまった、一度目は悲劇として二度目は茶番として、と。

（カール・マルクス『ルイ・ボナパルトのブリュメール十八日』）

偉大な出来事が一度目は悲劇として起こるというのは、表面的な善悪では割り切れないものがそこにあるということです。「悲劇」とは、古代ギリシアに遡れば決してたんに悲しい話ということではなくて、むしろ回避できない強い何か、日本の古い言い方を用いれば「もののあはれ」と結びついたものです。これは善悪の判断を超えた、善とも悪とも言い切れない事態のことを指しています。歴史上の重要な出来事というのは、ある種の創造性を持つものですが、それは善か悪かという判断を超えたものであるというのが、マルクスの言葉のポイントです。

偉大な出来事は悲劇として起こるということは、善悪という判断を超えたところでしか新しいものは生まれないということです。新しいものは、必ずしも百パーセント「善い」ものではなく、必然的に「悪い」面も持ち合わせてしまう。何にせよ良いことと悪いこととは表裏をなすもので、善もまた何らかの弊害を併せもつ仕方でしか、現れ出ることができないのです。

逆に、善いこと・正しいことだけをしようと思っても、そうはいきません。偉大な出来事を安全な仕方で繰り返そうと思っても、二度目は「茶番」でしかない。つまり何の意味もない陳腐な結果しかもたらさないということです。バブル経済のような好景気をもう一度と望んでも、それが日本経済を復活させるとは到底思えません。バブル経済もまた、暗部を持ち合わせたという点で悲劇的だったかもしれません。それを捨象して、好景気のみを無害なものとして繰り返そうとしても、そう都合よくはいきません。逆に後退してしまうのみです（ちなみに、「バブルをもう一度」の思想バージョンである「ニューアカをもう一度」という声が、駒場でも亡霊のように聞こえてくる時があります)。

　私たちの社会は「茶番」で溢れかえっています。過去のものを安全な仕方で繰り返そうとすることで、進歩しているはずが逆に驚くほど後退してしまっているという事態が、いたるところで起きています。

　そうではなく、その都度勇気をもって新たな創造性に向かわないことには、新たな局面を切り開くことはできません。それは時に「悲劇」と結びつくこともあるわけですが、それを恐れていては、茶番の繰り返しの中で後退してしまうほかないのです。そして、茶番を繰り返す凡庸さの先には、実は大きな悪が待ち受けているのです。

直観に「賭ける」ことでしか未来は切り開けない

　これまでのお話をまとめましょう。私たちが未来に向けて進んでいくにあたって、善悪をめぐるパラドックスが重要となってくるという話でした。まず、「善は悪である」というパラドックスは、善悪の判断基準を趣味的ではなく客観的に定まるものとするためには、逆に、理性の声に従うという直観的な面がカギとなることを教えてくれました。

　つぎに、「悪は善である」というパラドックスが教えるのは、評価様式そのものに対する系譜学的な腑分けの必要性でした。私たちが従っている善悪の判断基準がいったいどのように作り上げられてきたものなのか、そこにニーチェの言う「ルサンチマン（反感）」によるまやかしが含まれていないかどうかを、考えてみる必要があるということです。

最後に述べた「善悪が等しい」というパラドックスは、悪が決して彼岸にあるような異常なものではなく、実は凡庸なものであること、私たちのすぐ隣に何気なくあるかもしれないということを教えてくれます。そのため、悪を遠いものと見て憎悪するだけでは足をすくわれる可能性があり、むしろ悪をよく見つめ、それがどういうものかを理解することが、そして悪への囚われから自由になることが必要だということです。

私たちは普通、未来がより善いものになってほしいと願っています。そのためには悪を避け、悪を為さないことが望ましいですが、現実には難しいのだということを、これらのパラドックスは余すところなく示しています。とはいえ、絶望して忘れるというわけにはいきません。少なくとも、こうした悪の分析は、悪を見極め、巨悪を避けるためのヒントにはなるでしょう。

私たちは結局のところ、未来に向けて自分の直観を信じて「賭ける」しかありません。歴史を安全な仕方で繰り返そうとしても、それは「茶番」にしかならず、新たな創造性は生まれません。私たちはある意味では、自分の直観に賭けるほかに、しようがないのです。

しかし、直観は必ずしも正解にたどり着くとは限りません。私たちは失敗を犯すこともあるでしょう。賭けに負けることは、避けられないのです。それでも、悪に手を染めさえしなければ、たとえ賭けに負けたとしても、何度でもやり直すことは可能である。そのために、悪をめぐるパラドックスは、大切なことを教えてくれます。

では、直観の精度を上げるためにはどうすればよいか。私の答えは簡単です、一つは学問を積むこと、もう一つは広く世界を見て学ぶということです。本を読むことも重要ですが、旅することもまた決して馬鹿にはできません。実際に行って自分の目で見てみないと、大切なことは分からないからです。最初に述べたように、私は若いころに中国大陸を訪れて強い印象を受けました。他にも世界各地を訪れることで、来《きた》るべき世界に向けて様々なことを考え始めました。こうした経験は、やはり非常に大切だと思います。

私たちは自らの直観を信じて進んでいくしかありませんが、盲目的にそうするのはいただけません。直観の精度を上げるために学ぶべきこと、考えるべきことは、たくさんあります。今日の話をそのヒントとしていただければ、と思います。

□参考文献

『韓非子』（金谷治訳注）、岩波文庫
『孟子　全訳注』（宇野精一訳）、講談社学術文庫
『老子』（蜂屋邦夫訳注）、岩波文庫
『サンスクリット版全訳　維摩経　現代語訳』（植木雅俊訳）、角川ソフィア文庫
アドルノ、ホルクハイマー『啓蒙の弁証法――哲学的断想』（徳永恂訳）、岩波文庫
アーレント『エルサレムのアイヒマン――悪の陳腐さについての報告』（大久保和郎訳）、みすず書房
カント『道徳形而上学の基礎づけ』（中山元訳）、光文社古典新訳文庫
カント『実践理性批判』（波多野精一、宮本和吉、篠田英雄訳）、岩波文庫
シェイクスピア『マクベス』（小田島雄志訳）、白水Uブックス
デカルト『省察』（山田弘明訳）、ちくま学芸文庫
マルクス『ルイ・ボナパルトのブリュメール十八日』（伊藤新一、北条元一訳）、岩波文庫
ニーチェ『道徳の系譜』（木場深定訳）、岩波文庫

第2講

真実の終わり？——21世紀の現代思想史のために

星野　太

ほしの・ふとし
東京大学大学院総合文化研究科准教授。1983年生まれ。専攻は美学、表象文化論。東京大学大学院総合文化研究科博士課程修了。博士（学術）。著書に『崇高の修辞学』（月曜社）、『美学のプラクティス』（水声社）、訳書にジャン＝フランソワ・リオタール『崇高の分析論——カント『判断力批判』についての講義録』（法政大学出版局）などがある。

30年後を考えるために、30年前に着目する

今回の講義には「真実の終わり?——21世紀の現代思想史のために」というタイトルをつけました。この学術フロンティア講義のテーマである「30年後の世界」、そして「学問」とその「悪」という問題について、自分なりに応答するとしたらどういうことを話せるだろうか、と考えた末に決めたものです。

ただ、私がこれからするのは、30年後の話ではなく30年前の話です。もちろん、それは未来を考えるためのものではあるのですが、今日お話ししたいのは、30年というタイムスパンがいかに多くのことを忘れさせるかということです。

この授業は、おそらく1年生の方もたくさん聞いていらっしゃると思います。私は2001年に大学へ入学していますので、皆さんとはほぼ20年違うことになります。今日のテーマである「フランス現代思想」というのは、私の学生時代にはいまだよく話題にされるトピックでしたが、現在ではやや影が薄くなりつつあるようにも思います。ですから、30年前の出来事を現在に、そして現在の出来事を30年後にいかに継承していくかということが、今日の講義の一つのテーマとなっています。

では、それが「悪」というもうひとつのテーマと、どのようにつながるのでしょうか。それは、昨今のポスト・トゥルース（post-truth）と呼ばれる状況に関係しています。

ポスト・トゥルースという言葉は皆さんご存じのことと思います。２０１６年にイギリスでは国民投票の末にEU離脱（Brexit）が決定され、アメリカではドナルド・トランプが大統領に選ばれたことを大きなきっかけとして、この言葉は一挙に世界中に広まりました。

この言葉をめぐっては、これまでにもさまざまな研究書や論文が書かれてきました。その内容は「ポスト・トゥルースの政治」をめぐる実証的考察から、21世紀になって勃興《ぼっこう》したソーシャル・メディアとの相関を示す統計的調査までさまざまですが、人文学に関わるものとしては気がかりな、あるタイプの言説があります――すなわちそれは、20世紀後半に流行をみせた「フランス現代思想」あるいは「ポストモダニズム」こそが、今日のポスト・トゥルース的状況を準備したというものです。

そのような事情もあり、昨今では良くも悪くも当時の「ポストモダニズム」が注目を集め、再検討にさらされています。いったいなぜ、そのような言説がまことしやかに広がっているのか。また、その内容ははたして妥当なものであるのか。それについてこれから考えていくために、私が最近あるところで書いた文章を引用します。

いま、なぜ「ポストモダン」なのか。この問いに対しては、おそらく複数の答えがありうるだろう。かつて「ポストモダン」という言葉が良くも悪くも世を賑わせた時代があった。では、その「時代」とはいつのことであったのか。観測方法によって若干のばらつきはあるものの、資料や文献を遡るかぎり、それはおおよそ一九八〇年代半ばのことであった、とさしあたりは言うことができる。
〔……〕
いまなぜポストモダンか。それは、まさにこれが歴史的対象へと転じるために必要とした、時間の隔たりのためである。そのさい、ひとつ忘れてはならないことがある。それは、「ポストモダン」という言葉が惹起するあれこれの通念が、あくまでも事後的に形成されたものにほかならないということだ。[1]

つまり、いま「ポストモダン」という言葉でイメージされているものは、この30年あまりの間に事後的に形成されたものではないか、ということです。そのような時間が内包するさまざまな変化――そこには誤解や歪曲も含まれます――を見直していくことが、この講義の中心的なモチーフをなしています。

ポスト・トゥルースとは何か

まず、さきほどから繰り返している「ポスト・トゥルース」という言葉について、あらためて概要を確認しておきます。このあとも何度か言及しますが、ポスト・トゥルースについての基本書であるリー・マッキンタイアの『ポストトゥルース』という本に、この言葉が広まった経緯が簡潔にまとめられています。

「ポストトゥルース（post-truth）」という現象が一躍大衆の注意を引いたのは二〇一六年一一月、オックスフォード大学出版局辞典部門がこの単語を二〇一六年の今年の一語にノミネートしたことに始まる。単語の使用が二〇一五年に（ママ）二〇〇〇パーセントという急激な上昇を見せたことを考えると、明白な結果に思える。リストに残ったほかの候補には「オルタナ右翼（alt-right）」や「ブレグジット主義者（Brexiteer）」などもあり、この年の政治的な状況がはっきり示されていた。すべての意味を含んだ語として、「ポストトゥルース」が時代を捉えていたように思われる。二〇一六年のブレグジット投票とアメリカ大統領選挙の特徴、つまり、あやふやな事実、論証におけるエビデンスの基準の棄却、明白な嘘といったものを前に、多くの人は仰天してしまった。もしドナルド・トランプが、自分が選挙に負けるとすればそれは不正操作のせいだろうと――確たる証拠もなしに――主張できていたならば、もはやそのとき事実や真実は重要ではなくなっていたのではないか？[2]

1　星野太「ポストモダンの幼年期――あるいは瞬間を救うこと」『現代思想』2021年6月号、青土社、22、29-30頁。

2　リー・マッキンタイア『ポストトゥルース』大橋完太郎監訳、人文書院、2020年、15-16頁。

引用文中で、この単語の使用が「2000%」になったとされる年は、正確には2016年ではないかと思います。イギリスのオックスフォード大学出版局のウェブサイトには、それを示す下のようなグラフが掲載されています。

では、そもそも「ポスト・トゥルース」という言葉はどのような意味で使われているのでしょうか。同じくオックスフォード大学出版局のウェブサイトに掲載された辞書的な定義を確認しておきましょう。それによれば、ポスト・トゥルースとは「公共の意見を形成するさいに、客観的な事実よりも感情や個人的信念に訴えるほうが影響力のある状況を述べたり、示したりする」形容詞のことである、といいます。さらにそれに続けて、

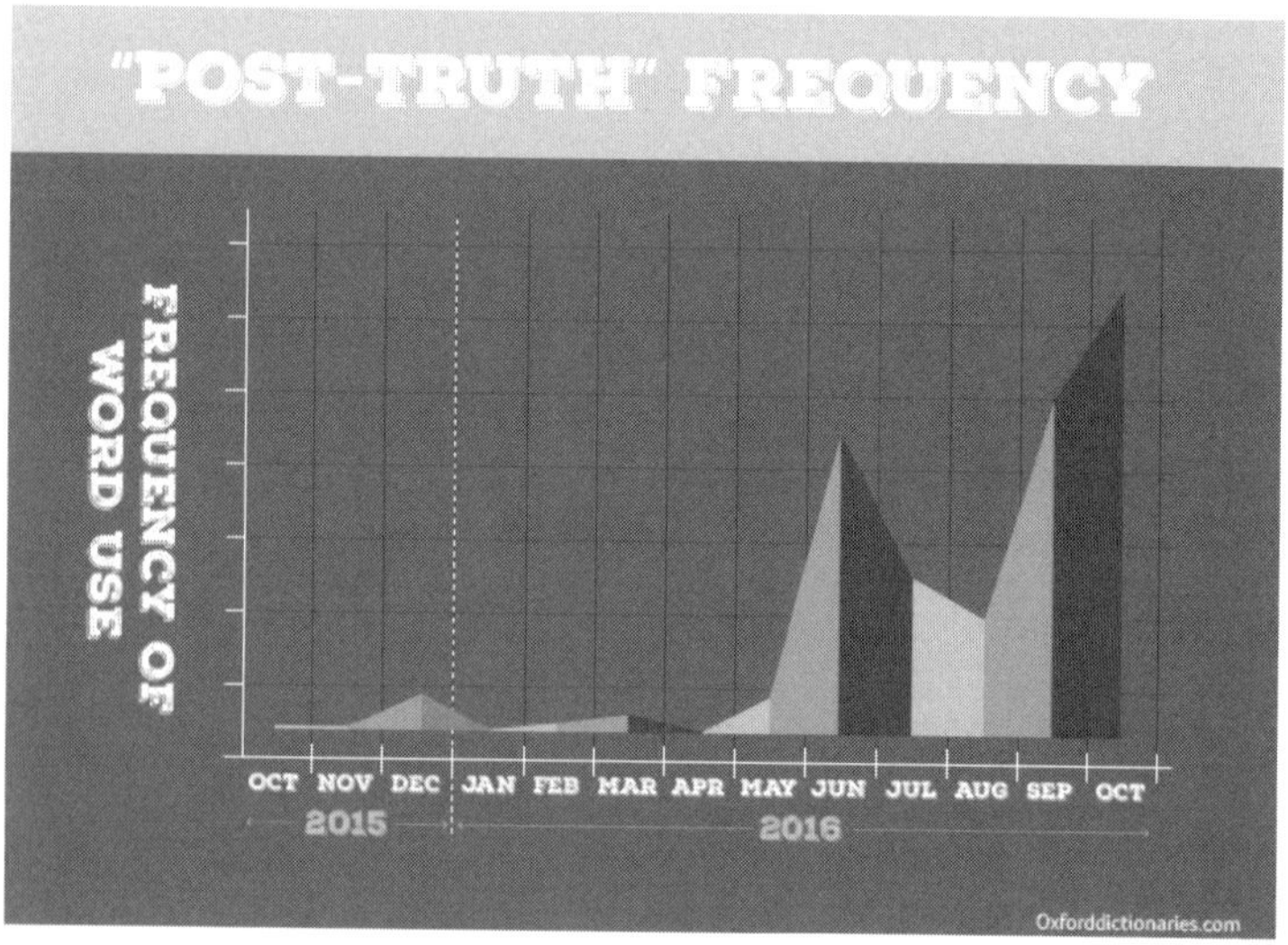

図　「ポスト・トゥルース」の使用頻度
(Oxford Languages, Word of the Year 2016, https://languages.oup.com/word-of-the-year/2016/)

ポスト・トゥルースという概念は過去十年間のうちにすでに見られたものだが、今年オックスフォード辞典は、イギリスのEU離脱をめぐる国民投票や、アメリカの大統領選挙といった文脈のもとで、この言葉の使用頻度が急増するさまを目撃した。それはまたポスト・トゥルースの政治といったフレーズのように、特定の名詞と結びつくことにもなった。[3]

このようなポスト・トゥルース的状況の広がりを受けて、さまざまな論者がそれを研究したり、ジャーナリスティックに分析したりしています。現時点においてもすでに数えきれないほどの先行研究があるわけですが、今日の講義では、なかでも次の2冊を中心に見ていきたいと思います。

・Michiko Kakutani, *The Death of Truth: Notes on Falsehood in the Age of Trump*, New York: Tim Duggan Books, 2018.（ミチコ・カクタニ『真実の終わり』岡崎玲子訳、集英社、２０１９年）
・Lee McIntyre, *Post-Truth*, Cambridge, MA: The MIT Press (Essential Knowledge series), 2018.（リー・マッキンタイア『ポストトゥルース』大橋完太郎監訳、人文書院、２０２０年）

3　Oxford Languages, Word of the Year 2016, https://languages.oup.com/word-of-the-year/2016/

ひとつは、ミチコ・カクタニという日系アメリカ人ジャーナリストの『真実の終わり』です。これは非常によく売れた本で、刊行翌年の2019年には早くも日本語訳が出ています。この本に対する反論が、今日の講義の大きなテーマになっています。

もうすこし中立的、客観的な研究書として挙げたいのが、冒頭でも引用したリー・マッキンタイアの『ポストトゥルース』です。これも同じ2018年に原著が出ており、2020年に日本語訳が出ています。これらは英語圏におけるポスト・トゥルースの基本書であると同時に、日本語でも参照しうる本ということで、しばらくこの2冊を中心に見ていくことにします。

それではさっそく、ミチコ・カクタニの本から、アメリカにおけるポスト・トゥルース的状況に触れた箇所を確認してみます。

真実と理性に対する攻撃は、トランプ政権の発足一年目に米国で熱狂的な水準に達した。それは何年も前から右翼急進派の間で勢いづいていた。反クリントン主義者たちは九〇年代にヴィンス・フォスターの死をめぐって突拍子もない告発を捏造していた。病的に疑り深いティーパーティ派は二〇一六年の選挙期間中、ブライトバート・ニュース・ネットワークのブロガーやオルタナ右翼のトロールと手を結び、環境保護派が住宅の室内温度や購入できる自動車の色を制限しようとしているなどと主張した。トランプが共和党の推薦を勝ち取り、さらに大統領に選出されたことで、その最も極端な支持者たちの過激な考え方――人種的・宗教的な不寛容、政府に対する憎悪、陰謀論と誤報を奉じる姿勢――が本流に躍り出たのだ。[4]

以前からあった不寛容や陰謀論的な考えかたが、トランプ大統領の誕生によって表面化していった、ということですね。このようなアメリカの状況は、皆さんも報道などでご存じかと思います。

一方、こうしたポスト・トゥルース的状況を時事的なものとして分析するだけでなく、それが現れた原因を過去にさかのぼって検討しようとする動きも見られます。たとえばそのひとつに、ハンナ・アーレントの『全体主義の起源』やジャック・デリダの『嘘の歴史』などを参照して、この問題をより根源的なところから考察しようとする試みが挙げられます。また、哲学的なテクストだけでなく、ジョージ・オーウェルの『1984』のようなSF小説も昨今ふたたび注目を集めており、最近でも頻繁にオーウェルの新訳や論集が出ています。

それとはべつに、ひとつ象徴的な例を挙げておきます。詩人のW・B・イェイツが1919年に書いた『再臨』という詩があります。

すべてが四散し、もはや中心はなく

4　ミチコ・カクタニ『真実の終わり』岡崎玲子訳、集英社、2019年、19-20頁。

解き放たれた無秩序が世界を覆う
Things fall apart; the centre cannot hold;
Mere anarchy is loosed upon the world;

(W. B. Yeats, The Second Coming)

この第一次世界大戦直後に書かれた詩が、じつは2016年になって頻繁に引用されるようになりました。それについてカクタニは次のように書きます。

一九一九年に第一次世界大戦の瓦礫の中で書かれたイェイツの詩『再臨』は、二〇一六年に再び広く読まれることになった。二〇一六年前半にニュース記事に引用された回数は、ここ三〇年間で最高だったのだ。[5]

たとえば有名なところでは、トランプと大統領選を争ったヒラリー・クリントンが、トランプ陣営を批判するときにこのイェイツの詩を引用していました。もはや何が真実であるのかわからない、現代の混沌とした状況を示すために、このイェイツの詩が引用されている。現代がそうした「無秩序」な状態であることが、大衆にも広く共有されているということでしょう。

ポスト・トゥルースの系譜学

では、こうしたポスト・トゥルース的状況はなぜ生まれてきたのでしょうか。その原因とされるものはいくつかありますが、ここでは四つほど取り上げてみます。順番に見ていくことにしましょう。

・科学への攻撃

まず一つめは、科学への攻撃と不信です。フェイクニュースという言葉は最近になって広く聞かれるようになったものですが、科学的・客観的な裏づけのない情報の意図的な拡散は1950年代からずっと行なわれてきたのだ、という指摘があります。

先のマッキンタイアが挙げているそのような例に、アメリカのたばこ産業研究委員会によるキャンペーン、あるいはロビー活動があります。たばこの人体への害については、かなり昔から科学的な根拠が存在していました。ですが、アメリカの複数のたばこ会社が、自分たちに有利なデータや論文を出してくれる研究者に莫大な資金を拠出するということが長らく行なわれてきました。少なく見積もっても、1953年から98年までの40年以上にわたって、そのよ

5　ミチコ・カクタニ『真実の終わり』前掲書、19頁。

うなことが行なわれてきたそうです。

もちろん、こうした行為に対する反発は強く、のちにたばこ会社は糾弾されることとなりました。しかし皮肉にも、これが明るみに出たことで、今度はほかの分野でも同様のことが行なわれるようになってしまったのです。

結果的にそれは、世に流布する科学的知見に対する不信感を、人々のあいだに植えつけることになりました。最近だと、気候変動をめぐる議論に対して同様の現象が見られます。人類の活動、特に近代以降の二酸化炭素排出量の増加と気候変動の相関は、科学的に疑いようのないものです。しかしその一方で、アメリカの一般的な成人男性のおよそ3割しか、気候変動と人類の活動の関連性を認めないという衝撃的な調査結果が出ています。

もちろんそこには、地球そのものの周期的な気温変化をはじめとする、人間の活動以外の要素もあることは確かでしょう。ただそこに、産業革命以来の人為的な影響がもっとも大きく関与しているということは、科学的に否定しようのない事実です。にもかかわらず、そうした科学的事実をみとめない、あるいはそれを過度に低く見積もる傾向もまた、一部の人々のあいだには存在するわけです。

・認知バイアス
二つめは、心理学的な用語でいうところの「認知バイアス」の問題です。

認知バイアスとは、簡単に言えば、自分が真実であってほしいと思うことを信じる傾向のことです。つまりそこでは、客観的な判断ではなく、その人のもつ特定の信念が正しさの判定に関わってくる。人間の心理にこうした傾向が存在することは、これまでにもさまざまな実験から明らかになっています。さらに悪いことに、私たちは自分がどのように判断を誤るかということについてすら、なかなか自覚ができないのですね。

このような認知バイアスの問題は、客観的事実ではなく個人の感情や信念によって事実が作られていくという、フェイクニュースや陰謀論にも大いに作用していると考えられます。

・伝統的メディアの凋落《ちょうらく》とソーシャル・メディアの台頭

三つめは、メディアの主軸が、新聞やテレビといった伝統的メディアからソーシャル・メディアへと移り変わってきたことです。たとえばＳＮＳでは、自分が受け取りたい情報や信条ばかりが目に入ってきて、いつしか自分と意見を異にする人の声には耳を傾けなくなってしまう。これが「エコーチェンバー」や「フィルターバブル」と呼ばれる現象です。ブレグジットやトランプ当選のさいは、すでにそうした社会的土壌が存在していたことが、選挙結果に大きな影響を与えたとされます。

また、フェイクニュース自体は以前から存在していましたが、ＩＴ技術が発達するなかで、それを検証することが良くも悪くも容易になってきたということがあります。良く言えばそれは「エビデンスにもとづいた」検証が可能になったということですが、他方では「過去にこう言っていたではないか」という「あら探し」のようなことが、さまざまなレベルで可能になってしまったという弊害もあります。

ポストモダニズムの影響？

これら三つの理由については、おそらく大方の同意を得られるのではないかと思います。ただ、これらに加えて、ポスト・トゥルースの原因には「ポストモダニズム」からの影響があると言われることがあります。今回の授業の目的は、このことの是非を検討することです。

ここであらためて「ポストモダニズム」とは何かということを明確にしておきたいと思います。1960年代から80年代にかけてのポストモダニズムの展開——とりわけアメリカにおけるその受容——を簡単にまとめると、次のようになります。

・60年代：アメリカにおける「フランス現代思想」
……ジョンズ・ホプキンス大学でのシンポジウム
・70年代：ジャック・デリダの「脱構築（déconstruction）」理論
……イェール大学を中心とする「学派」の形成

・80年代：ジャン＝フランソワ・リオタール『ポスト・モダンの条件』（1979）
……「ポストモダン」理論の伝播（のち諸分野に拡散）

最近ではあまり聞かれなくなりましたが、私が学生の頃は「ポストモダニズム」よりも「フランス現代思想」という言い方がよくなされていました。これ自体は非常に雑駁《ざつばく》な括りではあるのですが、1960年以後のフランスで起きた新たな知的ムーブメントは、英語圏では「フレンチ・セオリー」、日本語では「フランス現代思想」という呼称とともに定着しました。

こうした流行現象をつくったひとつのきっかけが、アメリカのジョンズ・ホプキンス大学で66年に行なわれた大規模なシンポジウムであったと言われています。このときはフランスからもたくさんの知識人が渡米し、これによって大陸ヨーロッパからアメリカ合衆国へ、当時の最先端の知的な動向が一気に流れ込んだというわけです。

70年代になると、そのフランス現代思想の中心人物の一人であるジャック・デリダの「脱構築」理論が、アメリカの大学で本格的に受容されはじめました。とりわけイェール大学を中心に「脱構築派」ともいうべき学派が形成され、それまでの文学理論や批評理論とは異なる方法論として、大学の内外で広まるようになります。

そして、ジャン＝フランソワ・リオタールの『ポスト・モダンの条件』が大きな引き金となり、80年代にこの傾向はいっそう強まります。「ポストモダン」という言葉は建築や美術などの領域でもしばしば使われていましたが、この本がひとつの決定打となって、「フレンチ・セオリー」「脱構築」「ポストモダニズム」がしばしば一緒くたに、当時の新しい思想として認知されるようになっていきます。

悪しき相対主義、遠近法主義のイメージ

その一方で、ポストモダニズムというのは、何か新しいものであると同時に学術的な根拠を欠いたいかがわしいものとして、悪しきイメージとともに広まることにもなりました。もちろん、ある特定の思想家やグループがポストモダニズムを定義しているわけではないので、そこではポストモダニズムをめぐるさまざまなイメージが独り歩きすることになったわけです。

おそらく通俗的な「現代思想入門」や「批評理論入門」を読まれたときに、「ポストモダニズム」の説明としてそこに書かれているのは、おおよそ次のような内容でしょう。

① あらゆるものについて、唯一ではなく複数の答えがある（相対主義）
② 真実は存在せず、すべては解釈にすぎない（遠近法主義[6]）

これは、さきほどから参照しているマッキンタイア『ポストトゥルース』の監訳者である大

橋完太郎さんが解説のなかで書かれていることです。①と②がどう違うのかと疑問に思われる方もいるかもしれませんので、あらかじめ説明をしておきます。たしかに、この二つは一見すると似たようなことを言っているように思えますし、実際その違いはかなり微妙なのですが、分かりやすく説明すると次のようになります。

①の相対主義は、ひとつの客観的な事実があることはみとめるが、それに対する解釈の仕方は原理的に複数ありうるという考えかたです。

②の遠近法主義は、そもそもひとつの客観的事実をみとめません。この「現実」というもの自体が、私たちが解釈によって構築したものにすぎないという考えかたです（ちなみにこの「遠近法主義」という言葉はニーチェに由来します）。

もちろんこの二つの命題自体が雑駁なものですので、これが妥当かどうかというのはさらに検討の余地がありますが、さしあたり今はこのように区別しておきたいと思います。

話を戻すと、これらがポストモダニズムに対する世間一般のイメージということになるわけですが、しかしここには大きな問題があります。というのも、さきほど名前を挙げたようなポストモダニズムの思想家たち――デリダやリオタールら――の中に、こういうことを言っている人は誰もいないのです。

6　大橋完太郎「解釈の不安とレトリックの誕生――フランス・ポストモダニズムの北米展開と「ポストトゥルース」」、リー・マッキンタイア『ポストトゥルース』大橋完太郎監訳、人文書院、２０２０年、２２９頁。

では、いったいなぜそのようなことが、まことしやかに囁《ささや》かれるようになってしまったのでしょうか。そこにはもちろん理由があります。それは、「フランス現代思想」と括られた思想家たちの言っていることをごく図式的に取り出していくと、たしかにこういった説明になってしまうのです。さきほど、20世紀後半のアメリカで「フレンチ・セオリー」がどのように受容されていったかということを概観しましたが、その過程で単純化された結果が、さきほどの「相対主義」であり「遠近法主義」であったわけです。

本来、それぞれに複雑な思想を展開していたはずの個々の思想家が、「相対主義」や「遠近法主義」としてひと括りにされてしまったことが、そもそもの問題の根幹であるということです。カクタニは『真実の終わり』で次のように述べています。

〔いわゆるポストモダニズムの〕思想家たちの理論は、俗物化された産物として大衆文化に浸み出し、〔トランプ〕大統領の擁護者に乗っ取られてしまった。彼らは、その相対主義的な主張を、大統領の嘘を弁明するために用いようと欲したのだ。右派はそれを、進化論に異議を唱えるため、気候変動の現実を否定するため、もう一つの事実を売り込むために使った。[7]

これが、ポストモダニズムこそが現代のポスト・トゥルース的状況の原因のひとつであると捉える言説の、典型的なものです。

批判者たちの言い分

こうした「ポストモダニズム」の批判には二つのバリエーションがあります。それを、ここでは「強い批判」と「弱い批判」と呼んで区別しておきましょう。それぞれをまとめると次のようになります。

・強い批判――ポストモダニズムのレトリックはそれ自体、トランプのものと同型である（＝ゆえに有責である）

・弱い批判――ポストモダニズムのレトリックは、トランプの詭弁《きべん》が生じる余地を生んだ（＝ゆえに有責である）

この二つのタイプの批判は、そのまま今日のテクストとして挙げているカクタニとマッキンタイアの批判に重なると、私は見ています。つまり、カクタニはポストモダニズムに「強い批判」を、マッキンタイアは「弱い批判」をそれぞれ向けているということです。

7　ミチコ・カクタニ『真実の終わり』前掲書、35‐36頁（亀甲括弧内は著者）。

脱構築主義者は難解な表現が満載の文章と曲芸的にひねくれた構文を使うことを好み、使われる用語の中には「テクストの不確定性」「知のもう一つの方法」、言葉における「言語的不安定性」などがあるが、それは勿体ぶった形とはいえ、トランプの側近が近年、彼の嘘、豹変、不誠実な約束について言い訳する際の文言と似たものがある。[8]

ポストモダニストたちに、自分たちの観念がどう誤用されてきたかについて完全に責任があると言いたいわけではない。たとえ彼らが、現実の評価において事実が重要だという考えを密かに傷つけ、そのことが引き起こす被害を予見しなかったことについて、なにがしかの責任を認めなければならないとしても。[9]

ただ、かれらの言っていることを最大限にみとめるとしても、これらの論法には決定的な問題があると思います。たとえば、同じ論法で自然科学の社会的影響を批判することができるでしょうか。かりに、ある新技術の開発によって大量殺人が起こったとして、その新技術の開発者にその責任を帰することはできるでしょうか。一般的な感覚として、おそらくそれをみとめるのはナンセンスだと思いますが、「ポストモダニズム」に対してはそうしたことがもっともらしく流通してしまっているのが現状です。

アメリカにおける「フレンチ・セオリー」

さらに思い出していただきたいのですが、そもそもこれらの批判は「ポストモダニズム」に対するごく表層的なイメージに基づくものでした。つまり、こうした論法でかれらを批判する人たちが、その元のテクストを読んでいるとはとうてい思えないわけです。

すでに2000年代のはじめには、フランソワ・キュセという人がこの問題についての本格的な研究書を書いています。そこで著者は、アメリカにおいてフランス現代思想がどのように受容され、曲解されていったかということを詳細に論じています。たとえば、そこでは次のように述べられています。

> 哲学の国と言われるフランスで一人の高校生がデリダを一冊読んでいるのに対して、アメリカでは乏しい哲学教育にもかかわらず一〇人がデリダの本を一冊通読しているという事態がどのようにしたら生じるのか。[10]

8 ミチコ・カクタニ『真実の終わり』前掲書、46頁。
9 リー・マッキンタイア『ポストトゥルース』前掲書、166頁。
10 フランソワ・キュセ『フレンチ・セオリー――アメリカにおけるフランス現代思想』桑田光平ほか訳、NTT出版、2010年、94-95頁。

これは、アメリカでデリダのテクストがどのように受容されていたかということを示す、ひとつの戯画化された記述です。当時のアメリカでは「脱構築」という言葉が、コメディなどでも出てくるようなある種の流行語になっていました。もちろん、実際にアメリカ人の多くがデリダを読んでいたわけではありません。しかし同時に「脱構築」という言葉には一定のイメージが付与されて、その言葉だけが広がっていったというわけです。

つまり、ポストモダニズムの批判者たちが対象としていたのは、もともとデリダやリオタールが言っていたことではなく、それがアメリカにおいて受容される過程で「変異」した「フレンチ・セオリー」にほかならなかった。

実のところ、ポストモダニズムを「相対主義」や「遠近法主義」として捉える言説の根拠を、かれらのテクストに見いだすのは非常に困難です。それについて、マッキンタイアの監訳者である大橋さんは解説で次のように述べています。

〔……〕ポストトゥルースを促進させる要因だと言われるのが、ポストモダニズムによって導入されたと言われる「多視点主義」である。ニーチェの用語で遠近法主義といわれるこの考え方は、視点に応じて事実の解釈がいかようにも変わりうるというものであり、ニーチェに由来してフランス現代思想にまで影響を与えている。この主張は、異なる解釈が視点に応じて複数成立することを唱えるものであり、所与のテキストからその主張と異なる見解を引き出す脱構築的主張も、こうした遠近法主義の一形態であると考えられるだろう。

ところが、デリダの事例においてすでに見たことだが、脱構築においては、脱構築された「解釈」とその由来元となったテキスト、すなわち「真理」とは、つねに緊張関係に置かれている。[11]

デリダの言う脱構築とは、「唯一の事実はない」とか「いかなる解釈もありうる」ということではまったくありません。ここで言われているように、むしろそれは「テクスト＝真理と解釈との間の緊張関係」をつねに維持するものです。

このことはデリダの本を読めば明らかなはずですが、どうもそうではない、通俗的なイメージのほうが独り歩きしてしまった。そのことが問題の根幹にあるのではないでしょうか。

そして、昨今ポストモダニズムがあらためて批判される背景には、おそらくもうひとつの理由があると考えられます。ふたたびキュセを引きましょう。

〔……〕イェール大学の英文科で教鞭をとる四人の偉大な批評家たちは、七〇年代終わりにデリダの脱構築の受け入れ先となり、アメリカにおける脱構築信仰の公認の社を築き上げることになる。いかなるものであれ新興のグループには反論がつきもので、一九七五年にはイェー

11　大橋完太郎「解釈の不安とレトリックの誕生――フランス・ポストモダニズムの北米展開と「ポストトゥルース」」、リー・マッキンタイア『ポストトゥルース』前掲書、246頁。

ルの「解釈学マフィア」を告発する批判の声が上がった。[12]

これに関しては若干の補足が必要でしょう。さきほども、アメリカにおけるポストモダニズムの受け皿として、イェール大学がおもな舞台となったという事実に触れました。とりわけ、アメリカにおける「脱構築」批評の中心にいたのが、同大学のポール・ド・マンという文芸批評家です。

そのド・マンらを中心とするグループに対して、ここでは「解釈学マフィア」といった揶揄《やゆ》を用いて、それに対する批判の動きがあったことに触れられています。おそらくどんな業界でもそうですが、それまでになかった新たな思想や方法論が導入されると、それに対する追随者とともに、批判者もまた現れます。脱構築的なテクスト批評も、ある界隈では大きな支持を得る半面、それに強く反発を示す人々もいました。昨今みられるのは、かつてポストモダニズムに対して苦々しい思いを抱いていた人々が、ポスト・トゥルースの原因としてここぞとばかりにポストモダニズムを批判しているという構図です。

さしあたりの結語――ポストモダニズムの再検討に向けて

これまでの議論から、さしあたり次のように結論づけておきます。

ひとつは、フランス現代思想やポストモダニズムが今日のポスト・トゥルース的状況を準備したという言説は、それ自体が明白な根拠を欠いているか、意図的な印象づけを行なっているという意味で、まさしくみずからが批判する「ポスト・トゥルース的状況」を反復することになってしまっているのではないか、ということです。

今回は細かく触れる余裕がありませんでしたが、そもそもミチコ・カクタニの本が、ポール・ド・マンをはじめとする理論家への批判的意図のもとに誤読や攻撃を行なっているふしがあります。なおかつ、そのことが、彼女の信念に同調する人々のさらに攻撃的な言動を招いていることが大きな問題です。

たとえば、米国アマゾンのカスタマーレビューには、ポール・ド・マンへの個人攻撃（「親ナチス的な媒体で反ユダヤ主義な記事を書いていた」という疑わしい、あるいは一部だけを極端に切り取った事実）や「わたしも脱構築思想には昔から違和感があり、本書を読んで腑に落ちました」といったコメントが数多く見られます。これこそまさに、「客観的な事実ではなく感情や個人的信念に訴える」という、典型的なポスト・トゥルース的現象ではないでしょうか。

もうひとつ、さらなる考察をつけ加えておきます。それは、フランス現代思想における戦略としてのレトリックを、ポスト・トゥルース的状況を準備したものとして一緒くたに批判する

12　フランソワ・キュセ『フレンチ・セオリー——アメリカにおけるフランス現代思想』前掲書、101-102頁。

ことは、文学において顕著な言語の修辞的機能（たとえばアイロニーやユーモア）のすべてを、学術的領域から排除することにつながりかねないということです。

過去にも、フランス現代思想は無駄に難解であるとか、あるいは詭弁を弄《ろう》しているだけだという批判がたびたび寄せられてきました。たしかに、かれらの文章はかならずしも明快に書かれているわけではありません。ただ、それが「難解である」という一点を旗印とする批判を広くみとめてしまうことは、結果的に学問の幅を狭める結果につながるだろうと思います。

この問題は、たとえば次のように考えてみてもいいかもしれません。たとえば、「哲学」や「思想」というものが純粋に論理的であることは、はたして可能でしょうか。

現代でも人気のある哲学者、たとえばニーチェの書いたものは、はたして「純粋に」論理的なものでしょうか。そうではないですね。ウィトゲンシュタインのような命題形式で書かれた本も、「純粋に」論理的だとは言えません。私が思うに、過去の哲学者たちは、つねに何らかのスタイル——プラトンの対話篇、ニーチェのアフォリズム、ウィトゲンシュタインの命題など——を発明することによって、人類の思考を進めてきたのです。

そのように考えてみると、フランス現代思想に特徴的な文体も、そうした新たな「スタイル」として生まれてきたものである、と捉えることはできないでしょうか。すくなくとも、それが単なるレトリックにすぎないとか、ただ詭弁を弄しているだけだとして批判するのは、そもそも問題の根幹を取り違えているのではないかと思います。

哲学というものは、純粋に論理的なものではは絶対にありえません。もしもそんなことが可能だとすれば、それは純粋な論理式へと還元された、いかにも無味乾燥なかたちにおいてでしかないでしょう。フランス現代思想を「難解である」というその一点において退けることは、そうした大きな問題に目をつむることにほかなりません。

最後に、ひとつの文章を紹介して締めくくりたいと思います。新型コロナウィルスの影響もあって、ここのところアルベール・カミュの『ペスト』を読み返していました。そのカミュには『異邦人』という有名な小説があるのですが、そのアメリカ版の序文におもしろいことが書かれていました。

> 嘘をつくとは、ありもしないことを言うことにはとどまらない。それはむしろ、現にあるよりも多くのことを、さらに人の心について言えば、おのれが感じるよりも多くのことを言うことである。[13]

これは『異邦人』の主人公であるムルソーについての、著者カミュの言葉です。なにか、今

13 Camus, Albert, « Préface à l'édition universitaire américaine », in *Œuvres complètes*, tome. 1, Paris, Gallimard, 2006, p. 215.

日の話とも通じるところがないでしょうか。「嘘をつく」というのは、なにも虚言を振りまくことであるとは限りません。出来事のある一部分をいたずらに誇張することや、一見もっともらしい陰謀論を広めることも、ひろくそうした「嘘」に含まれるのではないでしょうか。

はじめにも言いましたが、ある思想が一定の時間の経過とともに、本来のそれとは似ても似つかない姿になっていくというのは、しばしば見られる現象です。おそらく「ポストモダニズム」という過去の思潮も、そうした時代を経て、いまあらたに検証される段階に来ています。これについては、拙論（「ポストモダンの幼年期――あるいは瞬間を救うこと」）を含めた『現代思想』の特集号が出ています（『現代思想』２０２１年６月号）。ご興味のあるかたは、ぜひそちらもあわせてご参照ください。

□ 参考文献

Camus, Albert, «Préface à l'édition universitaire américaine», in *Œuvres complètes*, tome. 1, Paris, Gallimard, 2006.

Cusset, François, *French Theory : Foucault, Derrida, Deleuze et Cie et les mutations de la vie intellectuelle aux Etats-Unis*, Paris, La Décourverte, 2003.（フランソワ・キュセ『フレンチ・セオリー――アメリカにおけるフランス現代思想』桑田光平ほか訳、ＮＴＴ出版、２０１０年）

Kakutani, Michiko, *The Death of Truth: Notes on Falsehood in the Age of Trump*, New York: Tim Duggan Books, 2018.（ミチコ・カクタニ『真実の終わり』岡崎玲子訳、集英社、２０１９年）

McIntyre, Lee, *Post-Truth*, Cambridge, MA: The MIT Press (Essential Knowledge series), 2018.（リー・マッキンタイア『ポストトゥルース』大橋完太郎監訳、人文書院、２０２０年）

大橋完太郎「解釈の不安とレトリックの誕生――フランス・ポストモダニズムの北米展開と「ポストトゥルース」」、リー・マッキンタイア『ポストトゥルース』大橋完太郎監訳、人文書院、２０２０年、２２５-２５６頁。

星野太「ポストモダンの幼年期――あるいは瞬間を救うこと」『現代思想』２０２１年６月号、青土社、22-31頁。

第3講

人種・民族についての悪い理論

鶴見太郎

つるみ・たろう
東京大学大学院総合文化研究科准教授。1982年生まれ。2004年東京外国語大学外国語学部英語専攻卒業。2010年東京大学大学院総合文化研究科博士課程修了。博士（学術）。専門は歴史社会学、ロシア・ユダヤ史・パレスチナ／イスラエル、エスニシティ・ナショナリズム。埼玉大学准教授などを経て2016年より現職。著書に『ロシア・シオニズムの想像力——ユダヤ人・帝国・パレスチナ』（東京大学出版会）『イスラエルの起源——ロシア・ユダヤ人が作った国』（講談社選書メチエ）がある。

「人種」や「民族」は存在しない？

私たちは「人種」や「民族」といった言葉を当たり前に使っていますが、こうした言葉や概念というものが歴史の中でどのように広まり、かつそれがどのような効果をもたらしたのかということについて、今日は考えてみたいと思っています。

私自身が、イスラエルという国――ご存じの通り第二次大戦後にユダヤ人の国家として建設され、今日に至るまでパレスチナ人との紛争が続いています――の根源を探るということを基本的な研究テーマとしていますが、そこでも人種や民族といったものが問題になってきます。

まず、「人種」や「民族」という用語が想定するものは何でしょうか。皆さん何となくのイメージでラフに使っている方も多いと思いますが、一般的な理解を簡単に整理すると次のようになります。

・人種（race）……生物学的に不変の身体的特徴を同じくする人間集団。

・民族（nation / ethnic group）……外見的特徴というより文化的特徴を共有し、ある程度、同族意識を持つ人間集団。文化は長期的には可変的。

人種は身体的特徴、つまり外見から判断されるものです。一方、民族は外見的特徴というよりは言語などを含む文化的特徴が同じ人たちと理解されてきました。人種は変えようのないものですが、民族は長期的な文化の変容によって変わるということがあり得ると想定されています。

ただし、注意していただきたいのは、こうした「人種」や「民族」に相当する実体があるわけではないということです。

後で詳しく述べますが、人種というもの（例えば黒人と白人などの差）の存在は科学的に否定されています。遺伝子のレベルで、そこに明確な線引きをすることはできません。「人間」という言葉は実体と対応する形でありますが、それと同じレベルで「民族」が存在するわけではありません。もちろん、まったく根拠のないものだというわけではありませんが、現実をあまりにも大雑把に捉えたものでしかない概念だということです。

他方、人種や民族というものが存在すると信じている人がそれなりに多くいる、という現実があることも間違いありません。多くの人が人種や民族が存在すると認識していれば、当然それによって逆に現実が作られていくことになります。例えば、人種や民族を前提として人々の日常会話がなされたり、それに基づいた政策が決定されたり、そして極端な例では、ホロコーストのように、ある範囲の多数の人間が人種を根拠に殺戮《さつりく》されるということまであるわけです。

研究者やそれについて勉強をしている人ならば、人種や民族がそのような概念であることを知っています。しかし、だからといって所詮はいい加減な概念だから取り合うに値しないと切り捨てるわけにはいきません。人種や民族を前提とする人が一般に多い中で、それを元にした現実が出来上がっている以上、それに対してどうするのかということを考えていく必要があります。

新しい概念はどのように広まるのか

この「人種」「民族」といった言葉はいつごろから使われるようになったのか、その来歴を考えてみたいと思います。民族というと、それこそ聖書の時代から使われているわけですが、それが広範に、特に国際政治の場面でも使われるようになったのは19世紀後半になってからなので、概念としては比較的新しいものだと言えます。

一般論として、社会において新しい概念ができて、一般的に広まるのは大きく次の三つの契機があります。

A．新しい現実が生まれるとき……例えば、新型コロナによって会社に出社せず仕事をすることが必要になった。そうした新しい現実が生まれたことで「リモートワーク」という用語が一気に広まりました。「グローバル化」なども、交通や経済の発達によって人の流れが国境を越えるようになったことで新たな概念として認識されました。

B．新しい現実を作ろうとするとき……Aは現実が現れてからそれに名前をつけたわけですが、逆に新しい現実を「作っていこう」とするときに呼び方を発明して広めるということがあります。「社会主義」を理想として実現しようという人たちが、まだ存在していないけれども言葉を作ったわけです。昨今では企業で「デジタルトランスフォーメーション（DX）」が叫ばれていますが、これも目指すべきものとして流通しています。

C．何かに対抗するとき（現実の再定義・掘り起こし）……すでにあるものが存続の危機に陥ったときに、それに対抗するために今ある現実を新しい言葉で捉えなおすということがあります。例えば、「伝統」というものは、新しい技術や生活スタイルによってそれが失われそうになって初めて認識されるわけです。伝統とされるもの自体はもともとあって、さほど注目されていなかったけれども、それを守りたいと思う人が「これは伝統である」という概念で新しく捉え返すのです。あらゆる古いものが伝統とされるのではなく、あえて残したいものが選別されたり、場合によっては少しアレンジして伝統と定義されたりすることもあります。

実は、「人種」や「民族」という概念もこのCに含まれることが多いです（今回は詳述しませんが、Bの場合もあります)。「○○人」や「○○民族」と呼ばれるようになったのは、そういう人たちが突然現れてきたのではなく、元からいた人たちをそういう概念で捉えなおしたということなのです。つまり、そこには何らかの事象に対抗するために、その名づけが行われたということでもあります。

「人種」という概念が流通した背景

それぞれの言葉が流通するようになった背景を見ていきましょう。

まず、「人種」という概念が広まる大きなきっかけを作ったのがアルチュール・D・ゴビノーというフランス人貴族でした。彼は『人種不平等論』(1853-55)という著作を出しました。

当時のヨーロッパでは、1789年に始まるフランス革命の流れを受けて、1848年革命と呼ばれる自由主義革命が、フランスやドイツなどを始め欧州諸国へ広がっていきました。それまでの保守的なウィーン体制が否定され、ナショナリズムと国民国家建設へと進んでいくことになります。

これらの革命によって、旧来の身分制が打破され、国民平等理念が叫ばれるようになります。このゴビノーは自身も貴族でしたから、それに対して反発したわけです。そのために彼が展開したのが、そもそも貴族と庶民とでは「人種」が異なるので、平等にして平準化するのは間違っているという議論でした。代々の貴族は、もともと貴族性を備えた「チュートン人（アーリア人）」という人種であると定義しました。

にもかかわらず、フランス革命以降の平等の理念によって、人種が混ざってきてしまっていて、高貴な人種というのが瀕死の危機にあるというのです。フランスでもドイツでも、アーリア人が一握りになってしまっていて、これを守らないとヨーロッパの高貴さが失われてしまうと訴えかけました。

さらに、イギリス出身の評論家ヒューストン・チェンバレンが『19世紀の基礎』（1899）という本を出します。彼はドイツに憧れて、のちに移住・帰化します。ドイツは当時プロイセン王国として1870年に普仏戦争に勝利して隆盛を極めていました。チェンバレンはドイツ人が最も優れていると考えて移住し、ゴビノー協会に所属しました。

この本の中でチェンバレンは、人種と精神的特質を結びつけて優劣を論じ、人種の混交を阻止して、ゲルマン精神をローマ・カトリック精神とユダヤ精神から守ることを説きました。特にユダヤ人を底辺に位置付けたのですが、後にナチスがユダヤ人虐殺（ホロコースト）に進んでいく科学的根拠の最初のものと言えます。人種混交を阻止するために結婚の禁止を訴えるなど、人種衛生学・民族衛生学の古典ともなりました。

「民族」という概念が流通した背景

続いて「民族」という概念が流通した背景を見ていきましょう。「民族」という言葉自体は昔から使われていたわけですが、その言葉を国家的な次元でも重要な概念として改めて提示した最初の古典が、ドイツの文学者・哲学者ヨハン・G・ヘルダーの『言語起源論』（1772）という本です。

ヘルダーはこの本で、言語に発する自然な集合としてのフォルク（Volk＝民族、人民。英語ではpeople）というものを前面に掲げました。これは何を目的としていたかというと、やはり啓蒙主義、普遍主義への対抗としての意味がありました。

啓蒙主義によって科学的にものを考え、それまでの宗教や封建制度、村落共同体といった伝統的支配を脱して、最終的には普遍主義、つまり人類は皆同じであるというコスモポリタニズムの方向へ時代が進んでいくのに対して、それぞれの地域や民族の固有性というものを取り戻すべきだと訴えたわけです。

また、フランスにおいてもフランス革命によって「ナシオン」（英語ではnation）、すなわち「国民」（文脈により「民族」とも。「国家」は基本的には誤訳）と呼ばれる概念が広まりました。王や貴族による支配を打破して、フランスという国の中に住む人々は皆平等であり、等しく主権者だとして、近代的な国民国家へとつながっていったわけです。

よく指摘されるように、この国民概念には普遍主義が内在していました。まずはフランスという国境内における平等を目指したわけですが、原理的にはフランスに限定する必要はなく、フランスそのものをどんどん拡大していく方向に向かいました。それを推し進めたのがナポレオンです。

こうした普遍主義を振りかざしたナポレオン・フランスが侵攻し、隣国ドイツを占領しましたが、もちろんドイツ人はそれを素直に受け入れるわけにはいきません。フランスの普遍主義というものに対する反発が高まる中で、占領下のベルリンにおいて哲学者ヨハン・G・フィヒテが行った有名な演説が『ドイツ国民へ告ぐ』（1807-08）というものです。その中で彼は次のように述べています。

われわれは…、世界君主制という幻想、あの憎むべき、理性のかけらもない幻想にもあえて我々の眼差しを向けましょう!…精神の自然〔本性〕は人類の本質を、もっぱらきわめて多様な諸段階において、個々人に即して、そして全体としての個別性、すなわち諸民族に即して示すことができたのです。民族おのおのが自己を信頼してその個性に応じて発展し自己を形成して初めて、そしてそれぞれの民族において各自が自分の特殊な個性とともにかの民族に共通の個性に応じて発展し自己を形成して初めて、神性の顕現がその本来の鏡のうちに、あるべき姿で映し出されてくるのです。

（ヨハン・ゴットリープ・フィヒテ『国民とは何か』、鵜飼哲 訳、インスクリプト、1997年）

ここでフィヒテが述べているのは、人間というものは、フランスの普遍主義が目指すように個々人がいきなり普遍につながることはできない。個人というものはまず民族として発展して、その民族が多様な世界というものを作り上げているのだ。だから、民族という概念を飛ばしてはならず、ドイツの民族主義に改めて目を向けなければならない、ということです。

フィヒテは、ドイツ民族がフランス民族より優れているということを主張してはいません。どちらかが他民族を支配するのではなく、そして同化するのでもなく、それぞれの民族が尊重されなければならない。今日的に言うと、民族のダイバーシティのようなものとして受け取ることも可能なことを言っているわけです。要するに、この民族という概念は、近代的な普遍主義への対抗として、個々の民族を維持し多様性を擁護するものとして世界に広がっていくことになったのです。

もっとも、これだけだとよく聞こえるかもしれませんが、民族内部の、あるいはそれと異なる次元の多様性を擁護しているわけではなく、あくまでも民族という単位に話を限定していることには注意が必要です。つまり、時として、それは同じ民族かどうかを基準に排除の論理になることもありますし、民族内の多様性やさらに小さい単位での差別構造を無視することにつながることもあります。

日本における人種と民族

翻《ひるがえ》って、日本においてこれらの概念がどう扱われていたかを見てみましょう。「ネーション」や「フォルク」といった概念は、明治の近代化以降に日本でも「民族」と訳されて紹介されていましたが、第一次世界大戦のころまではさほど確固とした意味で広範に用いられることはありませんでした。「民族」は「人種」「種族」「人民」などといった言葉と併用され、あまり差異なく使われていたようです。

しかし、日本が国力をつけ欧米列強の国際政治の舞台に足を踏み入れるようになると、そこでまず「人種」というものを意識するようになります。当時の国際社会は、もちろん欧米の白人中心主義で動いていました。アメリカではアジア人に対する差別が明らかで、入国制限まで設けられるようになっていたのです。

第一次大戦末期の1918年に、後に首相になった近衛文麿《このえふみまろ》は次のように書いています。

来《きた》るべき講和会議に於《おい》て英米人をして深く其《その》前非を悔いて傲慢無礼の態度を改めしめ、黄人に対して設くる入国制限の撤廃は勿論、黄人に対する差別的待遇を規定せる一切の法令の改正を正義人道の上より主張せざる可《べ》からず

（近衛文麿「英米本位の平和主義を排す」、1918年）

「来るべき講和会議」というのはパリ講和会議のことです。もちろん、この近衛の言葉にはそれを念頭において、帝国主義的拡張や植民地の保有がなぜ欧米には認められて日本には認められないのか、という不満を主張する意味が込められています。

そうした目論見があったとはいえ、国際連盟の場で日本政府は「人種平等条項」を入れるよう要求します。この条項はアジアの国を中心として比較的賛同を得られたものの、結果的には実現しませんでした（篠原2010：57-58、66-69）。

このように人種による優劣の撤廃を訴えた日本でしたが、単純に平等を支持していたわけではなく、中途半端な態度をとることになります。というのも、日本は1910年に韓国を併合していましたが、それに反発する人たちを中心に朝鮮民族主義が盛り上がりを見せていたからです。これはちょうどフランスの普遍主義に対抗して、フィヒテがドイツ民族というものを主張したのと重なります。日本は朝鮮民族主義の立場に対して批判的でしたから、当然、「民族」を固定的に捉え尊重する立場はとりにくかったわけです。

ですから、日本において「民族」という言葉は変幻自在な広い意味で使われていくようになるわけです。例えば、社会学者・経済学者の高田保馬《たかたやすま》は『民族論』という本の中で「民族」という言葉の定義について、「民族」は一定の範囲で共同生活を求めようとする意識と血縁や共同の文化、あるいは地縁などの客観的な条件のなかで定まっていき、民族が団結を強め、能動的態度をとるときに、近代民族が成立するとしています（高田保馬『民族論』、岩波書店、

1942年)。

この定義は、高田だけでなくおおむね当時の世界での一般的な理解と考えてよいと思います。ただ、日本で特徴的だったのは、これも高田の『民族論』からの引用になりますが、民族というものはあくまでも「程度的概念である」というのです。そして、このことは「広民族」という概念も可能である、すなわち、一定の必要に応じて伸縮を考える余地があるということになります。

その結果出てきたのが、「日満支〈日本・満州・中国〉を通ずる東亜諸民族の結合としての東亜民族」だったわけです。この考え方が、大東亜共栄圏という発想を支えるバックボーンとなりました。

しかし、日本は戦争に敗れ、すべての植民地を失います。すると、今度は反対に「民族」という概念を非常に狭い意味で捉えるようになっていきます。要は、日本列島に住んでいる人だけが「日本人」であり日本は「単一民族」の国家であるという考え方が広がっていくことになりました。このあたりのことは小熊英二さんの『単一民族神話の起源』(1995)に詳しいので参照してみてください(学部2年生ぐらいのころにこの本を読んで、私は学問の面白さに目覚めた記憶があります)。そのような急転換の結果として、それまで日本国籍を与えられていた朝鮮人は急遽《きゅうきょ》国籍を取り上げられることになり、それが今日まで続く在日コリアンの特殊な地位の背景にあります。

以上要すると、「民族」という概念は何らかの定義に基づいて規定されているというよりは、多分にその時々の政治や社会の状況を受けるものだということです。

「人種」への忌避と「民族」の重視

再び世界に目を戻します。第二次大戦後の世界において、「民族」や「人種」という概念がどのような展開を遂げてきたのか。当然そこには地域差が大きくあるので一括りにはできませんが、ある程度の流れを見てとることはできます。

ナチスのホロコーストが世界中に衝撃を与えたことにより、戦後「人種」という概念は忌避されるようになります。今日でもヨーロッパでは「人種」という言葉はあまり使われることなく、タブー視されています（アメリカでは戦後も黒人問題が残り続け、日常的にも「人種」という言葉は今でも使われています）。

一方、「民族」という概念はむしろフォーカスされていくようになりました。ある集団の意識や文化、その人たちが自分たちをどのように捉えているのかということを重視していこうという、まさに民族的な概念が尊重されるようになったわけです。そこには、例えば日本の占領下から独立した朝鮮が再び民族主義に目覚めるといった背景がありました。

また、近代の工業化のもとで同化主義、普遍主義によって民族間の違いはいずれなくなっていくだろうという楽観論が社会科学のなかにもありましたが、それも70年代には現実とのズレを批判されるようになります。第一次大戦以来あった民族自決論が、アジア・アフリカにおける植民地独立とあいまって定着していき、カナダやオーストラリアなどでは多文化主義的な考え方が広まりました。

　私の専門でもあるイスラエルは、1948年にユダヤ民族の国家として独立宣言をして、アメリカ、ソ連を始めとする国際社会が承認して建国されることとなりました。その結果はじき出されたパレスチナ人から見れば皮肉な話ではありますが、イスラエルという国はまさに「民族」という概念が尊重され、それを根拠として作られた国だということになります。

　こうした「民族」を重視する考え方は、社

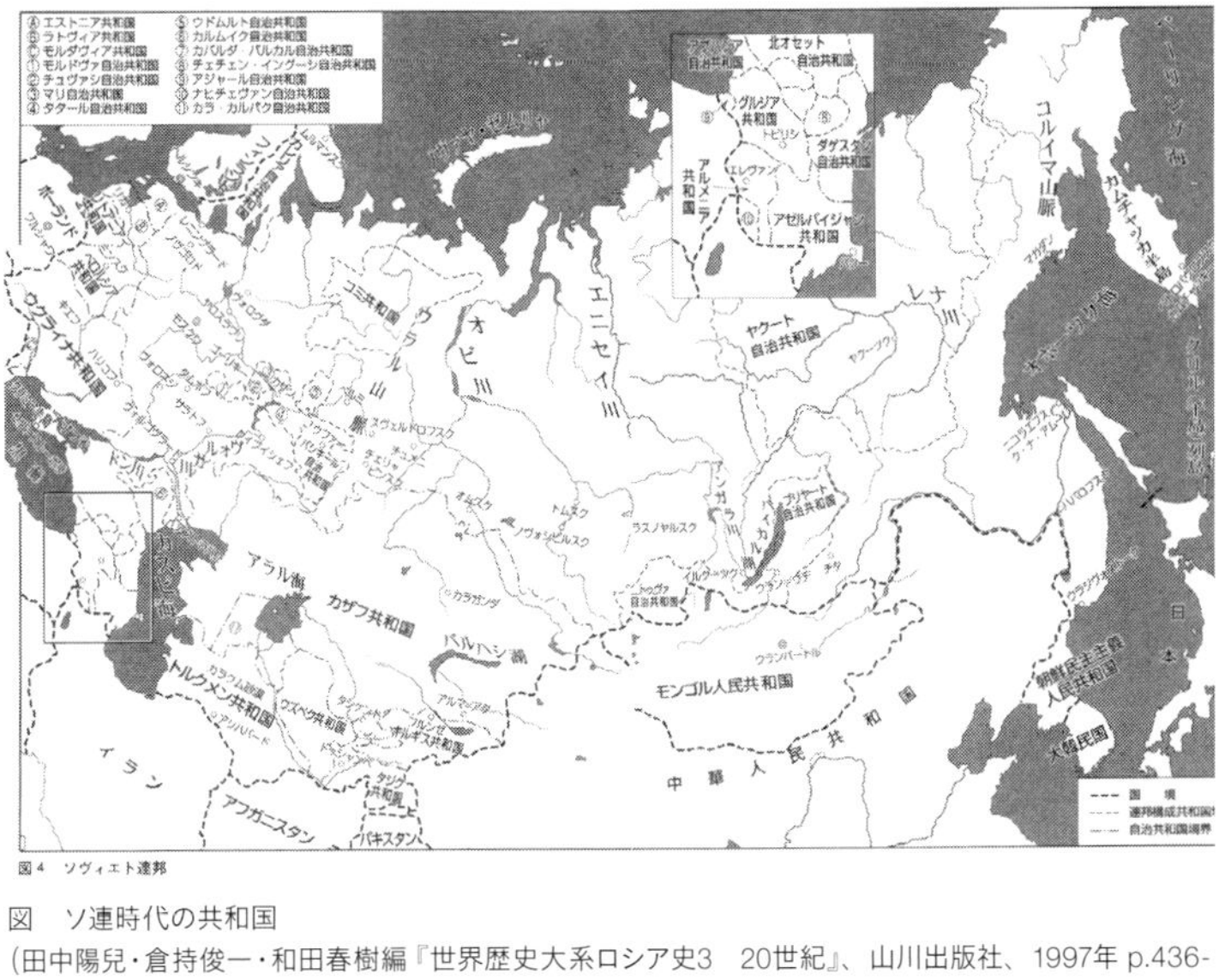

図　ソ連時代の共和国
(田中陽兒・倉持俊一・和田春樹編『世界歴史大系ロシア史3　20世紀』、山川出版社、1997年 p.436-437 図4)

会主義圏でも見られました。ソ連は広大な領土に多様な集団（緩やかなつながりや類似性なども含む）を抱えていましたが、スターリンは「民族とは、言語・地域・経済生活・文化の共通性の中に現れる心理状態の共通性を基礎に生まれた、歴史的に構成された人々の強固な共同体である」と述べて、それをある程度までは尊重していたのです。

ソ連は当初15の共和国で構成されていましたが、これは基本的には民族ごとに共和国を与えるという考え方に基づいています。ただ、カザフ共和国やウズベク共和国など特に中央アジアにおいては、自分たちを民族だと捉える意識は希薄でした。むしろ、宗教・宗派や部族という概念のほうが強く意識されていたのです。

しかし、ソ連は各民族の事情に応じて社会主義を発展させていくという方針を持っていましたから、民族ごとに共和国に分類していったのです。そういう意味では、こうした民族概念は元からあったというよりも上から押し付けられた側面もありました。

ソ連のユダヤ人は、なぜイスラエルに移住したか

さて、民族を実体化して論じる理論は、人の動きを民族で説明しようとします。実際、そのように説明してもそれほど間違っているようには聞こえないことが少なくありません。では、それは実際にはどのような問題があるのでしょうか。ソ連の話に続けて、そこからイスラエル

に移動したユダヤ人（正確には「ユダヤ人」とされた人びと）の動きをどのように説明すればよいかを考えてみましょう。

１９９1年にソ連は崩壊します。すると、ソ連にいたユダヤ人が大挙してイスラエルに移住するという動きが起きました。その数は、10年ほどの間に累計１２０万人に上ります。当時のイスラエルの人口の実に2割くらいに相当します。

ソ連においてユダヤ人がどのように扱われていたかというと、実は先ほどのカザフ人やウズベク人と同じようなものでした。ソ連という国は、西ヨーロッパで迫害されていたユダヤ人も尊重して、平等なメンバーとして扱う国なんだということをアピールすべく、ユダヤ人も「民族」だと定義し、ユダヤ人の言語であるイディッシュ語についても、初期は熱心に促進しようとしていました。

しかし、当のユダヤ人自身は必ずしもそうした民族意識を持っていたわけではありませんでした。もちろんまったくなかったわけではありませんが、ソ連が工業化する中で都市の住民として同化していきますし、ロシア語を第一言語としていくわけです。少なからぬ人がどこかで自分はユダヤ系であるという意識を持ってはいましたが、ロシア人としてのアイデンティティも強く持っていました。ですが、ソ連は制度上のユダヤ人という民族名を国内パスポートにも記載するなど、明確に分けました。

このユダヤ人という民族名は基本的に親から引き継ぐもので、ユダヤ人の両親から生まれた場合はもれなくユダヤ人になりますし、異民族間の婚姻ではどちらかを選択するというものでした。つまり血統として受け継がれていく、まるで人種のような概念で、逆に言うとそれ以上の意味はあまりなくなっていくのです。

そういったソ連のユダヤ人がイスラエルに移住して驚いたことがあります。それが次のような言葉に表れています。

> Aさん「私は黒人のユダヤ人を見たことがなく、エチオピア人がユダヤ人であるなんて考えたことさえありませんでした。」
> Bさん「私はユダヤ性とは血だけのことであると思っていました。」
> (Fialkova and Yelenevskaya, *Ex-Soviets in Israel*, Wayne State University Press, 2007, 52, 54)

イスラエルのイツハク・シャミル首相がエチオピアからのユダヤ移民を出迎える様子。1991年。
(ISRAELI TSVIKA CC BY-SA 3.0)

これらは、ソビエトのユダヤ人がイスラエルに移住して、エチオピア系などのユダヤ人を見たときの発言です。要は、彼らは「黒人のユダヤ人」が存在するなんて思ってもみなかったのです。何が言いたいかというと、「民族」という概念は「人種」という身体的特徴に基づく概念よりも広い、フレキシブルなものであったはずです。しかし、ソ連のユダヤ人にとって「ユダヤ民族」であるということは、ほとんど「ユダヤ人種」であるということと変わりないものになってしまっている。言い換えれば、「動かしがたいもの」という意味での「人種」は、「民族」に乗り移って残り続けたということなのです。

「ユダヤ人だから」ではない本当の動機

そこで、改めてソ連崩壊後のユダヤ人のイスラエル移住ということを考えてみたいと思います。表面的な事実を整理してみると次のようになります。

・ソ連政府は「ユダヤ人」を民族（national'nost'）とし、それに従って統治した
・イスラエル政府は（旧）ソ連の「ユダヤ人」を呼び寄せた
・呼応した人々も、自らを「ユダヤ人」であることは否定しない
→結果的に、「ユダヤ人」という単位で多くの人が動いた

この事態に対して私たちは「彼らは、ユダヤ人だからイスラエルへの移住を望んだ」と素朴に考えがちで、記述そのものとしては特に間違っているわけではありません。ですが、これをどのような意味で理解するかが重要です。民族問題やナショナリズムに関する理論では、民族は生まれ故郷と結びつきを持っており、そこに帰還することは、いわば自然な流れとして説明されます。人間には民族にこだわる局面があり、それによって行動するというような説明がされることもあります。しかし、本当にそうでしょうか？　つまり、ユダヤ人とされた人々がソ連からイスラエルに移民した動機は民族的なるもの、ユダヤ的なるものにあったのでしょうか。

ユダヤ民族の拠点を「イスラエルの地」（パレスチナ）に作ろうという思想をシオニズムと呼びます。では、こうしたソ連からの移民たちがシオニストだったかというと、大半はそうではありませんでした。むしろ、これまで見てきたように民族意識は希薄な部類に入ります。

では、彼らはなぜ大挙してイスラエルへ移住したのか。それは、ソ連崩壊期の政治的、経済的混乱の中で、ソ連時代には抑え込まれていた反ユダヤ主義が拡大してきたことが大きかったと考えられます。ソ連が民族という境界線を強調した結果、土着ではないユダヤ人の居場所が失われていったという事情が関係しています。ユダヤ人は例えばウクライナに昔から住んでいましたが、ソ連の基準ではウクライナはウクライナ民族のものとされました。ユダヤ人は住み続けることこそできましたが、ロシア人などと同等の、なかばよそ者の扱いになりました。ソ連時代はソ連の優位性を示すためにも反ユダヤ主義が政策的に抑え込まれていましたが、そのたがが外れ、自由化の空気のなかで各地で民族主義が強まると、反ユダヤ主義が噴出したというわけです。

その結果、ユダヤ人たちはそこから逃げ出したいと考えるようになりますが、西側諸国がどこでも快く受け入れてくれるわけではありませんでした。その中でイスラエルは、ユダヤ人（およびその親族）であれば歓迎してくれたという意味で唯一の選択肢だったわけです。大半のユダヤ移民がロシア語しかできませんでしたので、ロシア語ができる人がたくさん一緒に入っていったというのも大きかったでしょう。

さらに、周りのユダヤ人が次々と移住を決めていく中で、自分は取り残されているのではないかとパニックになる人もいましたし、イスラエルを足掛かりにアメリカへと渡ることを冷静に目論んでいた人もいました。こういったことで結果的に人数が膨らんだというのが実態だったのです。

つまり、ソ連政府が「ユダヤ人」を、統治の基礎単位である「民族」に分類したうえで統治したため、「ユダヤ人」に括られた人は、本人のこだわりとは別に、周囲からはユダヤ人であるとみなされ、反ユダヤ主義の餌食にもなります。そして、ソ連崩壊の混乱期に「西側」に属すイスラエルへの移民は魅力的でした。ですから、経済的動機のみでの移民は十分にありえたことです。イスラエルはそれを「ユダヤ人」に限定したので、結果として「ユダヤ人」と自認する人々だけが向かうことになったのもまた当然のことでした。

ですから、ユダヤ的なものが動機でなくても十分にありえたこの移民の動きを、ことさら「ユダヤ人だから」と捉えなければならない理由は見当たらないということになります。実態は、「ユダヤ人だから」移民したのではなく、「ユダヤ人とみなされていたから」ソ連に住みにくくなり、またイスラエルに入りやすかったため、というのが近いといえます。

もちろん、これはこれでいろいろと単純化した議論ではあって、実際にはそれなりにシオニズムに共感して移民した人もいましたし、両親から引き継がれたものとしてユダヤ的な何かを大切にし続けてきた人もいましたので、現実はもう少し複雑ではあります。それでも、いわゆる民族なるもので説明できることは必ずしも多くないということは理解できるのではないかと思います。

人種・民族についての悪い理論

さて、ここまできてようやくこの講義のタイトルである「人種・民族についての悪い理論」ということで何を言いたかったかということに触れられます。

これまで見てきたように、「人種」や「民族」という概念はどこか当たり前に受け入れながら、歴史的に見れば悪い影響を及ぼしてきました。それは、これまでの人種・民族についての理論が「悪かった」からでしょうか。だとすれば、人種・民族についての「よい」理論というものが存在するのでしょうか。

そもそも「人種」という概念は、生物学的には否定されているものです。もちろん、肌の色の違いなどの身体的特徴はありますが、あくまで住む地域などで現れた形質の遺伝にすぎず、それは性別や背の高さの違いと何ら変わるものではありません。遺伝子のレベルで白人と黒人で明確な線引きをすることはできないのです。

そう考えると、人種概念を前提にして語ることはそもそも誤りであり、人種の理論に「よい」も「悪い」もないということになります。

「民族」についても、やはりそれを前提として語ることが弊害を伴うことは、先のソ連における民族概念の適用からも見えてきます。必ずしも民族意識が強くない人たちに対して、特定の「民族」であるというラベリングをした結果、逆にそのラベルによってその人々たちを（他者が、だけでなく自分自身をも）理解してしまうということが起こるわけです。

つまり、民族・人種の理論が悪いというよりは、そもそも「民族」や「人種」という概念を安易に使ってしまうという理論の前提が危ういのです。

確かに、言語や文化、習慣の違いというものが、地域や集団によってある程度の傾向として現れることは事実です。それを「民族」などの概念で捉えたくなってしまう心情も理解できます。

それでも、注意しなければいけないのは、そういった「民族」という概念に、他の様々な要素を乗せすぎてしまうことです。例えば、〇〇民族だからこういう性格や考え方、能力を持っている、というように。それらはたまたま接している集団や職業の人たちがそうであるだけかもしれません。そのように部分で全体を理解することは、原因と結果を取り違えてしまうことになります。

ソ連に住んでいたユダヤ人のイスラエル移住も、政治経済の混乱から逃れるためであったものが、「ユダヤ人だから」という理由に取り違えられてしまう。民族という言葉は、そのような間違いを犯す原因となりがちです。

人種という概念のいちばんの問題も、その概念を使うことで大きな間違いを犯す危険性があるということにつきます。人種という概念を使うと、人間である前に人種であると考えがちになります。例えば、犬が猫になることはないのと同じように、白人が黒人になることはないという前提を置いてしまうのです。もちろん肌の色は容易には変わりませんが、その他のすべてに関して、白人と黒人の間に、なんら本質的な違いはないのです。肌の色を除くと、白人は黒人になれますし、黒人も白人になれます。

民族をどのように考えればよいか

では、どのように考えれば、この人種・民族といった考え方がもたらす弊害を乗り越えることができるでしょうか。

その一つの方法として、人間が持つ多面的な側面の一つとして民族的なもの（通常「エスニシティ」と呼ばれます）を捉えることを提案します。自分自身のことを考えてみれば、個人には多様な側面があるはずです。親・子、学生・教師、会社員……そうした様々な側面の一つとして国籍や民族があるというのは、実態に近い理解ではないでしょうか。その中でどこに力点が置かれるのかは、個人によっても、その時々によっても変わってくるでしょう。

その上で、その側面が他の側面や他者（の側面）と、どのように関係しているのかを探るのが、より良い関係性を築くことにつながるのではないかと考えています。「ユダヤ人」であるとしても、それはユダヤ人がマジョリティであるイスラエルに住んでいるのか、ユダヤ人に対して比較的友好的なアメリカに住んでいるのか、あるいはその他反ユダヤ主義が強い地域に住んでいるのかで、その側面の持つ意味は異なってくるからです。

そして、あらゆる事象に対してミクロとマクロを混同しないということが大切です。繰り返しになりますが、ソ連崩壊後に多くのユダヤ人がイスラエルに移住したというマクロな現象を、「民族性」というミクロな側面に還元するのは誤った見方でした。それはむしろ、経済や反ユダヤ主義の被害や恐れという側面から理解されなければならなかったわけです。

それは、あらゆる差別構造を考える上でも有効です。「ユダヤ人への差別」と一口に言えるものではなく、その経験は男性であるか女性であるかというジェンダーによっても異なります。そのように、個人がどのような側面を持っているかを考えなければ、差別の実態も見えてこないでしょう。

実際、ソ連の政策に対するユダヤ人の受け止め方は、男性と女性で大きく異なるものでした。というのも、伝統的なユダヤ社会は男性中心主義的であり、女性の権利というものがなかなか認められにくかったところがあります。それに対してソ連、つまり社会主義においては宗教自体が否定され、少なくとも表向きは男女が平等であるとされました。ですから、ユダヤ教の信仰に篤い男性にとってはソ連時代は試練のときでしたが、一方で女性にとっては、特にユダヤ教にこだわりがない場合は、むしろ希望に満ちたものとして感じられた場合もあるわけです。

もちろんここにも個人差はあるわけですが、従来のようにソ連時代のユダヤ人はみな一様に苦労したという一般的なイメージだけでは捉えきれない部分があるということです。

最初に述べたように、人種・民族という概念が問題含みだからといって、これらの概念を否定して済ますわけにはいきません。現に人種・民族を前提とした思考をする人たちがいて、それが逆に現実を作り上げているからです。ナショナリストや人種主義者のようにそれらの概念を実体視してこだわる人ばかりでなく、何となくそれらにそれなりに意味があると考える人までを含めると、これらの概念は依然として存在感を持っています。

人種や民族という概念が「悪」に向かわないように私たちにできることは、それらの概念を活用するとしても、それが人の持つ多様な側面の一つにすぎないと意識することだと私は考えています。

□参考文献

小熊英二『単一民族神話の起源――〈日本人〉の自画像の系譜』新曜社、1995年
川田順造「『民族』概念についてのメモ」『民族學研究』63(4)、1999年
塩川伸明『民族と言語――多民族国家ソ連の興亡Ⅰ』岩波書店、2004年
塩川伸明『国家の構築と解体――多民族国家ソ連の興亡Ⅱ』岩波書店、2007年
篠原初枝『国際連盟』中央公論新社、2010年
関根政美『エスニシティの政治社会学――民族紛争の制度化のために』名古屋大学出版会、1994年
鶴見太郎『イスラエルの起源――ロシア・ユダヤ人が作った国』講談社、2020年
ベネディクト，ルース『人種主義 その批判的考察』、筒井清忠・寺岡伸悟・筒井清輝 訳、名古屋大学出版会、1997年
Fialkova, Larisa, and Maria N. Yelenevskaya, *Ex-Soviets in Israel: From Personal Narratives to a Group Portrait*, Detroit: Wayne State University Press, 2007.

第4講

近代日本哲学の光と影

中島隆博

なかじま・たかひろ
東京大学東洋文化研究所教授。東京大学東アジア藝文書院（EAA）院長。1964年生まれ。東京大学大学院人文科学研究科博士課程中途退学。専門は中国哲学、世界哲学。主な著書に『共生のプラクシス──国家と宗教』（東京大学出版会、和辻哲郎文化賞受賞）、『思想としての言語』（岩波現代全書）、『危機の時代の哲学──想像力のディスクール』（東京大学出版会）、『中国哲学史』（中公新書）などがある。

哲学が「役に立ってしまった」時代

哲学という学問は、実用的ではない、現実の役には立たないと言われることもあります。しかし、本当にそうでしょうか。歴史を振り返ってみると、哲学が現実の役に立ったこと――それは、いい意味でも、悪い意味で「立ってしまった」ことも――があることがわかります。

今回の講義のタイトルを「近代日本哲学の光と影」としましたが、ここでは田辺元《はじめ》と九鬼《くき》周造という二人の哲学者を取り上げて、哲学と社会との関係からそのことを考えていきたいと思います。

田辺と九鬼は二人とも京都大学で教えていました。特に田辺は「京都学派」と呼ばれる、日本独自の哲学を構想しようとした有名な学問活動の中心を担っていた一人です。その創始者とされる西田幾多郎《きたろう》が田辺を京都大学へと招聘《しょうへい》しました。

九鬼は田辺より3歳若く、ほぼ同世代と言えますが、二人の哲学は対照的であったとわたしは捉えています。では、二人の哲学がそのように分岐していくもととなったものは何であるか、ということを皆さんと一緒に考えてみたいのです。

田辺元とはどのような人物だったかについて、哲学者のトマス・カスリスさん（オハイオ州立大学名誉教授）は著書で次のように述べています。

田辺元は、西田の後、京都学派のもっとも年長で尊敬されたメンバーである。その公の場での演説は、田辺の「種の論理」と文化的アイデンティティの強調から派生したものだが、それによって戦争遂行を熱心に支えた。その演説がなされた場所から考えると、田辺は主に戦争に赴《おもむ》く大学生たちの精神を支えるためにそうしたようである。

(Thomas P. Kasulis, *Engaging Japanese Philosophy: A Short History*, Honolulu: University of Hawaii Press, 2018, p.523　※訳は中島による)

このカスリスさんの『日本哲学小史』という本は、「小史（ショート・ヒストリー）」と言いながら700ページ以上ある読み応えのあるものですが、田辺についての評はここに尽きるように思います。

戦後、京都学派と戦争との関係については繰り返し問われてきました。彼らが提示した「近代の超克」や「世界史の哲学」などの概念は、「八紘一宇《はっこういちう》」や「大東亜共栄圏」といった日本のアジア侵略の思想的支えとなったからです。西田幾多郎自身もある仕方で軍部に加担してしまったのではないかという反省を述べていますが、その一方で彼らは必ずしも本意でやったわけではないという議論もされてきました。

ただわたしは、個々の哲学者が戦争に賛成だった、あるいは反対だったということを述べてもあまり意味はないのではないか。むしろ哲学者の意図とは別に、その哲学の「構え」自体が戦争を遂行するということに親和性を持っていたかどうかということを問い直すことが必要だと考えています。

大学生を戦争に駆り立てた田辺の講義

カスリスさんの引用に「公の場での演説」とありますが、これは京都大学の集中講義でなされたものです。講義は1939年の5月から6月にかけて行われたもので、翌年に『歴史的現実』(岩波書店、現在はこぶし書房)という本として出版されています。

この頃は、1938年に国家総動員法が制定され、勤労作業などの学徒動員が始まった時期です。この講義は学生の心を強く摑んだと言われており、彼らを戦争に奮い立てるアジテーションとしての力がありました。例えば、次のような内容です。

そもそも天皇の御位置は単に民族の支配者、種族の首長に止まっていらせられるのではない。一君万民・君民一体という言葉が表わしているように、個人は国家の統一の中で自発的な生命を発揮する様に不可分的に組織され生かされている、国家の統制と個人の自発性とが直接に結合統一されている、これが我が国家の誇るべき特色であり、そういう国家の理念を御体現あらせられるのが天皇であると御解釈申上げてよろしいのではないかと存じます。

（田辺元『歴史的現実』、岩波書店、1940年、91頁）

天皇というのは、単純に日本という国の支配者・首長などではなく、もっと次元の高いものであると言うのですが、それはどういうことか。引用にあるように、個人と国家は「不可分」であり「結合統一されている」、すなわち密接に結びついているのが日本の特色であるということです。そして、それを体現しているのが天皇であるという、なかなか強烈な議論を展開しています。ここには個人と国家の間に距離感がほとんどなく、個人は非常に強力に国家に組み込まれているのです。

では、その国家に組み込まれている個人にはどのようなことが期待されているのか。田辺は講義の結びで次のように述べます。

具体的にいえば歴史に於て個人が国家を通して人類的な立場に永遠なるものを建設すべく身を捧げる事が生死を越える事である。自ら進んで自由に死ぬ事によって死を超越する事の外に、死を越える道は考えられない。

（同、108-109頁）

田辺は生死の対立を超越するためには、国家を通して永遠なるもののために「自由に死ぬ」

ことが必要であり、それが知識や学問に携わる学生たちの大切な任務であるというわけです。それは、大学という場所がまさに戦争を遂行する場所に変わった瞬間でした。

個人の根拠に国家を据えた「種の論理」

ここで展開されているやりきれない論理こそ、「種の論理」と呼ばれる田辺哲学の核心です。『種の論理』は著作としても田辺の主著となっています。「種の論理」とは、類（普遍）と個の間に種を置き、類―種―個が一方向的なヒエラルキーをなすのではなく、相互に影響を与え合う弁証法的な関係にあることを明らかにしようとしたものです。

田辺に言わせると、この「種の論理」を構想するに至った「実践的」な理由と「論理的」な理由がありました。

「実践的」な理由としては、「近時各国において頓《とみ》に勃興し来った民族の統一性、国家の統制力が、単に個人の交互関係として社会を考えようとする立場からはとうてい理解し得ないものを有する」（藤田正勝編、田辺元『種の論理』、岩波文庫、２０１０年、３３７頁）と考えたからであり、「論理的」な理由としては、西田幾多郎の「絶対無」を「無の場所」という西田の理解から切り離し、「絶対媒介」として理解し直そうというものであったというのです。

ここで、西田の「絶対無」について少しだけ触れておきましょう。西田幾多郎は、日本近代哲学のファウンダー（創始者）とも呼べる存在です。日本において、哲学というものを基礎づけるにはどうしたらよいかということを突き詰めて考えました。

西田は物の究極的な根拠、すなわち「真実在」とは何かを追究し、その中でたどり着いたものが「場所」そして「絶対無」というものでした。ここで西田の哲学を説明すると長くなりますので端折《はしょ》りますが、西田は西洋的な主客二分の考え方ではない「純粋経験」に着目し、その心理主義的な問題を解決するために「場所」という概念を持ち出します。その場所においては、もはや有無の判断がなされないようなものとして「絶対無」だと言うのです。

それはもちろん、西田なりの哲学の洗練ではありますが、西田自身もこの「絶対無」を「心身脱落」や「色即是空」などの禅の用語を援用して説明しているように、それは限りなく宗教に近づいていきます。それを田辺は、これ以上遡ることのできない究極的な根拠、すなわち西洋的に言えば絶対的な一者を措定するものだとして批判します。つまり、個と類が無媒介につながってしまうのは問題だとしたわけです。

もちろん、田辺の「宗教だ」という批判自体、必ずしも妥当ではないところがあります。西田自身は議論をさらに進めており、宗教それ自体を問い直すまでに至っているからです。

ところで、田辺は、この「実践的」と「論理的」理由との交差するところに、「種的基体」としての国家（民族国家）を置きました。田辺は「血と土とに結びつく直接的種的統一」（同、

380頁)を「種的基体」のイメージとして提出するのです。

時代背景を考えると「個人の交互関係として社会を考えようとする立場」とは、イギリスのことを念頭に置いていると思われます。それに対して、田辺はネイション・ステート、当時のナチス・ドイツのような非常に強力な国家の統制力をイメージしていたのではないでしょうか。

この「媒介」ということを、田辺は『歴史的現実』の中では次のように述べています。

> 時は反対の方向のものが現在で統一されて成り立つのであって、過去・現在・未来は一方向的に同一のものがずっと発展するのではない。川が上流から中流、下流と流れる様に流れるのではない。それは同一性的な見方で、論理で云えば同一性の論理である。そうでなく時の過去・現在・未来は交互的統一をなす、三位一体的な(drei-einig)関係をなす。そうでなければ時は了解せられない。それと同じく個人が集まって種族となり、更にそれが集まって人類となると考えるのは、やはり一方向的な同一性的な考え方と云わねばならぬ。そういう考え方を捨てて個人・種族・人類はお互いに各々が他の二つを媒介し合うのであるとせねばならない。
>
> (田辺元『歴史的現実』、50-51頁)

いわゆる科学的な観点からは、時間は過去から現在、未来へと一方向的に流れるとされています。しかし、それと同じように人間の歴史を考えることはできない。そこには、三位一体的な相互関係がある、すなわちある種の弁証法が成り立っていると田辺は考えます。そして、それと同じことが個人・種族・人類という関係性の中にもあると考えるわけです。

なぜ媒介するものが必要なのかというと、西田の言う「絶対無」のような根拠があるはずだという京都学派特有の信仰のようなものがあったのだと思います。田辺は批判はしながらも、そこにおいて永遠的なるものが個人の意味や自由を与えるという考え方をするのです。

こうした論理によって、田辺は京大の学生たちを戦争に向けて鼓舞しました。もちろん、このことに反発した人たちはいて、例えば東北大学の高橋里美は「種の論理について」(1936-1937年)という論文を書いて、田辺の国家観を批判しました。田辺の議論では、現実にある歴史的存在としての国家の考察が不十分であり、抽象的・観念的なものにすぎないとしました。ただ、こうした高橋の批判も、田辺の弁証法それ自体への批判とはなっていません。わたしはむしろ、この弁証法的な考え方に問題があったのではないかと思うのです。

戦争末期に「懺悔《ざんげ》」した田辺

田辺の意図はどうあれ、「種の論理」は結果的に日本の軍国主義にとって非常に都合のいい思想となりました。田辺もその間違いに気づき、戦争末期に至って「哲学的転向」を遂げることになります。
それが『懺悔道としての哲学』です。この本が書かれ始めたのは、１９４３年であり、出版されたのが１９４６年です。その序を見ると、戦争末期にあって「国家の思想学問に関する政策に対しては直言以て政府を反省せしむべきではないか」（藤田正勝編、田辺元『懺悔道としての哲学』、岩波文庫、２０１０年、35-36頁）という思いと、「戦時敵前に国内思想の分裂を暴露する恐ある以上は、許さるべきでないという自制」（同、36頁）との板挟みに立ったために、「哲学する能力も資格もない」（同、37頁）と自らを批判することから始めています。その上で、自力ではない、他力の哲学、「哲学ならぬ哲学」を「懺悔」として示そうとしたのです。
このように田辺は「懺悔」を始めます。戦争の間違いを直言すれば自分の身も危うい。そうした板挟みで動けずにいた自分自身を批判し、自力ではなく他力の哲学に向かっていくのです。田辺は『懺悔道としての哲学』の中で次のように書きます。

このような懺悔における転換復活は、正に親鸞がその他力法門において浄土真宗を建立した径路に外ならない。私は親鸞が仏教において進んだ途を、偶然にも哲学において踏ましめられることになったのである。

（同、39頁）

他力と言えば、親鸞が思い起こされるわけですが、日本近代においても親鸞というのは非常に大きなブームとなりました。明治の高等教育を受けた「煩悶《はんもん》青年」たちは自我の確立に悩み、その拠り所を親鸞の『教行信証《きょうぎょうしんしょう》』に求めていったのです。親鸞の思想はキリスト教の文脈でも議論されることがありますが、いずれにせよ田辺もまた他力という親鸞の教えを哲学において辿っていかなければならないと考えたのです。それははたして上手くいったのでしょうか。次を読んでみましょう。

このようにして一たび哲学に死んだ私は、再び懺悔道において哲学に復活せしめられた。但し、復活というも、それは一度絶望拋棄《ほうき》せられた哲学を再び取上げてその道に復活せしめられるという意味ではない。かかる否定もなく転換もなき自同反復はあり得ないのである。精神においてはいわゆる反復は超越であり、復活は新生でなければならぬ。もはや自ら生きるのでなく、生でも死でもない絶対的なるものから超越的に私は生かされて生きるのである。絶対は斯様に相対の否定であり転換であるから絶対無と規定せられる。その無が私を復活せしめるにより、私には無即愛として体験せられるのである。あるいは絶対否定の大非即大悲として証せられると言っても良い。私はかくして懺悔の行信において絶対の他力に依る転換復活を証する。

（同、38頁）

先にも述べたように田辺は、西田の「絶対無」を批判していました。それは宗教的な体験であって哲学ではないのではないか。しかし、ここで田辺が言っていることは再び「絶対無」の論理であるように思えます。すると田辺は、親鸞を通してまさに宗教的体験としての「絶対無」に至ったのではないでしょうか。そして、そもそも田辺は本当に『種の論理』から離れることができているのでしょうか。彼の弁証法の論理は「懺悔道」に向かったとして変わらなかったのではないでしょうか。

こうした田辺の論理の問題点をカスリスさんは次のように書いています。

田辺の論理的な議論においてはしばしばそうなのだが、抽象のレベルが実践的な重要性を曖昧なものにしがちである。その理論からは以下のような二つの鍵となる意義があると思う。第一に、あれを否定することでこれを肯定するという弁証法的なプロセスを展開するように、どれだけ熱心に論理的な議論を行なっても、哲学者は現実から離れて存在することはできない、ということである。そうした見方は思考する人を思考の対象から切り離す。それよりも、田辺が思い描いたような線に沿って哲学的批判が絶対的になれば、否定のプロセスの外部には何もありえなくなる。批判に関与する思考する者でさえもその外部には立てない。かくして、自力に基づくいかなる哲学もうまくはいかない。「絶望的に自らを抛ち棄てること」(岩波文庫、37頁)。哲学は物事を通じて思考することによっては、絶対的な真理に到達できない。それは親鸞が「はからい」と呼ぶ虚しいプロセスである。
第二に、田辺が言及する絶望は、自我なしに、距離を置くことなしに、対象化することなしに、経験の流れに十全に関与することのサインである。哲学的な考えは、周りの条件にうまく寄り添いながら進んでいく現実の、時に応じた自己表現にほかならない。田辺はこの位置に、政治的な理論化への幻滅によって辿り着いたのかもしれない。その経験を通じて、しかしながら、田辺は、分離的で非関与的な自己によって遂行される、距離をとった形式の知を前提するような、いかなる哲学化も総体的に失敗することに直面すると気づいたのである。
(Kasulis 2018, 529-530)

これは田辺の哲学に対する非常に厳しい批判です。田辺自身もまたそれに気づいていたからこそ、「懺悔道」という親鸞の他力に似たようなことを言ったのではないかということです。カスリスさんの議論を踏まえれば、田辺の哲学的転向というのは、現実に本当に関与する哲学になろうとする試みだったということです。

確かに、田辺の哲学にそのような面があるのは間違いないと思います。ただ、先ほども申し上げたように、「種の論理」を支えていた、彼独特の弁証法というものが「懺悔道」において本当に乗り越えられていたのかということには疑問があります。逆にその弁証法が温存されてしまったのではないか。温存されているとすれば、その「他力」としての「懺悔道」はまた別の罠をもたらしてしまうのではないかということは、検討すべきことだと思います。

より一般的に言えば、近代の日本において親鸞の思想——例えば悪人正機など——は、キリスト教的な解釈とオーバーラップするところもあり非常に流行したのですが、そうした親鸞の思想を糧にした人たちが国家と上手く距離が取れたのかといえば、そこには疑問符がつくわけです。すると、田辺がいくら自ら反省して親鸞の他力を取り入れて新しい哲学を考えたとしても、自ずとそこには限界があったのではないかという気が、わたしはしています。

九鬼周造は、なぜ「いき」に着目したのか

さて、ここからは田辺とは対照的な哲学者として九鬼周造について考えてみたいと思います。西田や田辺は、ある意味で日本の中に哲学というものを「土着化」させていったと言えますが、九鬼の哲学はそれとは異なり、もっと軽やかな印象を受けます。

九鬼は、東京帝国大学を出てすぐにヨーロッパ留学に赴《おもむ》きます。1920年代のほとんどをドイツやフランスで過ごし、リッケルトやフッサール、ハイデガー、ベルクソンといった時代を代表する哲学者から学んだり、交流したりして自らの思索を深めていきます。

九鬼の代表的な著作が『「いき」の構造』(1930年)です。「いき(粋)」という日本人の特性を表す言葉の意味を哲学的に考察していくものですが、例えば次のような面白いことを言っています。

運命によって「諦め」を得た「媚態《びたい》」が「意気地」の自由に生きるのが「いき」である。人間の運命に対して曇らざる眼をもち、魂の自由に向って悩ましい憧憬を懐く民族ならずしては媚態をして「いき」の様態を取らしむることはできない。「いき」の核心的意味は、その構造がわが民族存在の自己開示として把握されたときに、十全なる会得と理解とを得たのである。

（九鬼周造『「いき」の構造』、『九鬼周造全集』第一巻、岩波書店、1981年、81頁）

しかし、どうして「いき」だったのでしょうか？　他にも似たようなものとして、例えば「魂」や「心」という概念があります。フランス語ではエスプリ、ドイツ語ではガイスト、あるいは英語でスピリットとなりますが、もちろん九鬼はこれらにも言及しています。

ただ、こうした概念にはどこか危うさを感じていたのではないかと思います。「大和魂」という言い方があるように、これらの概念は容易に国家によって領導されてしまうものです。それに対して「いき」というものは個人のものであって、国家が自分のものとしにくい領域でした。

つまり、「いき」を構成する三つの要素である「諦め」「媚態」「意気地」は、運命を見据えながら自由に「生きる」ことを九鬼自身が憧憬しているのだと考えられます。そしてその憧憬を「わが民族存在」に、行為遂行的に投影することこそが、その思いであったのだと考えられます。

ちなみに、この結論部につけた注において、九鬼は「いき」の語源に触れながら、「「生」」が基礎的地平であることはいうまでもない」（同、82頁）と述べ、「生理的に」も「精神的に」

も「生きる」ことこそが「いき」であると指摘しています。

ということは、『「いき」の構造』で九鬼が行ったことは、20世紀の哲学にとって最重要の概念である「生」についての九鬼なりの探究だったと言うことができます。

西田幾多郎も生の問題には関心を持っていましたが、彼が考えたような生の概念化は、どうしてもある種の宗教性を帯びていくものになります。九鬼はなるべくそちらに行かないように、非常に乾いた態度を取ることができていました。それが『「いき」の構造』には現れているのだと思います。

「生きる」ことと「偶然性」の関係

九鬼にとってもう一つ重要な概念に「偶然性」というものがあります。九鬼の『偶然性の問題』が出版された1935年は、天皇機関説事件から国体明徴声明が出された年で、日本が軍国主義化に一層傾斜し始めた時期でした。この頃の九鬼の思索は、一言でいえば「運命」と「無」もしくは「死」の間で、「生きる」ことをどう定義するかということでした。

九鬼は『偶然性の問題』の中で次のような議論を展開します。

偶然に対する驚異は単に現在にのみ基礎づけられねばならぬことはない。我々は偶然性の驚異を未来によって倒逆的に基礎づけることが出来る。偶然性は不可能性が可能性へ接する切点である。偶然性の中に極微の可能性を把握し、未来的なる可能性をはぐくむことによって行為の曲線を展開し、翻《ひるがえ》って現在的なる偶然性の生産的意味を倒逆的に理解することが出来る。「目的なき目的」を未来の生産に醸して邂逅の「瞬間」に驚異を齎《もた》らすことが出来る。そうして、一切の偶然性の驚異を未来によって強調することは「偶然―必然」の相関を成立させることであって、また従って偶然性をして真に偶然性たらしめることである。

（九鬼周造『偶然性の問題』、『九鬼周造全集』第二巻、岩波書店、１９８０年、２５９頁）

このように、偶然性の問題は未来に関わるものであるということを、九鬼は非常に強調しています。多くの哲学が、偶然性をある種の必然性の中に取り込んでしまっていることへ反発し、偶然性を「真に偶然性たらしめる」とはどういうことかを考えたのです。

このような未来による現在の偶然性の「倒逆」を語る九鬼は、しかし、必ずしも悲愴ではありません。かえって、それは小さな肯定を静かに語るかのようです。悲愴な語りが、「滅亡の運命」や「永遠の運命」を国家に重ね合わせがちなのに対して、九鬼はあくまでも人との邂逅という偶然性を深く生きる個人とその内面性に深く沈潜していったのです。

九鬼はさらに『浄土論』から「遇《あ》う」という言葉を引いてきます。

これが有限なる実存者に与えられた課題であり、同時にまた、実存する有限者の救いでなければならぬ。『浄土論』に「観仏本願力、遇無空過者」とあるのも畢竟《ひつきよう》このことであろう。「遇う」のは現在に於《お》いて我に邂逅する汝《なんじ》の偶然性である。「空《むな》しく過ぐるもの無し」とは汝に制約されながら汝の内面化に関して有《も》つ我が未来の可能性としてのみ意味を有つている。不可能に近い極微の可能性が偶然性に於て現実となり、偶然性として堅く掴まれることによって新しい可能性を生み、更に可能性が必然性へ発展するところに運命としての仏の本願もあれば人間の救いもある。無をうちに蔵して滅亡の運命を有する偶然性に永遠の運命の意味を付与するには、未来によって瞬間を生かしむるよりほかはない。未来的なる可能性によって現在的なる偶然性の意味を奔騰させるよりほかはない。かの弥蘭〔ミリンダ王〕の「何故」に対して、理論の圏内にあっては、偶然性は具体的存在の不可欠条件であると答えるまでであるが、実践の領域にあっては、「遇うて空しく過ぐる勿《なか》れ」という命令を自己に与えることによって理論の空隙を満たすことができるであろう。

（同、259〜260頁）

「遇うて空しく過ぐる勿れ」、これが彼の偶然性に与えた非常に重要なポイントだと思います。坂部恵先生はそれを、「あまりにも時流を抜いて、日本人には稀な思弁的・形而上学的思索を自在にし、また、日本人ばなれのした自律的個人（とその深奥に発する複数者との邂逅）のあり方に徹したことのゆえに、こうした周造の孤立と孤高は余儀ないものとなった」（坂部恵『不在の歌――九鬼周造の世界』、TBSブリタニカ、1990年、164-165頁）と評していましたが、正鵠を射た指摘であると思います。

現代の哲学にもつながる「世界」の捉え方

このような偶然性を考えていた九鬼周造は、世界の偶然性というところまで議論を進めていきます。

しかし、如何に驚きを除いて行っても、なお最後に一つ残って、我々に驚きを迫るものがある。それは現実の世界そのものが驚きを迫るのである。現実の世界そのものに対して、我々は驚きの情を禁じ得ないのである。現実の世界は偶然的存在である。形而上的偶然である。何等かの意味で全体的なものの、単に一つに過ぎぬ。離接肢の一つである。それ故に、我々はその一つが正に存在することに対して驚くのである。

（九鬼周造「驚きの情と偶然性」1939年、『九鬼周造全集』第三巻、岩波書店、1981年、159頁）

なんと九鬼は、「現実の世界は偶然的存在である。形而上的偶然である」と言います。このことは、現代フランスの哲学者カンタン・メイヤスーが『有限性の後で——偶然性の必然性についての試論』（千葉雅也・大橋完太郎・星野太訳、人文書院、２０１６年）という本で論じているることともつながりますが、そのことを１９３５年の時点で指摘していたことは記憶にとどめておいていただきたいと思います。

ライプニッツのほかには、特にシェリングが世界の偶然性に対する感覚を有っていた。後期のシェリングの謂わゆる積極的哲学は、原理的には今日の実存哲学と同じような主張を基礎としているものであるが、その立場に立ったシェリングは世界の始まりを原始偶然（Urzufall）によるとした。歴史の始まりは原始事実、原始事件である。在ることも無いことも出来るものであって、それに関しては、在るとだけ言えるので、必然的に在るとは言えないのである。そして、そういう原始偶然は一旦起こった以上はもはや如何ともし難い運命として課せられるものである。また、運命としての原始偶然に関して、意志は目指さなかった結果を見て驚くのである。このシェリングの原始偶然の思想は、選択を決定する充足理由として「より善きものの原理」を立てたライプニッツよりは更に徹底的に偶然性を認めている。但しシェリングは原始偶然の象徴として、天上の楽園でエバが誘惑に負けたことや、地下のハーデスの許でペルセフォネが誘惑に負けたことなどを考えている。エバは智慧の木の実を食うことも食わないことも出来た。然るに食ってしまった。またペルセフォネは石榴《ざくろ》の実を食うことも食わないこともできた。然るに食ってしまった。シェリングはそれを原始偶然の象徴と考えたのであるから、そこには自由意志による選択がある。シェリングがそういう考え方をしたのは、いうまでもなくヤコブ・ベーメ〔1575-1624 神秘主義の思想家〕の影響であって、ベーメが歴史的世界の始まりは天使ルキーフェルの堕落によると考えたのと内容が同じである。西洋の哲学がキリスト教の影響の下に立っている限りは、純粋な偶然論、純粋な驚きの形而上学は出来て来ないのである。（同、162～163頁）

九鬼は、シェリングの用いた「原始偶然」という言葉を引き合いに出します。シェリングは世界の始まりを原始偶然という非常にラディカルなものとして捉えていました。とはいえ、西洋の哲学がキリスト教の下にある限りは純粋な偶然論は出てこないという指摘は、非常に面白いものです。これは、ドイツの哲学者マルクス・ガブリエルさんが後期シェリングの読み直しをしている中で言っていることとも重なります。

九鬼が下した「決断」とは

ただ、こうして偶然性の問題について議論を進めていった九鬼は、次のように述べます。

ともかくも我々は現実の世界が存在するという偶然の事実そのものに驚きを感じないではいられないのである。そこには何等か超感性的なものの深淵が開かれている。我々の脚下に開かれている。そして満身に戦慄を感じて、その深淵に飛び込んで行くのが、形而上学としての哲学である。(同、175頁)

これは田辺の弁証法の論理とは大きく異なるもので、弁証法すら通用しない、そういう場面を九鬼は見ています。ここには何か、これまでの九鬼らしくない悲愴なトーンがあります。「いき」に見た「諦め」や未来による現在の偶然性の「倒逆」とは異なる、ある種の決断が感じられるのです。

それは九鬼なりに時代に関与するためだったのか、あるいは逆に時代の要請するものとは異なる決断を示すためだったのか。そのどちらかわからないまま、その2年後、1941年に九鬼は、戦争の行方を見ることなく突然亡くなってしまいます。

わたしは、これだけ世界の偶然性の問題に踏み込むということは、九鬼はこの現実世界のある種の無根拠性を暴いてしまったのだと思います。九鬼が見ていた当時の日本は、「国体」という概念の下に戦争に突き進んでいったわけですが、その「国体」というものが何であるか、その根拠などどこにもないということが戦後明らかになりました。

田辺の『種の論理』は必ずしも戦争のためだけではないにしろ、結果的に国家というものを個人の根拠に置いてしまいました。だからこそ、個人が国を守るために戦争で死ぬことを肯定してしまうわけです。

九鬼は、それゆえに、哲学によって安易な仕方で根拠を立てることをやめようとしたのではないでしょうか。むしろ、世界は偶然で無根拠なものであることを認めたうえで、わたしたちはその中で出会い、未来に開かれていくことができる。

「いき」というのはエステティック（美学的）な概念ですが、「生きる」「息をする」、すなわち生のあり方でもある。九鬼は「生」のあり方を追究する上で、そちらに賭けようとしたのかもしれません。それは非常に哲学的な振る舞いであるとわたしは思います。

ただ、九鬼が田辺の哲学の持っていた問題点を回避できたのかと言えば、それはわかりません。だからこそ、九鬼をどのように読むかということが、今のわたしたちに投げかけられている課題なのだと考えています。

第5講

私たちの憲法〝無感覚〟
——竹内好《よしみ》を手掛かりとして

王 欽

おう・きん／Wang Qin
東京大学総合文化研究科・地域文化研究専攻准教授。2017年、ニューヨーク大学比較文学部にて博士号（Ph.D.）取得。専門は近代中国文学を中心とする比較文学。著書に『Configurations of The Individual in Modern Chinese Literature』（palgrave）、中国語での訳書にデリダ『野兽与主权者Ⅰ（獣と主権者Ⅰ）』、『赠予死亡（死を与える）』などがある。

「憲法〝無感覚〟」とはどういうことか

今日の講義のタイトルを、憲法感覚ではなく憲法〝無感覚〟としていますが、これは昭和の時代に活躍した中国文学者・評論家の竹内好《よしみ》の講演録である『私たちの憲法感覚』から取ったものです。

「憲法感覚」なら分かるが「憲法〝無感覚〟」とはどういうことか。そして、いわゆる「憲法〝無感覚〟」は如何にして本講義のテーマである「学問とその〝悪〟」にかかわっているのか。一見したところ、問題提起も言葉遣いもおかしいと思われるかもしれませんが、決してそうとは言えません。

今日、憲法に関する言説はたくさんあります。安倍政権以来、自民党は改憲を前面に押し出しています。2021年6月には、当時の加藤勝信官房長官が記者会見において「新型コロナウイルスによる未曾有の事態を全国民が経験し、緊急事態の備えに対する関心が高まっている。議論を提起し、進めることは絶好の契機だ」と述べました。それに対して、護憲派は強く反発しています。

しかし、憲法に対する改憲派と護憲派の論争はすでに陳腐化しており、さらに論争の陳腐化を批判する言説もまた陳腐化しています。保守政治家など改憲論者たちは憲法に関する議論を意図的に専門化している一方で、リベラルを標榜するアクティビストたちは改憲阻止の看板を掲げながら、はかない政治的理想を唱えています。そして、両者にうんざりしている一般人たちは無関心になりつつあります。

私たち普通の人々の憲法に対する感覚というものは次第に薄れていっているように見えます。そのような意味で、憲法問題に対して私たちは、意識的にも無意識的にもすでに分断されてしまったことを、まずは認めなければなりません。ですから、今考え直すべきは、戦後憲法（の精神）というものを守ろうとするとき、私たちはいったい何をするべきかということなのです。

今回の講義では、そのことを竹内好が1960年の安保闘争の最中に行った講演『私たちの憲法感覚』を手掛かりとして考えていきたいと思います。結論を先取りしていえば、憲法を守るということは憲法起草者たちの意図を守るのではなく、憲法のポテンシャルや未来を守ることでなければなりません。

私は憲法研究の専門家でもなければ、法学者でもありません。中国近代文学研究者です。にもかかわらず、いや、だからこそ、この中国近代文学研究者、特に魯迅《ろじん》研究者として知られている竹内好が1960年に行った憲法についての議論を、文学者から発される憲法論として取り上げたいのです。

思うに彼の議論は、今でも重要なヒントをわれわれに与えてくれます。竹内によれば、戦後憲法はまさしくアメリカないし近代ヨーロッパの民主主義の原則に基づくテクストに他ならないものの、憲法を民族化・内在化・主体化するきっかけは——つまり、憲法が単なるテクストにとどまらず日本社会に生きている法律となるには、民衆のかかわりが必要だということです。
それらは具体的には、一般民衆が積極的に憲法を「使い」、自らの政治的権利を守るための闘争をしていくことでなければなりません。さらにいえば、それは弱い者である民衆は強い者である権力――日本政府やアメリカであれ、あるいはその他の超大国であれ――のパワーを逆手に取って、それを自分の力にしていくことでなければなりません。

このような民衆の具体的な行動がなければ、憲法はあくまで空論にすぎないか、政治家の方便に使われるにすぎないものになってしまう。その結果、政治家や法律家などのいわば「専門家」にだまされてしまうでしょう。

ただし、私たちにとって大切なのは、竹内の議論についての知識そのものではなく、むしろ竹内を通じて私たちが今置かれている歴史的文脈、政治的文脈を反省することなのです。

普通の人々が憲法に覚えた違和感

本題に入りましょう。1946年11月3日、すなわち日本国憲法が発布された日の日記に、竹内好は「晴れ、憲法発布」と記しています。ご存じのように、この戦後の憲法には、民主主義の原則と徹底した戦争放棄の原則が明記されています。そして、文面からして明かに翻訳調の文体を持っています。

もちろん、戦後憲法の根拠をどこに求めるかということは、法学研究者たちによって盛んに議論されてきました。戦後憲法と大日本帝国憲法の連続性を主張する説や、逆に戦後憲法から歴史的断絶を読み取り、主権が天皇から国民へ移ったとする説などがありますが、そうして専門的な議論とは別に、ここで問題となっているのは、日本人が戦後憲法をどのように受容したか、ということです。

例えば、小林秀雄は1951年に発表したエッセイの中で次のように書いています。

敗戦といふ大事実の力がなければ、あゝいふ憲法は出来上がつた筈《はず》はない。又、新しい事実が現れて、これを動揺させないとは、だれも保証出来ない。戦争放棄の宣言は、その中に日本人がおかれた事実の強制力で出来たもので、日本人の思想の創作ではなかつた。私は、敗戦の悲しみの中でそれを感じて苦しかつた。大多数の知識人は、これを日本人の反省の表現と認めて共鳴し、戦犯問題にうつゝを抜かしてゐた。

（小林秀雄「感想」〈1951〉、『小林秀雄全集』第九巻所収、新潮社、1967年、145頁）

戦後直後のとある座談会で、戦争協力のことを質問されたとき、私はばかだから反省なんぞしない、利口なやつは勝手にたんと反省すればいいだろうと放言した小林にとって、「押しつけ憲法」と呼ばれる戦後憲法は、日本人を政治的ユートピアの地へと解放していくどころか、むしろ、ぬぐいきれない（評論家の加藤典洋の言葉を借りていえば）「アメリカの影」を浮き彫りにするテクストに他なりません。

小林と同様に、竹内も新しい憲法が一般民衆（知識人などではなく）に与える違和感について書いています。この意味で、竹内は法律的に新たな問題点や視点を提起したわけではありません。例えば、竹内は以下のように述べています。

今の私たちの持っている憲法は、人類の普遍の原理が強調されておりまして大へんけっこうなんであります。けっこうなんでありますが、なんとなくまぶしい、自分のものであることが恥かしいような気がしたんであります。言いかえますと、自分たちの持っている過去の歴史の積み重ねの中から生まれてくるにしては、あまりにまぶしい。

（竹内好「私たちの憲法感覚」、『竹内好全集』第九巻所収、筑摩書房、１９８１年、１３１頁）

普通の人々が、例えば日本憲法史やヨーロッパ思想史といったレベルで、戦後憲法と過去の大日本帝国憲法の関係、あるいは国体の連続性といったことを追究し、議論することはないでしょう。竹内が述べているのは、そうした一般的な日本人が覚えた違和感です。

したがって、この竹内の批評はまさに憲法が表現している人類の普遍の原理と、日本国民の経験――明治以降のアジア進出から太平洋戦争の敗戦までの歴史――との間に生じていたずれや齟齬《そご》に焦点を当てています。

言い換えれば、戦後憲法の表現に欠如しているのは、まさに日本民衆が抱くようになった経験のゆがみそのものだと言ってもいいでしょう。この点について、竹内は次のように論じています。

私の年配の者は旧憲法のもとで教育を受け人間形成を行っております。旧憲法と申しましても、成文憲法だけをいうわけでなくて、教育勅語と一体になっている旧大日本帝国の国家原則あるいは憲法精神というものを、この場合いうわけでありますが、こういうもので教育されました人間は、あの憲法ないし教育勅語という一体になっている力のもとで、何とかして自分の人間として生きたいという願いを、がんじがらめではあるけれども、あのわくの中で精一ぱい心から叫びをあげたいという念願をもって生き続けてきたわけであります。あの戦争に狩り立てられて、天皇陛下万歳と言って死んだ兵隊たちも、何も天皇陛下への忠誠ということではなく、たしかに古い教育では天皇にわれわれの忠誠が集中化されておりますけれども、実はそういう形をかりて、やはり自分たちの人間として自由に生きたいという念願を、ほかに表現する手段がないので、そういうゆがんだ形で表現せざるを得なかったという気がするんであります。

（同、133-134頁）

大人たちが戦後憲法にある種の違和感を持つのは、新しい憲法が表現する人類普遍の原理に対してではありません。違和感は表現に対してです。実は普通の原理に関して言えば、日本帝国主義の国家原則のもとで教育を受けて人格を形作った人々もまた自由に生きること——つまりある程度の「人類普遍の原理」——を目指してきたはずです。しかし、彼らは当時そのようなイデオロギー的言説のもとでしか自分の人生を表現をすることができなかったのであり、その叫びは「天皇陛下万歳」とならざるを得なかった。そうしたゆがみを抱え続けていた人々は、そのまま新しい憲法を迎えた、ということです。

だとするならば、単に大日本帝国憲法を否定し、日本国憲法を称揚しただけでは何も変わらない。普通の原理に相応しいかのような表現は、相変わらず民衆の経験を見逃しているからです。したがって、やるべきことは、言葉の表現から民衆の生活を読み取ることです。竹内は、1959年に書いた『近代の超克』という有名なエッセイの中で、この点について、以下のように述べています。

> 戦争吟を、戦争吟であるために否定するのは、民衆の生活を否定することである。戦争吟を認め、その戦争吟が過去の戦争観念によって現に進行中の戦争の本質（帝国主義戦争という観念ではない）を見ることから逃避している態度をせめ、戦争吟を総力戦にふさわしい戦争吟たらしめることに手を貸し、そのことを通して戦争の性質そのものを変えていこうと決意する

ところに抵抗の契機が成立つのである。

（竹内好「近代の超克」〈1959〉、河上徹太郎他『近代の超克』所収、冨山房百科文庫、1979年、316頁）

竹内が最も重要だと考えていたのは、この民衆の経験のゆがんだ構造を徹底的に反省しながら、それを通してゆがみを来す状況そのものを変えていくことだったのです。ここで、むかしマルクスが宗教に対して展開した批判を想起すればよいでしょう。すなわち、民衆のアヘンとなる宗教は、同時に民衆の苦しみを表しているものにほかなりません。ゆえに、宗教批判がなすべきことは、単に宗教の虚偽性を暴くだけではなく、宗教を生み出した社会構造それ自体を分析し、それを変えていくことでなければなりません。

新安保条約締結に反発して辞職した竹内の意図

では、竹内は戦後憲法に何を望んでいたのか、それを問うてみなければなりません。

例えば、加藤典洋らが主張するように、アメリカとの単独講和ではなく全面講和を実現していたら、戦後社会の構造的なゆがみがそれで是正されるようになるでしょうか。それとも、結局のところ、旧憲法や教育勅語に戻らないかぎり、民衆の憲法感覚を戦後憲法の表現する人類普遍の原理へとつないでいくことができない、ということでしょうか。

私は、そのどちらでもないと考えます。小林秀雄や江藤淳などの知識人、そして多くの改憲論者は、戦後憲法の正統性に疑義を挟みます。しかし、竹内は戦後憲法それ自体を疑ってはいませんでした。彼は終始護憲派でした。

竹内は、1960年に岸信介首相が新安保条約締結の強行採決を行ったことに反発し、勤めていた東京都立大学を辞職します。もちろん、その行動が非論理的であることは彼自身も分かっており、自分の取った行動は「古い型」であり、戦後の人から見れば「こっけいきわまる」だろうと述べています。

それでも彼は、自分の行為の意味を後から問い直すこと、具体的には反安保闘争に参加している若者たちの行動とつなげることで、パフォーマティブに憲法感覚を新しくしていくことを目指しました。竹内にとって、反安保闘争は逆説的に戦後憲法が一般民衆に根を下ろし、主体化・内在化・民族化される重要なきっかけとなることを証明するものだったのです。

竹内は戦後憲法には不満な部分があるものの、自身は憲法擁護の姿勢を貫くとして、次のように表明します。

私もいまの憲法に、いくつかの不満を感じます。文体がホンヤク調だし、仮名遣いが古い。そのほかにも改良したいところがある。しかし、いま急に改良はできない。いまは育てる方に全力を注ぐべきである。（中略）私は憲法擁護をもって、自分の一切の活動に先行するものと考えます。私は研究と教育と言論発表を職業にしているが、これらすべてが憲法という大目標に向かって調整されるように、自分の生活を律していきたい。憲法は生命に優先すると考える。

（竹内好「憲法擁護が一切に先行する」〈１９５４〉、『竹内好全集』第六巻所収、筑摩書房、１９８０年、３７３頁）

竹内が『私たちの憲法感覚』の講演を行ったのは、安保闘争の最中でした。繰り返しますが、60年1月に新たな日米安保条約がワシントンで締結され、日本国会へ送られました。これに対して民衆の抗議の声が高まりますが、アイゼンハワー大統領の来日に間に合わせたい岸信介首相の意向により、5月19日に衆議院で強行採決がなされます。それによって安保闘争は強まり、6月23日に岸内閣は総辞職しました。竹内は一連の動きに深くかかわっており、強行採決前に岸首相と面会もしています。そして、すでに述べたように、採決を受けて彼は大学の教授職を辞して抵抗を示しました。

そうした行動の中で、竹内はある変化を感じます。そのことを記したのが次の文章です。

私個人にとって一九六〇年は記録されるべき年である。私の精神的および肉体的エネルギイが、たといそれがどんなに貧しいものであろうとも、ともかくある極限に近くまで集中的に発揮され、その結果として、自他にある種の変化が起こった。(中略)渦中にあるときは自己を見失いやすい。行動者と観察者を区別することは、たといどんなに警戒心を働かせていても、実際には困難なことである。そのため、状況に埋没している自己を、ある種の操作によって引き離す必要が生じてくる。

(竹内好「不服従の遺産」まえがき〈1960〉、『竹内好全集』第九巻所収、3頁)

安保闘争は竹内にとって自分が知識人としてだけではなく実際に行動する者であることを示さなければならないものでした。その具体的な状況の中に身を置いたことによって自分に起きた変化から生まれたのが、『私たちの憲法感覚』だったのです。

この講演が行われたのは6月12日、憲法問題研究会主催の講演会でした。この研究会は1958年に丸山眞男や宮沢俊義などの政治哲学者によって作られたもので、政府の憲法調査会に対して、護憲の立場から提言を行う団体です。竹内もこの研究会に深く関わっていました。当時の竹内の日記を調べてみると、彼はほぼ毎週研究会のイベントに参加しています。

岸政権の行為は新たな憲法の意義を踏みにじるものでした。この事実が竹内に感じさせたのは、いかに成文憲法が立派であっても、政府は容易にそれを空洞化することができる、ということです。その中で発せられた憲法への「違和感」は単に戦後憲法を批判するものではなく、それを政府の手から民衆の手に奪い返すこと、その対峙を前景化させる意味を持つものでありました。そのためには、憲法を単にテクストレベルで理解するのではなく、民衆の憲法感覚に見られる齟齬やずれを解消する必要があったのです。

竹内の政府に対する批判は痛烈です。

> 私たちは憲法を守っているが、権力者の側が憲法を守らないのだから、彼らに憲法を守らせるようにするのがこの運動の趣旨であると、これまでは考えていた。今はそう考えない。権力者の側は、制定当時から、それを守るつもりはなかったし、今もないのである。憲法は紙くずだと思っているのだ。だから、「憲法を守れ」と言ってみたところで、「憲法は守っております」と答えれば、それまでのことである。これではいけない。
>
> （竹内好「政治・人間・教育」〈1953〉、『竹内好全集』第六巻所収、355-356頁）

権力者ははなから憲法を守るつもりなんかないのに、口先だけで守っているだけだ、というのです。ではどうすれば憲法が実質的な意味を持つのか。やはり、そのためには民衆が憲法の精神を実現するしかありません。そのことを竹内はまさに安保闘争における民衆の運動を通じて感じたのでした。

私たちはどのようにして憲法を自分のものとしていくか

さて、再び『私たちの憲法感覚』の記述に戻りましょう。

実は就職のとき、憲法を尊重し擁護するという誓約書を書いたことも、ふだんは忘れていたわけであります。非常の場合に一人の人間の意思決定をする大きな要素となるものが、やはりふだんにつちかわれて、それが意識下に沈潜しているものが、ハッと浮かび上がるという経験をこの場合ももちました。〔…〕あの十九日の全く憲法を無視し、民主主義をじゅうりんした少数の権力者のやり方、これに対して私たち国民は、すべてこういう乱暴なクーデター――こう私は呼びましたが、こういうことを許すことはできない。その後一種の国民運動の形で抗議の運動が巻き起こり、続いております。ここで私は、この運動のほうには今日はお話を進めないつもりでございますが、憲法というものとの関連で、その後自分の考えの中に浮かんでおりますことを一つだけお話したいと思います。

（竹内好「私たちの憲法感覚」、『竹内好全集』第九巻所収、132-133頁）

竹内が言っているのは、普段の生活の中で憲法のことをつねに意識していたわけではなかったということです。ですから、先ほど触れた自分の旧憲法的な感覚というのもまた、戦後憲法を考えることで浮かび上がってきたものでした。

その意味で、『私たちの憲法感覚』で竹内が論じようとしているのは、旧憲法と戦後憲法の隔たりというよりはむしろ、民衆がどのようにして戦後憲法を自分のものとしていくのかという、その隔たりの克服にほかなりません。

戦時中の日本人が「天皇陛下万歳」という言葉をもってしか自由を言葉にできなかったのと同じように、竹内は新安保の強行採決に当たって教職を辞めるという非論理的な行動でしか抵抗することができませんでした。

しかし、まさにその抵抗は、安保闘争を行っている若い学生たちの抵抗とつながっていくことができます。というのも、同じ闘争に身を置くことによって、違う世代に属している人が、もともと外来のものであった憲法の表現を主体的に受け取ることができるようになるのではないかという実感を得たからです。

竹内は、「いかに成文憲法がりっぱであっても、それは単なる官僚の作文と同じこと」と述べます。ここでは戦後憲法の外来性、あるいは「内発的なもの／外発的なもの」といった対立はすでに問題外となっています。なぜならば、大切なのは戦後憲法を一つの既存の価値として受け入れるのではなく、新たな「憲法感覚」を打ち立てることだからです。それはすなわち憲法を民族化・主体化・内面化することにほかなりません。

そして、その可能性は古い体制を生きた民衆の天皇制イデオロギーへの従属と抵抗の中に、そして安保闘争におけるさまざまな言説や行動の中にある。現実の具体的な闘争の中でしか、われわれは憲法というテクストを主体化していくことができない、と竹内は考えているわけです。それゆえに、戦後憲法の主体化や民族化の必要性を唱えたあと、竹内は以下のように補足しています。

今国をあげて国民の抵抗の運動が起っておりますが、この運動を通して、こういう憲法感覚が打ち立てられるに違いないと思いますし、またそれはそう信ずるほかに、日本人として生きがいがないわけであります。

（竹内好「私たちの憲法感覚」、『竹内好全集』第九巻所収、137頁）

竹内にとって60年安保闘争は戦後日本における画期的な抵抗運動でした。そして、この運動に身を投ずることで、日本人が憲法や民主主義を自らのものとする可能性を彼は確実に感じたのです。このことを前提としなければ、なぜ竹内が憲法への違和感を表明したのか、その意図を見誤ることになるでしょう。憲法をいかにして主体化するべきかということについて、竹内は常に具体的かつ積極的な議論を展開しています。

例えば、彼が1952年5月に発表した『憲法と道徳』というエッセイを読んでみましょう。ご存じの通り、その直前4月28日にサンフランシスコ平和条約が発効し、連合国による占領が終わり、日本の主権が認められることとなりました。しかし、中国やソ連などを含む全面講和を放棄してアメリカとの単独講和を選んだこの条約は、竹内から見れば日本の独立性を回復するどころか、対米従属を強化するものに他なりませんでした。それによって日本は中国と平和関係を築くきっかけを逸することになるからです。

まさにこのタイミングで、竹内は戦後憲法と民主主義の主体化・民族化の問題を提起しています。

たしかに、憲法制定当時は、その力がなかったと思います。一度は否定しなければ、自分のものにならないのに、否定するだけの力がなかった。ということは、自分で憲法を制定するだけの力がなかった、ということと同じです。

（竹内好「憲法と道徳」〈1952〉、『竹内好全集』第六巻所収、42頁）

なぜ、身についたか。時間の経過、ということもあります。が、それだけではない。白日の下に、新憲法が無慙《むざん》に犯されているのを見ている中に、いつとはなく、これでいいのか、という疑問が起こってまいりました。（中略）はじめは、ゲインが指摘したように、ホンヤク調の文体が気になって、親しめません。だが、憲法が犯される度合いが激しくなり、私が憲法を開いてみる機会が多くなるにつれて、いつか、文体を気にするより、内容の方に引かれてゆきます。

（同、43頁）

もちろん、表面的に見れば戦後憲法が外来的なもの、いわゆる「押しつけ」であることは認めざるを得ません。とはいえ、竹内は、日本の民衆がいずれこの憲法を内在化し、自分の力としていくことができることを信じています。

ここで彼は重要な問題に触れています。そして、現在も残る憲法の問題に対するヒントも与えてくれていると私は思います。改めて問います。私たちは憲法を論じているときに何を論じているのか。憲法を守ると主張するとき、果たして何を守っており、何を守るべきなのか。

憲法の普遍性はどこにあるか

例えば、現在多くの論者は、日本国憲法にはアメリカ、とりわけマッカーサーが草案起草時に参照したアメリカ独立宣言やリンカーンのゲティスバーグ演説に由来する要素が大きくあることを指摘しています。つまり、それらは個人と政府との契約的関係を重視する英米法的な考え方であり、丸山眞男らが言うように日本が元来参照しているドイツ・フランスの大陸法に基づく国民主権の理念から離れている、ということです。戦後憲法は、そうした日本社会の脱ファシズム化のプロセスにおいて把握されなければならない、という説です。

たしかに、その側面はあるでしょう。ただ、このような議論ばかりに目を向けていると、一般民衆が自分の理解や立場から行う憲法の受容と擁護は、結局のところ無意味だということになってしまいます。思想史にそれほど詳しくない数多くの一般民衆は、専門家の「啓蒙」を経由しなければ、自分の日常生活に深くかかわっている憲法について何も言えなくなるからです。

しかし、専門家が憲法思想史について大いに議論するとき、明瞭で肝心なところが逆に隠蔽されてしまいがちだ、と私は思わざるを得ない。それは、憲法を守ることは、その制作者の意図——それがマッカーサーの意図、天皇の意図、アメリカの意図、日本政府の意図……何であれ——を守ることでは決してない、という簡単な事実です。憲法を守るとは、つまるところ、憲法の未来、あるいは憲法のポテンシャルを守るものでなければならないはずです。

憲法の原則は、「普遍性」の名のもとに現実の政治的かけひき(リアル・ポリティクス)を粉飾するものではありませんし、数学の原理のように永遠に変わらないものでもありません。憲法の原則とは、どんな歴史的文脈、どんな現実の政治の要請に対しても普遍的なものとして解釈され得るものである必要があります。ここで言う普遍性とは抽象的な理念ではなく、憲法を通して具体的な場合において、具体的なかたちで未来の正義を開いていくものとしての「普遍」です。

その意味で、たとえ評論家や研究者が憲法制定当時の事情や意図に戻ろうとしても、それで戦後憲法が体現する普遍性を抹消することはできないのです。なぜならば、いったん民衆に受け入れられた憲法は、もはや単なるテクストではなく、固有の生命を持つものであり、それは民衆の未来へとつながっていくものとなっているからです。憲法を守るということは、不確実な未来において、その憲法を使用・運用・引用・翻訳して、普遍性を具体的なものとしていくことだと私は考えています。

竹内は、戦後憲法はたしかに外来のものではあるけれども、それは日本とアメリカ双方による否定や破壊を経験し、それをてことして、民衆に自分のものとして受け入れられてきたと考えます。彼はこれを国民的連帯感をあらわにする弱者の知恵だとします。

ここに、ポイントが二つあります。まず、国民的連帯感の基礎は決して実質的なものではなく、むしろ、さまざまな民衆がともに政治的闘争に関与していく、その行動それ自体だということです。安保闘争の最中に、竹内は以下のように言っています。

たたかっている自覚はある。戦闘は続いている。しかし、自分が戦列のどの位置にいるかがわからない。一兵卒ではない。部隊長でもない。いわんや司令官や参謀ではない。ただ不思議な連帯感が自分を支えている。もしこれを強いて名づけるなら、国民的連帯感とでもいえるもののように思う。

（竹内好「心境と見透し」〈1960〉、『竹内好全集』第九巻所収、107頁）

竹内が感じているのは、軍隊のように垂直的な命令と服従の関係、支配と保護の関係の中で生まれる連帯ではありません。むしろ、指導者はおらず、共感や共生を含む水平的な関係から生まれた連帯でした。

第二に、弱者の知恵ということが意味するのは、民衆は弱い存在であるけれども、まさに強いもの、相手の力を利用して自分の力を蓄えることができるということです。そこに私たちが憲法を守る道筋があるのです。この点について竹内は次のように論じています。

> 憲法擁護とは私たちが憲法を守るということだ。守るというよりも、育てる、血肉にするということだ。相手が紙くずとして棄てたものを、こちらがひろって活用する。自分のものにし、その力で相手を追い詰めていく。そうでなければいけない。基本的人権を確立し、社会保障を打ち立て、軍備を廃止し、憲法の条項を一つ一つ実現していって、その力で攻勢に出て、相手に承認を迫るのでなければいけない。
>
> (竹内好「政治・人間・教育」〈1953〉、『竹内好全集』第六巻所収、356頁)

日本に戦後憲法を押し付けたのはアメリカかもしれませんし、集団的自衛権を認める新安保の締結によって9条を実質的に変えたのは岸政権かもしれない。自由と平等を掲げながら帝国植民地主義的行動をとったヨーロッパ諸国の責任を問う声がこれからも出てくるかもしれませんし、将来的に超大国が新たな侵略を起こすかもしれません。しかし、だからといって、国際政治をmight makes right（無理が通れば道理が引っ込む）に帰結するわけにはいかない。なぜならば、弱いものは強いものからの抑圧・侵略を受けざるを得ないとしても、具体的な情勢のなかでたえず抵抗し、相手の力——それは憲法にせよ、武器にせよ——を利用することで、逆に普遍的な原理を実現する可能性がつねにあるからです。

「方法としてのアジア」を捉えなおす

1961年に発表された竹内の有名なエッセイ「方法としてのアジア」の中に、以下の一文があります。

> 西欧的な優れた文化価値を、より大規模に実現するために、西洋をもう一度東洋によって包み直す、逆に西洋自身をこちらから変革する、この文化的な巻返し、あるいは価値の上の巻返しによって普遍性をつくり出す。
>
> （竹内好「方法としてのアジア」〈1961〉、『日本とアジア』所収、ちくま学芸文庫、1993年、469頁）

「方法としてのアジア」とはどういうことか。それは、アジアの外に立ち、西洋的な立場でもってアジアを変えていくことではありません。むしろ、アジア自身の方法でもって西洋的な価値観をさらにアップデートしていくことを意味します。「方法としてのアジア」は、「アジア自身の方法」でなければなりません。

いうまでもなく、ここでのアジア（東洋）／西洋は地理的なものだけを指すのではなく、力関係の構造そのものを意味します。弱い立場にいるもの・圧迫されているものがすべて「アジア」であり、強いもの・支配するものが「ヨーロッパ」です。弱いものが強いものの力を自分のものとして、その構造を変化させていくことが求められているのです。

日本人の憲法感覚は、民衆の具体的な抵抗や闘争に基づいて政治的な主体性として形成されると竹内は考えていました。そして、それは一回きりでよいものではありません。60年代の民衆の闘争で得られた憲法感覚もまた、絶えざる自己更新がなければ失われてしまう。そのとき、憲法は再び日本人にとってよそよそしいものになってしまうでしょう。

そして、まさにこのことは現在の日本において起きているのではないでしょうか。改憲を叫ぶ側だけでなく、護憲を叫ぶ側の一部の人もまた憲法制定の歴史的現場ばかりを強調することで、実は憲法の未来、ポテンシャルを殺してしまっているのではないか。

この意味で、加藤典洋が『9条の戦後史』で展開した説は、まさに竹内の議論を裏付けていると思います。この優れた論考の中で加藤は、単純な改憲でも護憲でもない、いわゆる左翼的な改憲派ともいえる対案を展開しています。

大雑把に要約すれば、それは自衛隊を国連の軍隊へと再編し、日米安保条約を撤回して日本から米軍基地を撤去させるという提案に他なりません。ただし、この提案を実現するためには、政治的な力が必要です。この政治的な力は政府の力とは異なります。そして、「その『力』の源は国民の意思にしかありません」と加藤は言います。そこで彼が例として挙げているのも、60年の安保闘争でした。

注意すべきは、加藤によれば、安保闘争が単に安保条約への反対、すなわち対米自立の実現であったうちはまだ小さな流れであり、それが岸首相退陣要求つまり戦前の否定と民主化の実現に代わって初めて国民運動になった、ということです。面白いことに、60年安保闘争はアメリカ政府には日本が共産主義国となる危険性として捉えられていたということであり、だからその後の保守ハト派による護憲・軽武装・経済成長路線を可能にしたのは、この安保闘争の動きだったということです。加藤はそこに日米関係を変える糸口を見出します。

未来を創るのは常に民衆の力です。これは加藤の考えであり、竹内の主張でもあります。これまでも、これからも日本の状況を打破するのは、民衆の具体的な抵抗であり闘争である。そして、このような民衆的抵抗の意味とやりかたを、今私たちは改めて考えてみる必要があるかもしれません。

□参考文献

加藤典洋『9条の戦後史』、ちくま新書、2021年
小林秀雄「感想」(1951)、『小林秀雄全集』第九巻、新潮社、1967年
竹内好「近代の超克」(1959)、河上徹太郎他『近代の超克』所収、冨山房百科文庫、1979年
――「私たちの憲法感覚」(1960)、『竹内好全集』第九巻、筑摩書房、1981年
――「方法としてのアジア」(1961)、竹内好『日本とアジア』、ちくま文庫、1993年
丸山真男「憲法第九条をめぐる若干の考察」(1965)、丸山真男『後衛の位置から』、未来社、1982年

第6講

清末中国のある思想家の憂鬱
——章炳麟《しょうへいりん》の「進化論」批判

林　少陽

りん・しょうよう／Lin Shaoyang
澳門（マカオ）大学教授。1963年、中国広東省生まれ。1983年、廈門大学卒業。1999年留学で来日、大阪大学研究生、東京大学総合文化研究科言語情報科学専攻博士課程、同助手、同教養学部特任准教授、香港城市大学准教授、東京大学総合文化研究科表象文化論コース准教授、香港城市大学教授を経て2022年9月より現職。学術博士。

章炳麟が掲げた「アジア主義」

1911年の辛亥《しんがい》革命は、清朝の帝政を終わらせた出来事として知られていますが、そこに至るまでの10年以上にわたる革命運動の海外基地が東京でした。今となってはあまり知られていませんが、大逆《たいぎゃく》事件（1910年。明治天皇の暗殺を謀《はか》ったという口実で、幸徳秋水《こうとくしゅうすい》ら社会主義者・無政府主義者24名が死刑となった）より以前の1900年代の東京は、アジアの革命者たちの一大根拠地だったのです。

この革命の理論家の一人に、清末の大学者であった章炳麟《しょうへいりん》（1869-1936）という人物がいます。今日のお話は、このシリーズのテーマである「悪」と「30年後の世界」という問題について、章炳麟が展開した進化論についての非常にユニークな考え方を元に考えていきたいと思います。

まず、章炳麟の経歴を簡単にご紹介しておきます。章炳麟は、そもそも古典学（特に諸子学、小学と呼ばれている漢字学など）の専門家として知られ、辛亥革命の理論家として活躍し、後に魯迅《ろじん》や毛沢東などの世代に大きな影響を与えました。

当時の清は日本に敗れた後、欧米列強からの干渉を受けていました。危機感を持った知識人たちは、西洋の技術を入れるだけの洋務運動に反発し、政治・思想の改革を求め立憲君主制の国家を目指す「変法」を主張しました。代表的な人物が康有為《こうゆうい》（1858-1927）ですが、章炳麟も初めは康有為に賛同して変法派に属していました。しかし、1898年の変法運動の失敗をきっかけに彼は変法派（改良派）と別れ、清朝打倒を目指す革命派に転じます。

1903年に論文「康有為を駁《ばく》して革命を論ずる書」を発表すると、それにより上海で逮捕され3年間投獄されました。1906年6月に出所した彼は東京へ渡り、孫文らが立ち上げた中国同盟会に加入し、革命運動を推進していきます。同年7月15日に神田で開かれた留学生の歓迎会において「数えてみれば、戊戌《ぼじゅつ》（1898年、政変）の年からすでに七回捜査され、六度とも捕まらなかったが、七度目になってはじめて逮捕された」と演説しています（西順蔵・近藤邦康訳『章炳麟集』岩波文庫、1990年）。

出獄後の章炳麟は、同盟会の機関紙『民報』の主筆となります。この『民報』の主張する「主義」は次のようなものでした。

本社の主義は次のようである。
一は現今の悪劣政府を転覆し、
一は共和政体を建設する。
一は世界の平和を維持し、
一は土地を国有する。

一は中国日本両国の国民の連合を主張し、
一は世界列国が中国の革新事業を賛成する。

（一九〇五年十二月八日『民報』創刊号）

１９０７年４月に章炳麟は、帝国主義に反対し民族独立を守るため、アジア諸国の連帯を掲げて「亜州和親会（Asiatic Humanitarian Brotherhood）」を設立します。この団体の創設に当たっては、日本の初期社会主義者たち、例えば幸徳秋水や竹内善朔《ぜんさく》らのバックアップがありました。竹内は後に「Humanitarian Brotherhoodと云う語に千鈞《せんきん》の重みがあった」と回想しています（「明治末期における中日革命運動の交流」『中国研究』１９４８年９月号）。

中国人は章炳麟以外に、張継《ちょうけい》（１８８２-１９４７）、劉師培《りゅうしばい》（１８８４-１９１９）、その妻である何震《かしん》（殷震）などが参加しており、同じく参加者であった陶冶公《とうやこう》（１８８６-１９６２）の回憶によれば、ほかに文学者の蘇曼殊《そまんじゅ》（１８８４-１９１８）、のちの中国共産党初代書記長となった陳独秀《ちんどくしゅう》（１８７９-１９４２）、呂剣秋《ろけんしゅう》（復）、羅黒子《らこくし》（象陶）など数十人が参加していました（湯志鈞編『陶成章集』附録）。

竹内によれば、初回は中国・日本・インドの参加者のみでした。日本からは、堺利彦、大杉栄《さかえ》、後の日本共産党創立者の一人である山川均《ひとし》、守田有秋《もりたゆうしゅう》（１８８２-１９５４）、それに竹内でした（幸徳秋水は欠席でした）。２回目にはベトナム・フィリピンの革命党からも参加がありましたが、「不幸にして朝鮮の人々は一人もいなかった」（竹内）ということです。当時の朝鮮は実質的に日本の支配下にあったことが影響していたと考えられます（同前竹内文章）。

この亜州和親会の規約は次のようなものです。ちなみに、この規約は中国語と英語の両面印刷がされていたそうで、竹内によれば英文は「印度同志」の起草によるものだということです。

むかし天山〔西北にある天山山脈の南北の地域〕の三十六国〔漢代にあった〕は、トルコ、ウイグルに攻撃され、その種族は全滅した。将来、中国、インド、ヴェトナム、ビルマ、フィリピンの諸国が三十六国の後を追うことがないとはいえまい。

われらはこの事実にかんがみ、亜州和親会を創建して、帝国主義に反対し、自らわが民族を守る。（中略）わが親密なる種族は、数が多く、まだ全部結集していないため、まずインド、中国の二国を以て会を組織する。思うに東方の古国ではこの二国が大きく、二国が幸いにして独立を得ればアジア州を守る城壁となることができ、十数の隣国もこれによって侵略を受けないようになる。故にまず最初にこの二国で会を創建するのである。一切のアジア州民族で独立主義を有する者は、共に盟約を結ぶため、どうかおいでいただきたい。われらは香をたいて祈り、お迎えするものである。

（前掲『章炳麟集』、347-348頁。傍線筆者）

傍線を引いた箇所を読むと分かるように、この会の目的は西洋に侵略されつつあるアジアの小国が一致団結して、自らの民族独立を守り、あるいは取り戻すということでした。その趣旨を共有する国はどこでも歓迎する、という姿勢を持っています。

まずは大国である中国とインドを中心にして組織するけれども、この連合の構想においては、ピラミッド型の権力的階層はなく、反帝国主義という理念の下での平等と連合を目指すとしています。これは「規約」において、「会の中に会長、幹事の職は無く、各会員にみな平等の権利がある。（中略）どこの国から来た会員であるかを問わず、すべて平等親睦を第一とする。」（『章炳麟集』350頁）とある通りです。

ただし強調しておきたいのは、この会は国家の連合ではなく、あくまで考えを同じくする活動家たちの連合であったということです。これは後の章炳麟の国家に対する考え方とも直結しています。

「進化論」の何を批判したのか

さて、話を戻しますと、今回の講義ではこの章炳麟の進化論批判を参照しながら、「悪」と「30年後の世界」という問題について考えていきます。

1906年9月、彼が東京に着いてからしばらくして『民報』7号に発表した「倶分《ぐぶん》進化論」

というエッセイがあります。その冒頭は次のようなものです。

近世の進化論者は、おそらくヘーゲル氏〔一七七〇‐一八三一〕にはじまる。進化という明確な言葉はないが、「世界の発展は理性の発展である」という表現の中に、すでに進化の説の萌芽がある。ダーウイン〔一八〇九‐八二〕、スペンサー〔一八二〇‐一九〇三〕らはその説を応用し、前者は生物現象によって、後者は社会現象によってそれを論証した。かれらが固執したのは、終局目的は必ず完全美・純粋善の領域に到達するということであり、そこではじめて進化論が成立した。

（前掲『章炳麟集』、一〇一頁）

そもそも、なぜ進化論なのか。それは19世紀のイギリスにおいて、生物が進化するように、社会もまた進化するのだという社会学者ハーバート・スペンサーの考え方が広まり、それは西洋の思想や科学を受け入れた日本や中国などアジア諸国でも大きな影響力を持っていたからです。章炳麟はこれに対して疑問を投げかけているのです。

章炳麟の議論を見ていく前に、ここで触れられているヘーゲルやダーウィン、スペンサーについての基本的な知識をまとめておきましょう。

ヘーゲルは弁証法という考え方を提示したことで有名ですが、やや図式的な解説を許すならば、その弁証法とは「正（these）→反（antithese）→合（synthese）」という無限に螺旋《らせん》的に発展する三段論を矛盾の発展として捉え、この矛盾の運動こそ、現実世界の万物の本質であるとするものです。

この矛盾が有限で一面的である悟性の制限を否定＝アウフヘーベン（Aufheben・止揚《しよう》、揚棄《ようき》）することが、弁証法であると規定しました。止揚というのは、取り消し・高め・保存する、という三つの意味を同時に含むのです。ここから分かるように、ヘーゲルの哲学はすべてを論理学に集約していくものなのです。

また、ヘーゲルは『歴史哲学』において、自由の理念の自己展開として世界史を捉えました。その世界史像においては「東洋ではただひとり（専制君主）が自由であり、ギリシャでは一定数の人が自由であり、ゲルマン人の生活では万人の自由が認められ、人間が人間であるかぎり自由だと認められる」（『哲学史講義Ⅰ』長谷川宏訳）ものでした。すなわち、「自由」という理念に「進歩」という理念を重ね合わせながら、停滞したアジアという「歴史的幼年」に対して、精神的世界で発展した「大人」の西洋像を提示したのです。それは、ある種の西洋中心主義、ヒエラルキー構造を持つものだったわけです。

ハーバート・スペンサーは、社会進化論と呼ばれる考え方の代表とされる社会学者です。『岩波哲学・思想事典』によれば、社会進化論とは「社会の歴史的変動を生物進化との類比によって説明しようとする理論のこと」（廣松渉他『岩波哲学・思想事典』１９９８年、岩波書店、

693頁）です。彼は、進化というものを普遍的な法則と捉え、それは生命体や地球などの有機物だけでなく、社会に対しても適用できるものだとしたわけです。

再び『岩波 哲学・思想事典』の記述を参照すれば、スペンサーは、社会が「軍事型」から「産業型」へ発展していくものだと考えました。「前者においては全体の目的のために個人は存在し、個人の自由は抑圧されて強制的な協力が支配するのに対して、後者においては逆に社会成員のために存在し、市場取引に不可欠な同等な個人的自由が保証され、自発的協力が支配する」というのです（同、693頁）。

スペンサーにとって、近代資本主義はこうした自由が実現された状態であり、だからこそ彼はレッセフェール（自由放任）主義者として資本主義を擁護しました。そして、スペンサーは「他方また自然選択に基づく適者生存こそ進化の原理に適《かな》うものとして弱肉強食型の社会をある意味で理想視することによって、社会ダーウィニズムの祖ともなった」（同、693頁）わけです。

このように、進化論というと生物学者であるダーウィンが有名ですが、実はスペンサーはそれよりも先に進化という言葉を使用していました（前掲『岩波 哲学・思想事典』）。社会ダーウィニズムというと、現在では優生思想につながる危険性を持つと批判されますが、実はダーウィン自身はそういう意味での「進化」ということを主張したわけではありません。ダーウィンはむしろ、生物の進化に目的があるわけではなく、環境に適応したものが結果的に生き残っているという意味での「自然選択」を主張しました。

というわけで、ここで言われている進化論は主にスペンサーの思想なのですが、そうした考え方は明治の日本や清末の中国の大きな影響を与えました。ですから、それらがベトナムや朝鮮半島など他の東アジアの知識人に影響を与えたことは十分に予想されます。このように、西洋の啓蒙思想の影響によって歴史の進歩を科学の進歩と同一視するような立場を、章炳麟は「進化教」が広まったものだと言うのです。

善が進化すれば、悪もまた進化する

章炳麟は、こうした西洋的な進化論に対して次のように述べます。

> しかし、私は進化の説がまちがいだとはいわない。（中略）だがもしも進化の終極が必ず完善美・純粋善の領域に到達することができるというならば、任意に一事をあげれば、必ず口をとがらせて反論することができる。進化の進化たるゆえんは一方の直進によるのでなく、必ず双方の並進による、ということがかれらに分かっていないのだ。もっぱら一方だけをあげるのは、ただ知識が進化するというだけならばよい。もし道徳についていえば、善も進化し悪も進化する。もし生計についていえば、楽も進化し苦も進化する。
>
> （前掲『章炳麟集』、102-103頁。傍線原文）

西洋の進化論は「必ず完全美・純粋善の領域に到達する」と言っていますが、これはすなわち「目的論」的な考え方であるという指摘です。目的論とは「すべての事象は何らかの目的によって規定され、その目的に向かって生成変化しているとする立場」(『デジタル大辞泉』)です。つまり事物や事態、ないし歴史の発展を目的という観念にしたがって説明することです。

例えばマルクス主義は、社会の発展段階において、封建社会から資本主義社会へ、そして階級闘争を経て共産主義社会が最終的に目指される。そしてそれは歴史的法則であり進化の過程なのであるという考え方をします。

章炳麟は、進化論の目的論的性質を批判しようとしたのです。というのも、進化は一方的に起こるのではなく、「並進」によって起こるからです。要は傍線部にあるように、善が大きくなれば、悪も大きくなり、楽が大きくなれば苦も大きくなるということで、これは現代の私たちも容易に実感できることでしょう。

例えば、インターネットやスマートフォンの発達によってコミュニケーションが便利になった反面、SNSによる事件などが起こりやすくなっています。章炳麟も例に出していますが、かつては喧嘩をしても殴り合い程度だったものが、技術の進歩によって国家同士の戦争へと大きくなりました。

つまり、章炳麟はこうした「並進」を説くことで、進化論の楽観的な構図を否定したのです。

個人が「近代」から自由になるために

章炳麟は、「進化」をキリスト教に基づく西洋近代が人を隷属させる「四惑」の一つだとします（「四惑論」、『民報』22号、1908年7月）。四惑とは次のようなものですが、彼は、これら四惑を否定することで、個人の自由を主張します。

（1）公理：例えば「人は社会に奉仕しなければならない」「自殺してはならない」といった一般的に認められている理屈のこと。公理は「世界を根本として個人の自主をふみにじり人を束縛する」（前掲『章炳麟集』、373頁）と章は言う。

（2）進化：先に述べたように進化は「並進」する。労働／労動により豊かになることが「人の天性」であるという進化を主張する者は「強制しないと人に実行させることができないので、（中略）一説をでっちあげて人をだまし」ている（同、388、391頁）と言う。

（3）唯物：「物よりほかに他のものが存在することはできないということ」（同、392頁）。章によれば、科学もまた唯物論ではなく〈物質中心主義＋因果律に基づく科学主義〉でしかない。

（4）自然：章がここで言う自然は、仏教的な考え方に基づき〈求那《ぐな》＝物に自性があること〉＋〈羯磨《かつま》＝自性によって作用を成すことを〉だとする。「自然規則」と呼ばれるものも、「もとより唯物を口実とする」ので、結局知覚や意識を離れることができないとする。

（同、399-401頁）

つまり、彼がここで述べている主旨は、社会や国家、自然法則といった「公理」によって個人を抑圧することはあってはならないということなのです。「人類は世界のために生まれたのではなく、社会のために生まれたのではなく、国家のために生まれたのではなく、相互に他人のために生まれたのではない」（同、378頁）と書いています。

章炳麟は、『荘子』の斉物論《せいぶつ》を引いて次のように述べます。

荘周のいう斉物は、正しい所、正しい味、正しい色など一定の基準があるのではなく、万物に各自好むところに従うようにさせることだが、これは、まことに計算名人が計算できない程、公理の説をはるかに越えていることが分る。荘周のいう「どんな物でもそうでないものはなく、どんな物でもよくない物はない」〔「無物不然、無物不可」〕は、ヘーゲルのいう「あらゆる事はみな合理的であり、あらゆる物はみな善美である」と言葉の意味は同じだが、前者は人心は同じでなく画一化しがたいと考え、後者は終局目的〔絶対精神〕は事物を実現の過程とすると考えるのであり、両者の根底ははるか遠くへだたっているのである。

（同、385頁）

荘子とヘーゲルの言っていることは、言葉の表面だけを見れば同じだが、まったく異なるというわけです。というのも、ヘーゲルのそれは目的論的であり、荘子はそうではないからです。章が荘子解釈を通して言おうとしているのは、「公理」という名の暴力・専制を避けるように、人の個性を尊重し、文化、価値などの差異を尊重することである。章から見れば、目的論に基づいている進化・進歩主義的理念が「公理」として暴力・専制になりかねない。というのは、善悪の必然的な併進という立場から見れば、「進化の悪は未進化よりの悪よりもはなはだしい」ものであり、それは「やはりただ獣性を拡張するだけである」からです（同、387頁）。章炳麟は現実にある「文明国」の帝国主義、植民地主義を念頭において言っているのです。

章炳麟の国家観

では、章炳麟は国家をどのようなものだと考えていたのでしょうか。そのことを示しているのが「国家論」（『民報』第17号、1907年10月）です。彼はこの文章の目的を次のように示しています。

一、国家の自性〔固有・不変の本体〕は仮有《けう》〔因縁により現象としてかりに存在〕であって、実有《じつう》

〔真実に存在〕ではない。

二、国家の作用は勢いやむをえず設けたのであって、道理の当然として設けたのではない。

三、国家の事業はもっとも卑賤なものであって、もっとも神聖なものではない。

（前掲『章炳麟集』、324頁）

「自性」というのは仏教用語で、英語にすれば「self nature」となるでしょうが、章炳麟は「およそ自性というものは、ただ分割することができず変化することがない物にだけ存在する」としています。逆に言えば、常に変化するものには、安定した性質である自性があるわけではない。究極的には一切のものは空であると仏教は見るわけです。

とはいえ、仮に物質の最も小さい単位としての原子があるとすれば、これだけが自性を持つものであり、その原子が組み合わさってできた物体はすべて自性を持たないということになります。章炳麟は、その考え方を国家にも適用します。

あらゆる個体は、みな多くの物の集合であって実有ではないが、しかし個体の集合体に対しては、個体はしばらく実有ということができ、集合体は仮有といえる。国家は人民から構成される以上、おのおのの人民はしばらく実有といえるが、国家は実有とはいうことができない。ただ国家だけでなく、一村落・一集市も、ただ各人が自性を実有し、村落・集市は自性を実有しない。要するに、個体は真であり、団体は幻である。

（「国家論」、同、325頁。傍線筆者）

つまり、国家と個人の関係を考えた時、国家というのは個人の集合体ですから、個人だけが自性を持つのであって、国家は「仮有《けう》」であり「幻」にすぎません。しかし、それにもかかわらず「近代の国家学者は、『国家は主体であり、人民は客体である』という」（同、326頁）のです。それは単なる勘違いで「国家が主体だというのは、ただ言葉があるだけで、もとより実際のものがないことが分る」（327頁）わけです。

章炳麟は「国家が実であるから、主体と名づける」ことを疑問視し、「人を離れた外に別に主体があるなどとどうしていえようか」（328頁）と批判します。すなわち個体にこそ「主体」があると主張するのです。

そもそも国家というものがなぜ生まれたのかということについて、章炳麟は次のような説を挙げます。

国家をはじめて設けたのは、本来外を禦《ふせ》ぐためなのである。それ故、古文〔秦以前の字体〕では「國」〔国〕の字は「或」に作り、戈で一〔地〕を守る形である。昔の民が最初に願ったのは、これだけであった。軍事と国事が次第に区別され、そこから政治が起った。法律で民を治めるのは、無為にして化するのに及ばない。上に官僚がいれば、勢力が相互に牽制しあってやむことがない。もしも外患がなければ、どうして国家の必要があろうか。

（「国家論」、同、330-331頁）

国家が生まれたのは外敵からの防御のためであり、政治もまたそのためのものである。そして、外患がなければ国家の必要なんてないのだといいます。ここから分かるように、章炳麟は国民国家としてのナショナリズムをかなり過激に批判しています。

ただし、彼は必ずしも無政府主義でなければならないと主張するわけではありません。むしろ小国は、その過渡期にあって独立を守るために愛国を主張せざるを得ないとします。

強盛の地にいて愛国をいう者は、ふくろうやみみずくのように、ただ他人を侵略して名誉を飾るから、かれらの愛国に反対するのは当然である。だが、中国、インド、ヴェトナム、朝鮮の諸国は、とくに他人が我を消滅し、蹂躪《じゅうりん》したので、固有の自己を回復しようと思うのであり、それ以外に他人に害を加えたことはない。これら諸国のいう愛国には、反対すべきではない。愛国の念は、強国の民には有ってはならず、弱国の民には無ければならない。やはり、自尊の念が貴顕の者には有ってはならず、貧窮の者には無ければならないのと同様である。要するに、自ら均衡を保つだけである。

（同、339-340頁。傍線筆者）

要は、強い国の人が愛国を主張すれば、必ず帝国主義になる。弱い国の人は、愛国を主張しなければ、必ずそういう帝国主義に破滅されてしまうという論理なのですが、ここで章が述べていることは、ハンナ・アーレントが帝国主義について述べていることと近いところがあると私は思います。

アーレントはローマ法をローマ帝国の多元性、差異性を許容する普遍的な基礎として見ながら、ネーションとステートがセットになっている国民国家《ネーションステート》とを対比させました。彼女によれば、帝国は「異質な民族集団」を統合することが可能であるのに対して、国民国家は原理的にそれが不可能です。「ネーション」が「領土、民族、国家を歴史的に共有することに基づく」以上、排他的であるからです。歴史的「帝国」も近代の強い国民国家としての帝国主義も「征服」と不可分ですが、しかし、アーレントによれば、国民国家は統合原理を持たない征服者として征服後の成果を構造的には消化できないため、強引に同化を強いるしかありません。すなわち、強い国民国家が帝国になるのは原理的にできないので帝国主義になるしかない、ということになるのです（『全体主義の起原２：帝国主義』、大島通義・大島かおり訳、みすず書房、１９７２年、６頁）。

争いのない世界は訪れるか

章炳麟は、こうした民族主義を超越するものとして「五無主義」を主張しました(「五無論」『民報』16号、1907年9月に掲載)。「五無」とは「無政府、無聚落《しゅうらく》、無人類、無衆生《しゅじょう》(生物)、無世界」です。これらは仏教と荘子の思想を独自に融合した政治哲学となっており、現実的な方策というよりは理想的な原理とも言える内容です。今日はこの五無主義の詳細には踏み込みませんが、この論文の中で章は民族主義を次のように再定義します。

国家に執着する以上、民族主義に執着せざるをえない。しかし、民族主義の中には広大なものがある。われわれが執着する対象は、漢族だけに限るのではない。その他の弱民族で、他の強民族に征服されて、その政権をぬすまれ、その人民を奴隷にされたものがいれば、もし余力があれば、必ず救って回復すべきである。ああ、インドとビルマはイギリスに滅ぼされ、ヴェトナムはフランスに滅ぼされて、弁舌・知恵のすぐれた温厚な種族が完全に滅亡した。それ故、わが種族は回復すべきであるが、わが種族でなくても、聖哲を生んだ古い国の遺民が奴隷に身をおとしていることにたえられようか。民族主義を完璧なものにしようとすれば、わが真心をおしひろげて、あの同病の種族を救い、完全独立の地位に立たせるべきである。

（前掲『章炳麟集』、271-272頁。傍線筆者）

章炳麟の民族主義には、専制制度下にある本国の人民と、弱い国の人民に対する深い同情がありますす。彼から見れば、「民族主義を完璧なものにしようとすれば、わが真心をおしひろげて、あの同病の種族を救い、完全独立の地位に立たせるべきである」というわけです。彼のいう「民族主義」とは、逆説的に国際主義色彩のあるアジア連帯の思想を意味していたのです。

そのことは、彼のユニークな荘子論（『斉物論釈』1910年）にも表れていました。『荘子』斉物論の「斉《ひと》しからざるを以て斉しとする（以不齊為齊）」という文章について、彼は「其の斉しからざるを斉しくするのは下士の鄙《いや》しい執《こだ》わりであって、斉しからざるを斉しいとするのは、上哲の玄談である」（『斉物論釈』）と述べています。

「斉しくないのを斉しいとする」とは、まさに近代の「公理」や、進化論などを新しい普遍性とする均質的な考え方であり、実際は普遍性に逆行するものである。というのは「斉しからざるを以て斉しとする」こそ普遍性だからです。言い換えれば、差異性の尊重こそ普遍性である、と理解できるのです。ここには、偽りの普遍性を掲げて領土拡張を粉飾する当時の帝国主義に対する反駁《はんばく》も窺《うかが》い知れるように思います。

そもそも章炳麟がこうした主張をしたのは革命を起こし、国内を民主化して共和国を樹立するためのものでした。「自主」と「主体」のための実践としての革命です。この二つの言葉は章炳麟の政治思想を語る上で非常に重要なキーワードです。繰り返すように、彼が主張した「アジア自主」とは国家の「自主」ではなく民衆の「自主」でした。そして、「主体」が国家にあるというのは幻想であり、それは個人にのみ属するものなのです。

ですから、章炳麟にとっての主権とは、1648年のウエストファリア条約以来の国民国家における主権ではなく、個人レベルでのものでした（主権概念に基づく国民国家の体系が実際に成立したのは遅ればせながら一九世紀の初頭においてであるという近年の研究成果もあるが）。章炳麟は国家や集団に還元されない、個人の主権を求めようとしたのです。

中国古代の伝説的な暴君に、夏《か》の桀《けつ》王と殷《いん》の紂《ちゅう》王がいます。章炳麟はこの二人を引き合いにして次のように述べています。

> 概観すると、今日のいわゆる文明国は、桀・紂以上にひどく他の大陸の異なる色の人種を殺戮する。桀・紂はただ一人でやったが、いまは官吏と人民の全体でやる。桀・紂は美名で飾らなかったが、今は学術の名によって飾る。
>
> （「五無論」、同、292頁）

ここで出てくる「学術」とは、まさに彼が批判する文明論や社会進化論、それが基づいている哲学や思想です。章炳麟の意図の一つは、帝国主義、植民地主義を粉飾する文明論、進化論を批判することだったです。

章炳麟の議論から110年後の我々はどう考えるべきか

こうした国家の持つ欺瞞については、東京大学で世界史を研究する羽田正先生もある程度章炳麟の問題意識につながることを指摘しています。羽田先生は次のように述べています。

> 国同士が戦い始めれば両国の「国民」も戦わねばならないと即断するのは、現代人の性である。国民国家が生まれる前のヨーロッパでの戦争は、職業軍人と傭兵からなる国の軍隊同士の戦いであって、それぞれの国王の領域に住む人々すべてに関わる事件ではなかった。（中略）「国民皆兵」の原則ができるのは、一九世紀に国民国家が成立して以後のことである。
>
> （羽田正『興亡の世界史 東インド会社とアジアの海』、講談社、2007年、296頁）

人の本性は悪であるという荀子の性悪論があります。荀子はだからこそ礼法が大切だと説くのですが、章炳麟はそれすらも不満を感じながら、次のように言います。

荀子の時代は、見る範囲は中国だけであり、戦国の七雄〔秦・楚・燕・斉・韓・魏・趙〕が争い、民は草やあくたのように軽視されたが、それでもまだ近年の帝国主義ほどひどくはなかったので、世俗にしたがって正しく教え、政府を建設することを当然だとした。だが、かれ自身の言葉の中にはなはだしい矛盾がある。なぜならば、人の性が悪である以上、政府もやはり人から成るから、どうして政府の性だけが悪でないことがあろうか。

（「五無論」、前掲『章炳麟集』、292-293頁）

ただ、誤解してはならないのは、章炳麟こそ荀子以上の「性悪論者」であるということです。人間が悪であるのみならず、その人間が作った法律や国家もまた悪である。人間こそ悪の根源であるというわけです。

有形の物はみな自分を守って他者を防ぎ、同一の場所を二つの物が占めることはなく、微塵やかげろうも互いに相容れない。無形の分別心〔対象を思惟・計量する心〕でも、一刹那《せつな》に二つの想念を一緒に起すことはできない。これはみな、異物を排斥し相互に殺害することを証明する事例である。一切の法我《ほうが》〔対象に固定的実体があるとして執着〕・人我《にんが》〔わが身の内に常一主宰の我があるとして執着〕は、法爾《ほうに》〔自然〕に殺によって生ずる。殺がなければ、三界《さんがい》〔凡夫が生死往来する欲界・色界・無色界〕はおのずから断絶する。

ここから推論すれば、人が万物の根本悪であることが必ず分る。いま天性を基準として、淫は人道であるというならば、殺もやはり人道ではないか。

（同、298-299頁。傍線原文）

以上、今日の講義では章炳麟の考え方を紹介してきました。章炳麟の議論から110年後の我々は、さらに自らの作り出した「進歩」とそれと併進してきた「悪」に直面していると言えるかもしれません。

「善」（テクノロジーの発展など）と併進してきた「悪」については、例えば、国家の主権の要素の一つに領土がありますが、人間はより遠隔に対する攻撃手段として飛行機やミサイルなどの技術を発達させてきたわけです。第一次大戦と第二次大戦とを比べれば、殺人効率は時代と共に圧倒的に上がりました。そして、今日のテクノロジーはそうした「空間」そのものを無化しかねません。今まで人類が経験してきたどの時代よりも、テクノロジーが軍事力そのものを意味してしまうという点で非常に怖い時代だと言えます。

また、章炳麟の議論は、国民国家に基づくナショナリズムが支配的である時代において、国家と個人との関係がどのようなものであるべきかを考えさせる契機をもたらしてくれます。それは国家が諸悪の根源になってきた時代、そして今後もなり続ける時代において生きる我々にとって、重要な問題を提起しているように思うからです。

国家の存在を批判した章炳麟ですが、それでは「無政府」こそが解決の道なのかといえばそう単純ではありません。「無政府は、一般人が殺しあうことはあっても、その残酷さは有政府よりはましであるが、最終的には寂滅に進ませるべきである。無政府を完全無欠と思ってはならない」（同、293-294頁）と書いたように、章炳麟は無政府主義を批判する無政府主義者でありました。彼は、無政府主義者が楽観的に人類という単位で社会を語ることに批判的でした。

章炳麟が一貫して批判していたのは、何であれ目的論的に発展・進化していくという考え方でした。「ヘーゲルの説の『有』、『無』、『成』の意義を剽窃《ひょうせつ》して、宇宙の目的は『成』にあるから、その目的に合うものは正しい、という者がいるかもしれない」（同、295-296頁）と述べ、弁証法的な考え方を歴史や社会に適用することを否定しました。

他方、私からみれば、侵略であれ自衛であれ、国家の存立の起源の一つは対外戦争にあります。そうであるがゆえに、対内支配をより有効にし、人民を支配者の意のままにまとめるためには、民主主義的国家であれそうでなかれ、すべての国が常に対外的な仮想敵——多くの場合でっち上げの「敵」であるが——を必要とするのです。

民主主義は、国内の対立を平和的に解決するために貢献してきました。また、独裁者がでるのを避けるために大きく貢献してきました。しかし、「国家間の民主主義」はまだこの世に生まれていません。章炳麟も言う通り、国家を中心としているうちは、それは難しいのではないかと思います。また、上で章炳麟が述べていた「公理」による支配以外に大衆による暴力というものもあります。それをどのように避けるのかも大きな課題です。ナショナリズムの民意（すなわちナショナリズムの大衆）を誘導し、ないしそのような大衆を作ることを通して国家が思うがままに国民を支配することも、民主主義国家であれそうでなかれ、形式こそ違え、共有している問題です。

国民国家の時代において特に展望を暗いものにするのは次の事実です。すなわち、どこかの国が軍備拡張をすれば、それに隣接する他の国も同じく軍備を増やさざるを得ません。そうして起きた軍備競争は必然的に悪循環となり、財政負担を含めて人民の負担となるでしょう。これもそもすべての国——民主主義国であれそうでなかれ——原理的に仮想敵（を作ること）を通して支配する原理にほかならない、ということとも関わっているものです。この原理こそ、悪循環のエンジンになっているからです。

一方で、人類学者の研究によって明らかにされたのは、比較的小さな、国家のない諸社会の成員たちの間における組織的な武力紛争や、部族対部族とか村対村の組織された戦闘があまりないということです（M・フリード、M・ハリス、R・マーフィー編『戦争の研究——武力紛争と攻撃性の人類学的分析』、大林太良ほか訳、ぺりかん社、１９７０年、１６１頁。Gerald C. Wheeler, 1963; G. P.Murdock, 1934)。

また、「進化」によって殺人効率が高まった戦争だけでなく、「進化」によって引き起こされた環境破壊の問題もあります。グローバルな資本主義の発展において地球環境は着実に破壊されています。こうした「パンドラの箱」はいつ開けられたのでしょうか。

110年前の清末の思想家、章炳麟の憂鬱な予感は、現在のわれわれの前に現実になりつつあります。「近代」／「進化」の謳歌に対する章炳麟の批判は、われわれの「30年後の世界」の想像にどのような示唆を与えているのか。今日はそのような問題意識を皆さんと共有してみました。

第7講

儒学から考える「悪」——香港そして被災地

張　政遠

ちょう・せいえん／Cheung Ching-yuen
東京大学大学院総合文化研究科准教授。1976年、香港生まれ。香港中文大学を経て2000年から東北大学大学院文学研究科に留学。2007年、博士号（哲学）取得。専門は西田幾多郎を中心とした日本哲学、東アジア文学、間文化哲学。著書（共編著）に『日本哲学の多様性』（世界思想社）などがある。

「悪」を読み解く四つの視点

この講義のテーマは「悪」というものです。まず、その「悪（惡）」という文字について考えてみたいと思います。中国語では「亞」という字には醜いという意味があるので、悪というのは「醜い心」や「心の乱れ」と捉えることができます。

また、「惡」という漢字は広東語では「オック（ok3）」「ウー（wu3）」、北京語では「エー（è）」「ウー（wù）」など大きく2種類の読み方があります。日本語でも「あく」と「お」という2種類の読みがあります。これは「善悪」と「好悪」という意味の違いに対応しています。

これらを総合すると、悪は次の四つの視点から考えることができると思います。

・動詞的用法：悪《にく》む　→①価値問題
・形容詞的用法：悪い　→②人性論
・副詞的用法：悪く　→③悪搞（パロディ）問題
・名詞的用法：悪　→④原発問題

今回の講義では、これら「悪」にまつわる四つのテーマについて考えていきます。

「価値問題」としての悪

まず、動詞的用法としての「悪《にく》む」ということは、「価値」の問題につながります。つまり、好む・悪むということは価値の選択だからです。例えば、私たちは食べ物についての好みがあります。そして、Aさんは肉が好きで野菜が嫌いという価値判断をするかもしれませんが、Bさんは逆に野菜が好きで肉が嫌いという価値判断をするかもしれません。このように自分にとって「好む・悪む」という価値選択をすることで、価値と反価値の序列が成立するのです。

この価値の序列は個人だけでなく、集団についても成立します。「私たち」という単位は家族や共同体、国家というように次第に大きくなっていくのです。私たちは、「日本は」「中国は」というように考えることがよくありますが、今日はさらに大きな単位として「東アジア」というものに注目したいと考えています。東アジアという単位においては、どのような価値序列があるのでしょうか。

結論から言えば、東アジアには「儒学」の価値観があるのだと、私は考えたいと思います。ここで注意していただきたいのは、儒学というのは儒教や儒家といった言葉とは区別して使いたいということです。

日本では、孔子の教えを儒教（Confucianism）と呼ぶことが多いのですが、「教」とした場合にそれは宗教、すなわち孔子を神様として祀《まつ》るものになってしまう。これ自体は、孔子自身が自分はそんな偉い人物ではないと否定していることからも分かるように、本来の教えからは少しずれたものになってしまっていると感じます。

一方、儒家（Confucian School）という言葉は、秦の時代に諸子百家と呼ばれる思想家たちが現れたうちの一人である孔子の教えを受け継ぐ一派として自任する人たちの集団を指します。宋や明の時代にも儒家（Neo-Confucianism）はいましたし、近代中国においては後に亡命して香港や台湾に渡った人たちの中に新儒家（New Confucianism）と呼ばれる思想家たちも現れました。私自身は自分が儒家であるとは思いませんが、それでも儒学的な考え方を持っていると感じます。

儒学（Ru-ism）というのは、「イズム」という英語で表される通り「儒」の考え方のことです。私は「儒」の本質は、国を亡くした遺民たちの価値観であると考えています。

孔子は魯《ろ》という国の生まれで、周王朝から受け継がれた礼を大切にしました。しかし、周公旦以来の礼は孔子の時代には廃《すた》れてしまっていました。周は遺民という人材を広く受け入れ大切にした国家でしたし、孔子自身も故国を離れて長く放浪していました。儒学というのは、周の時代にあった理想的な価値の復興を目指したものなのです。

例えば、儒学が大切にする価値には「五常」（仁・義・礼・智・信）、「五徳」（温・良・恭・倹・譲）、「五倫」（父子親有り、君臣義有り、夫婦別有り、長幼序有り、朋友信有り）といったものがあります。

さらに、『論語』の末尾では、五つの美と四つの悪という価値が示されています。

子張曰《しちょういわ》く、何をか五美と謂《い》う。子曰く、君子は恵んで費《つい》やさず。労して怨《うら》まれず。欲して貪《むさぼ》らず。泰にして驕《おご》らず。威あって猛《たけ》からず。

子張曰く、何をか四悪と謂う。子曰く、教えずして殺す、これを虐《ぎゃく》と謂う。戒《いまし》めずして成るを視る、これを暴と謂う。令を慢《みだ》りにして期を致す、これを賊と謂う。猶《ひと》しく人に与うるなり。出納《すいとう》の吝《やぶさ》かなる、これを有司《ゆうし》と謂う。

（『論語』堯曰第二十）

こうしたさまざまな価値観の中で、一般論として儒学において最も大切にされる価値は「孝」であると考えられています。人倫関係の尊重を強調する儒学では、親孝行を最も評価すべき行為とし、親不孝は最も劣等な行為とされるのです。「孝は百行の本」などとも言われます。

さまざまな価値観どうしの序列は、時に問題を引き起こします。例えば、有名な例ですが、父親が羊を盗んだと分かった時にその子は父親の罪を検挙すべきかという問題があります。これについて、正義や倫理を重んじる立場であれば、父親であっても罪は罪であると考えます。しかし、孔子はそうではなく父親の罪は隠すべきだと述べるのです。

あるいは、私は日本においては「忠」という価値が非常に大事にされていると感じます。例えば、戦時中に「赤紙」すなわち召集令状が送られてきた時に、出征すれば戦死する可能性が高く親不孝になってしまいます。一方、出征を拒否すれば「非国民」すなわち国や天皇に対する不忠者となってしまいます。その際に多く日本人は「孝」よりも「忠」を重視し、その価値観が国民道徳とされました。

もちろん、中国においても価値観は一様ではありません。孟子は「義」の大切さを説きました。

魚は我が欲する所なり。熊掌《ゆうしょう》も亦《また》我が欲する所なり。二者兼ぬることを得可《うべ》からざれば、魚を舍《す》てて熊掌を取る者なり。生も我が欲する所なり、義も我が欲する所なり。二者兼ぬることを得可からざれば、生を舍てて義を取らん。

（『孟子』告子章句上十）

熊の掌《てのひら》というのは、中国において美味な食材として珍重されるものです。魚も欲しいし、熊の掌も欲しいが、両方同時には手に入れることができません。その際にどちらを優先すべきかといえば、自分は魚を捨てて熊の掌を取る。同じように、孟子は生命を捨ててでも、義を優先するというのです。

このように価値の序列は人や時代によって変化します。現代はまさに価値観の多様化した時代となっています。山に住む人ならば、珍しい魚のほうを取るでしょうし、海の近くに住む人ならば熊掌を取るでしょう。あるいは完全菜食主義者ならどちらも取らないかもしれません。では、こうした価値観の多様化は、結局のところ価値の相対主義へとつながってしまうのでしょうか。

私はそうは思いません。さまざまな価値の序列はあっても、人間にとって「生きる」ということは絶対的な価値を持つものですし、そのように考えなければならないものなのです。「大丈夫は寧《むし》ろ玉砕《ぎょくさい》す可《べ》く、瓦全《がぜん》たる能《あた》わず」（『北斉書』「元景安伝」）という言葉があるように、平凡に生きるよりも華々しく散るほうが価値のある生き方であるという考え方はいつの時代にもありますが、私たちはそれを否定して生の意味を何よりも尊重しなければなりません。「生」は絶対価値であり、好悪の問題とは関係ありません。それは現代的に言えば「人権」ということです。

「人性論」としての悪

二つめが、形容詞的用法で「善い・悪い」という使い方です。これは人性論に関わることになります。人性論とは、儒学において性善説と性悪説に見られる対立的な考え方です。人の本性は果たして善なのか、それとも悪なのか。
2021年の米アカデミー賞で最優秀監督賞を受賞した『ノマドランド』のクロエ・ジャオ監督は受賞スピーチの中で次のように述べました。

「私が中国で暮らしていた頃、父と私はこんなゲームをしていました。中国の古典である詩や文章を暗記して、互いに暗唱しながら文章を完成させていくのです。なかでも、とりわけなつかしく思い出されるのが『三字経』です。これは次のように始まります。〈人之初 性本善〉。人は生まれながらにして善である（People at birth are inherently good.）。この6文字は子どもの頃の私に大きな影響を与えましたし、今日でも私はそれを心から信じているのです。」

性善説といえば、孟子が有名です。孟子は、人間の本性は水が下へと流れるように「善」であると主張しています。彼は、人間と動物との間にある違いはわずかであるものの、「惻隠《そくいん》の心」があるということが人間と動物を区別するものであるとしています。惻隠とは憐《あわれ》みとか同情という意味で、例えば井戸に落ちた子どもを見れば、私たちは自然とその子を救おうとするでしょう。

一方、反対の性悪説を説いたのが荀子《じゅんし》です。荀子は、人間の本性は「悪」であり、それは人間が持っている欲望によるものであるとします。悪い行為は欲望の結果であり、それを制限し、集団の秩序を維持するために礼法を重視すべきだと主張しました。

さらに、孟子と同時代の思想家である告子《こくし》は「性無善無不善説」、すなわち水が東へも西へも流れるように、人間の本性は善でもなければ悪でもないと主張しました。人の本性が善となるか悪となるかは、自分の意志だけで決められるものではなく、外部環境によって定められるというのです。

では、いったいどの説が正しいのかということを皆さんと議論したいところですが、時間の関係で今回はそこには踏み込みません。ただ、実はこうした問いに対して、拙速にどれか一つを選ぶ必要はないのです。それよりもまず私たちがしなければならないのは、論争分析（Dispute analysis）です。つまり、複数の説があった時に考えなければいけないのは、どれが正しいかということよりも、なぜそのようにさまざまな説が出てきたのかということのほうなのです。

例えば、それぞれの説を「多義性（Ambiguity）」と「不一致（Disagreement）」の視点から分析してみるとします。「多義性」の原因は、言葉の定義が違うことです。一方、「不一致」の原因は、言葉の定義は同じですが、事実についての認識が違うことです。

すると論争には次の三つのパターンがあり得ます。

A　多義性：あり　不一致：あり
B　多義性：なし　不一致：あり
C　多義性：あり　不一致：なし

Aは、定義も事実認定も異なっています。Bは定義は同じですが、事実認定が異なります。これは例えば価値観の違いなどによるものがあります。そして、Cは「不一致なし」、つまり実は考え方は一緒なのに、使っている言葉の定義が異なるというものです。実は、人間の本性についての論争は、このCに当てはまる可能性が高い。

例えば、性善説における「性」と性悪説における「性」は別の意味で使われていると指摘されています。これは香港中文大学におられた労思光《ろうしこう》先生が言っていることなのですが、性善説における「性」は人間の本質（Essence）という意味で使われている。動物にはなくて人間にだけあるものは道徳性である。それがすなわち人間の本質だと捉えれば、人間は善を為す生き物だということで性善説になるわけです。

一方、性悪説における「性」は人間の本性（Nature）という意味で使われている。人間もまた動物の一つですから、いわゆる本能に基づいた生き方をせざるを得ません。そうした人間の持つ動物性をピックアップすると、性悪説になるわけです。

すると、性善説と性悪説というのは実は矛盾するものではないと考えることができます。問題なのは、こうしたそれぞれの「性」の捉え方そのものが本当に妥当なものであるのか、ということです。

孟子は「惻隠の心」を人間の本質だとしました。ですが、惻隠の心は本当に人間だけが持つものでしょうか。例えば、火事に巻き込まれた子猫を見た親猫は、その子猫を救うかもしれません。そういう意味で「惻隠の心」も実は動物の持つ本能に根差したものかもしれないのです。

逆に荀子は、人間の動物性に注目しました。本能に支配された欲を持つ人間は悪であると言わざるを得ないわけです。しかし私は、動物性が悪なのではなく、むしろ人間しか持たないとされる理性こそが悪の源であると理解したいと考えています。人間もまたほかの動物と同じく弱肉強食の世界を生き抜くために暴力を振るうことがあります。私たち人間は理性によって、暴力が起きにくい社会を作ってきました。その一方で、現実に暴力を振るい、そしてその暴力を合理化するということをしてきました。それは一見、暴力という動物的な問題に見えますが、むしろ理性的存在としての人間が持っている根本悪だと考えられるのです。

儒学には「黄金律」と言えるような大事な基準があります。それが「己の欲せざる所は人に施すこと勿《なか》れ」というものです。自分自身が殴られるのは嫌だから、他人を殴ることもやめなさい。基本的に時代を経るにしたがって社会はこのルールを実行できるように仕組みを整えてきました。

しかし、このルールだけで暴力を止めることができないのもまた事実です。現にこの世の中には暴力が存在しています。例えばDVなどのように家庭内における暴力もあれば、戦争のように国家間の暴力もあります。その中で「私は暴力をしません」ということだけでは、それらを防ぐことはできないのです。

ですから、それらの暴力を防ぐ、あるいは現に起きている暴力から被害者を救うためにはある種の介入は避けられません。しかし、その介入も暴力であらざるを得ません。私たちは自らの暴力を合理化してしまう場合もあれば、自分に利害が及ぶ範囲以外においては、どんな暴力が起こっても無関心でいる場合もあります。それが大きな問題です。

「悪搞」としての悪

三つめの副詞的用法は「善く・悪く」するということです。この事例として、私の故郷でもある香港の問題と絡めて見ていきたいと思います。取り上げるのは「悪搞」という言葉です。これは中国語で「(本来まともなものを)悪くする、悪ふざけ」といった意味ですが、ネットの世界ではいわゆる「パロディ」の意味で使われます。

ご存じの通り、香港では中国政府の締め付け強化策に対して、2019年から民主化を要求する社会運動がいくつも起こりました。特に2019年6月のデモには、学生だけでなく社会人も含めた200万人とも言われる人々が参加しました。

当時私が勤めていた香港中文大学でも、新学期が始まる9月2日にストライキがありました。11月12日には、大学構内に警察が強行突入し、催涙弾や放水車を使い学生を多数拘束しました。籠城する学生たちとデモ隊は火炎瓶や弓矢などで応戦して、大学構内は「戦場」と化してしまったのです。なお、逮捕後に警察官から性暴力を受けたという女子学生の訴えもありました。

香港民主化デモの様子（2019年6月12日）
（Photo by Wpcpey from Wikipedia CC BY-SA 4.0）

新型コロナウイルスが広まったことにより、香港も2020年1月には大学が閉鎖されることになりました。その後再開されてもデモ活動は続き、2020年11月の卒業式においてデモ行進をした学生たちは国家安全法で逮捕されました。この法律で逮捕されると、場合によっては10年以上の長い実刑判決が下ることがあります。香港中文大学出身で東京大学公共政策大学院に在籍している區諾軒（アウ・ノックヒン）さんも、2021年3月に逮捕・起訴されることになりました。

こうした香港でも一連のデモをノルウェーのアンダース・ハマー監督が撮ったドキュメンタリー映画『Do Not Split 不割席』は2021年の米アカデミー賞ドキュメンタリー短編映画部門にノミネー

改竄されたグーグルマップ
(「立場新聞」に掲載。現在はサイト閉鎖
https://beta.thestandnews.com/politics/中文大學-google-地圖-一度遭改稱-香港暴徒中文大學)

トされました。タイトルの意味は「デモ隊と一線を引かない」ということですが、果たしてそれは本当にいいことなのかどうか、私たちはこれからも考えていかなければいけない非常に難しい問題です。

さて、「悪搞」の話に戻りますが、こうした一連の大学での暴動の結果、ある時グーグルマップで「香港中文大学（Chinese University of Hong kong)」を検索すると「香港暴徒中文大学」と出るようになってしまったのです。こうしたネット上の「悪搞」に対し、香港中文大学を卒業し、10年以上にわたり教鞭を執ってきた私は当初怒りを覚えました。絶対に許せないと思ったのですが、改めて考えてみると、このことは別の意味で真実を表しているとも思えてきました。

もちろん学生たちのしたデモが間違っていたとは思いません。しかし、やはりそこには暴力が入り込んでいました。学生たちだけでなく、ヤクザのような人たちが紛れ込んで一般市民に暴力行為を働いていたこともあったようです。そして、そうしたもの以外にも、大学にはさまざまな暴力が存在していたということに改めて気づきました。パワハラ・セクハラ・アカハラや暴言などの暴力です。学問の世界も暴力と無縁ではないのです。

これらの暴力問題を無視したり、無関心な態度をとったりするのではなく、勇気を出して大学の中と外にある不条理なことを暴露しなければなりません。これが「暴大の精神」だと私は考えています。

「原発問題」としての悪

四つめ、名詞としての悪の問題として取り上げたいのが「被災地」、すなわち東日本大震災の被害、そしてそれに伴う原発事故の被害を受けた地域としての東北です。私は、かつて東北大学に7年間留学していたことがありますので、仙台や東北を第二の故郷だと感じています。

2021年3月のある日曜の朝に、私は上野発仙台行の特急ひたち1号に乗り込み、約3時間後に双葉駅に到着しました。講義の最後に、その時の旅の模様をルポルタージュしたいと思います。それは言うまでもなく、悪を暴く「暴大の精神」によるものです。

双葉駅から福島第一原子力発電所までの距離は約4キロしかありません。原発事故の影響により、双葉町のほとんどの地域が「帰還困難区域」となっており、住民は故郷に戻ることができません。

2020年9月に、福島第一原発の北に位置する場所に「東日本大震災・原子力災害伝承館」が開館しました。伝承館の運営機構は、浜通りの産業を回復するために新たな産業基盤の構築を目指す「福島イノベーション・コースト構想」という国家プロジェクトです。なお、駅の周辺は「特定復興拠点区域」に指定されていました。

伝承館の展示エリアに入ると、福島県出身の俳優・西田敏行がナレーションを担当したショートフィルムが流されました。その中では、1967年に建設着工され、1971年に運転開始された第一原子力発電所は、福島県にありながらも東京に送電し、日本の経済発展を支えてきたと強調されました。ですが、原発が本当に安全だったならば、なぜ首都圏ではなく福島県に建てられたのか。そのことは説明されていません。

次に、2011年3月11日午後2時46分に発生した強い地震の画像が流れました。原発に津波が襲来した後、全電源喪失で冷却機能が効かず、水素爆発が発生したといいます。しかし、津波が来る前に、原発の内部はすでに地震によって深刻な構造的損傷を受けていたと指摘されています。もし、ナレーションが言うように津波が事故の原因だとすれば、「人災」から「天災」へのすり替えではないでしょうか。

写真撮影が可能となった展示エリアは、「災害の始まり」「原子力発電所事故直後の対応」「県民の想い」「長期化する原子力災害の影響」「復興への挑戦」という五つのセクションに分かれています。例えば「除染」に関しては、「生活する空間において受ける放射線の量を減らすために、放射線物質を取り除いたり、土で覆ったりすること」と説明され、「取り除く」「さえぎる」「遠ざける」という三つのプロセスが紹介されていました。

伝承館の最新の展示物は、「原子力明るい未来のエネルギー」と題された巨大看板です。これは1987年に当時小学生だった町民が標語を作成し、1991年に双葉駅近くの商店街に設置されたものでした。2016年には倒壊の危険性があったため一時撤去され、展示を求める声に対して伝承館側は一度は拒否しましたが、2021年の3月に展示されることになりました。伝承館の裏口に置かれており、最も迫力のある展示物となっています。

原子力の悪はかつて隠されていて、今また隠されようとしている。私たちはその破綻した姿をやはり自分たちの目で見て、それを「暴露」し、伝えていかなければならないと考えています。

そもそも、日本語では「核」と「原子力」は異なる言葉になっていますが、英語ならどちらもnuclearですし、中国語ではどちらも「核」です。原子力発電は中国語で「核電」となります。当たり前ですが、発電に使おうと爆弾に使おうと核は核なのです。

暴力はなぜ悪なのかといえば、それは人間的理性をもってしてもコントロール不可能だからです。同じように、核もまた人間の技術によってはコントロールの範疇《はんちゅう》を越えた力を持っている。それが原子力の悪ということです。

それにもかかわらず、本来その危険を知っていたはずの技術者や学者たちは、悪に目をつむってしまいました。もちろん、それは原子力の専門家だけでなく、私たちも同じです。

儒学には「正名思想」という考え方があります。名を正す。つまり、名称とそれが指す実質は一致するものでなければならないという考え方です。「君君、臣臣、父父、子子」（『論語』顔淵第十二）とあるように、君子は君子としての役割をはたすべきだし、父は父、子は子それぞれのすべきことがあるということです。

それにならって言えば、原発が福島にもたらした悪とは、「農農、漁漁」を「農不農、漁不漁」にしてしまったことにあると考えます。農民が本来田でお米を作ったり、畑で作物を作ったりするところが、今は作れなくなった。漁民が本来漁をするべき海で漁をできなくなった。そのことが深刻な問題なのです。

先ほど、儒学の本質は国を失くした遺民たちの考え方にあるというお話をしました。福島の人々もあの震災と事故から10年以上にわたり故郷に戻ることができませんでした。二度と戻ることができない人、新しい地で生活を続けていく人もいるかもしれません。儒の人々は流浪の中でそれでも希望を見出しました。そうした儒学本来の考え方は現代において何かしら資するところがあるのではないかと思います。それは震災だけでなく、新型コロナの緊急事態の中で改めて切実に感じられたことでもあります。

この講義では「悪」の持つ四つの側面を考えてきました。悪をどのように克服するかは、学問においても重要な問題なのです。しかし、その学問は単に知識を得れば解決するということではありません。

先ほど双葉町の話がありましたが、この後に浪江町も訪れました。私はこうした旅を「巡礼」という概念で捉えています。巡礼の中で私たちはその土地の風景や人に出会います。それらは狭義の知識や情報を得ることとは別の意味で、自分自身を変えてくれます。

「学を為せば日に益し、道を為せば日に損す」(『老子』第四十八章)と言います。学問をすれば知識は増えていきます。しかし、老子は「道(タオ)」を為すことはそうした知識を増やすことではないと述べています。むしろ、それによって減っていくものであると。

今日のお話で私が目指したのも、この「道」でした。自分がすでに持っていた悪やそれに対する先入見を失くせば、さらにいろいろなことを見通すことができ、それが悪に対抗するための道となるのかもしれません。

講義の冒頭で、悪という字は醜い心であると言いました。その字の通り、悪は私たちの心の中にある。原発が悪であるという時に、本当に見つめなければいけないのは私たち自身なのだろうと考えています。

第8講

民主主義という悪の閾《いき》
——「他者なき民主主義」とそのディレンマ

金 杭

キム・ハン／Kim Hang
延世大学文化人類学科教授。博士（学術）。専門は植民地主義・政治思想・東アジア近現代知性史。1973年生まれ。延世大学卒業後、1998年、ソウル大学大学院修士課程修了。2002年に渡日、東京大学グローバルCOE「共生のための国際哲学教育研究センター」（UTCP）研究員、2008年、東京大学大学院総合文化研究科博士課程修了。著書に『帝国日本の閾』（岩波書店、2010）の他、アガンベンやシュミットの韓国語訳などがある。

「政治における悪」とは何か

この講義では、1980年5月の光州《クアンジュ》事件（光州民主化抗争）を中心に、1980年代以降の韓国における民主化と資本主義の発展の両面を見ることから、政治における「悪」という問題について考えてみたいと思います。最終的に、サブタイトルに掲げた「他者なき民主主義」という言葉で、現在の政治が抱える問題へと議論を進めていくつもりです。

さて、個別の話題に移る前に、まずはあえて抽象的、理論的なことから入っていきたいと思います。今、「政治における悪」と言いましたが、その「悪」とは何なのか。

悪というのは、日常的なレベルにおける悪事から、哲学的な悪、神学的な悪に至るまでさまざまなレベルでの議論があります。そういったことを踏まえて、「政治における悪」をどのように捉えればいいのかということについて考えていきましょう。

政治における悪を考えるに当たって、とりあえずは「政治」という言葉の定義を暫定的にしておかなければなりません。

政治学の教科書を見ると、政治というのは「希少な資源の公共的な分配をめぐる葛藤や闘争である」といった定義づけがされています。ただ、私の専門は政治学ではなくカルチュラルスタディーズですから、もう少し広い意味に取りたい。そこでは、政治とは「規則を作り上げるか、規則を撤廃するか、という共同（res publica）の実践である」と定義づけることができます。

つまり、未決定の領域における／向かう言表や行為すべては政治的なものなのです。ですから、政治というものは、常にあらかじめ混沌の場に回帰していくものであると言えます。

そういった意味で、政治的な行為とは非常に再帰的・自己言及的なものです。すなわち、言語表現や行為があらかじめ決められた規範にしたがって遂行されるのではなく、その言表や行為の規範自体が、それらが遂行される真っ只中で発見されねばならない。そこに政治行為、あるいは政治的なものの特殊性があるわけです。

そのように考えた上で、では政治における「悪」とは何かといえば、私は政治が不活性化してしまうこと、要するに政治が止まってしまうことだと考えています。政治の不活性化は人間の共同社会において最も危険なことです。

なぜならば、政治の不活性化によって、ヘーゲルやマルクスが言うところの「疎外」が起きるからです。ここで疎外というのは、簡単に言えば自分自身のことであるにもかかわらず、それが他人の手によって決定されてしまうという意味です。政治が不活性化するということは、公共的な共同の行為が私たちの手を離れて疎外化されてしまうことにつながります。そのことこそが「政治の悪」であるという暫定的な定義づけをしておきたいと思います。

このように政治の定義を確認した上で、それを前提として今度は「民主主義」の問題を考えてみることにしましょう。

近代の民主主義とは、理念においては人民の自己統治、言い換えれば統治者と被統治者が同一であるということに他なりません。そして、方法としては、現代のほとんどの国々が代議制と多数決の手法を採用しています。

しかし、ここに一つの問題が浮上します。それは、自分で自分を統治するということに必然的に付随する難しさ、もっと言えば根源的な不可能性ということです。先ほど、近代民主主義の理念は統治者と被統治者が同一であることと述べましたが、その二つが完璧に重なり合うということは不可能なのではないか。このディレンマは、18世紀の時点でフランスの思想家ルソーがすでに見抜いていたことでした。

ルソーは『社会契約論』の出版決定稿からは除かれた『ジュネーヴ草稿』の中で、次のように述べています。

市民（citoyen/citizen）になってこそ人間（homme/human）になる。

これを読んで不思議に思われた方もいるかもしれません。よく見れば、非常に倒錯《とうさく》したテーゼだからです。普通に考えれば「人間」があって、その中から「市民」が出てくるのが自然ではないでしょうか。数学の集合論的なベン図を思い浮かべていただきたいのですが、「人間」という集合の中の「部分集合」として「市民」があるのではないのか。しかし、ルソーはその逆を主張しているのです。

では、なぜルソーはそのようなねじれた主張をしているのでしょうか。それは民主主義というものは、人間に対して何かしらの「資格」を問うものであることにルソーが気づいていたからです。つまるところ、ある種の基準で選ばれた人間のみが、「市民」として近代社会の政治体制に主体的に参加できるのだと指摘しているのです。

これは、近代の民主主義というものが根源的に持つ自己背反に他なりません。なぜならば、近代社会の理念は、普遍的な人間――すなわち、人種や階級、性別、経済的格差などに関係なく人間を人間として、主体として尊重するはずだったからです。

民主主義が「人間の市民化」を求めることは、それによって政治を不活性化する危険性を内包しているということです。民主主義のこうしたアンビバレントな性格は、未決定の領域を消し去ることによって、政治を法へと転換させる強いベクトルとなります。そして、そのベクトルは、政治の主体を疎外へと追い込み徹底的な他者として排除します。その結果、政治が本来持つ遂行性を消去するのです。私はこのことを「政治における悪」だと考えています。

1980年代韓国の民主化運動と資本主義化の同時進行

さて、冒頭から抽象的な話が続きましたが、このことを今回は1980年代以降の韓国の民主化の流れの中で検証していきたいと思っています。

韓国の現代史について簡単に振り返ってみましょう。１９４５年、太平洋戦争の終結により、韓国は日本の植民地支配から解放されます。１９５０年から始まった朝鮮戦争（韓国戦争）を経て、53年以降は南北分断のまま休戦状態が維持されています。

１９４８年に大統領に就任した李承晩《イスンマン》は独裁的な手法で統治を暴力化しましたが、60年に民衆のデモによって4月革命が起こり失脚します。しかし、１９６１年5月には朴正熙《パクチョンヒ》がクーデターを起こして大統領に就任、再び軍事独裁体制となりました。１９７９年に朴正熙大統領が部下に暗殺され、翌年にかけて非常に混沌とした政治状況が続きましたが、その中で再び軍部のクーデターが起こり、全斗煥《チョンドゥファン》が政権を握ります。

その新軍部に対する市民や学生の反対運動が活発になるのですが、１９８０年5月に非常戒厳令拡大措置が出されると、5月18日に光州で学生や市民たちによる大規模なデモが起こりました。軍部や機動隊は人員を投入してこれを鎮圧し、民間人からも多数の犠牲者が出て、市民体育館に国旗に包まれた棺桶が並ぶ光景が報道されました。これが光州事件と呼ばれる新軍部による市民の虐殺事件です。

この光州事件から長く続いた民主化運動は、１９８７年になって一挙に爆発します。1月にソウル大学2年生のパク・ジョンチョル（朴鐘哲）が警察庁の治安本部で拷問を受け死亡します。さらに6月には延世《ヨンセ》大学の学生イ・ハンリョル（李韓烈）が、機動隊がデモ隊に向け発射した催涙弾を頭部に受け、やはり死亡しました。

それがきっかけとなって、ソウル市内では100万人規模のデモが連日続き、次第に全国へと広がり「6月民主抗争」と呼ばれました。その結果、全斗煥から後継指名を受けた盧泰愚《ノテウ》は、6月29日に民主化宣言をして、大統領の直接選挙を約束したのです。こうして韓国の民主化への道が開けました。

その一方で、1980年代の韓国経済は飛躍的な発展を遂げました。政治的には独裁と民主化の対立という緊張した状況がありましたが、それと同時にいわゆる開発独裁的な流れの中で資本主義的に豊かな社会が実現されていったのです。

1988年にはソウルオリンピックが開催されて、初めて海外旅行が自由化されました。この年の象徴的な出来事は、マクドナルド1号店がソウルにできたことでした。現代的な飲み屋さんや現在のクラブのようなおしゃれな場所で遊ぶということが一般的になったのもこのころだったと思います。最近はすっかり有名になった江南《カンナム》という地区に最新ファッションのお店が立ち並び、ケンタッキー・フライド・チキンなどファストフードが軒《のき》を連ねるようになりました。また、1980年代はマイカーの時代でもあり、ソウル市内では大渋滞が日常化していました。

このように、今の私たちから見れば当たり前とも思える資本主義的な大量消費文化のトレンドが拡散されていったわけです。おそらく日本で言えば昭和の高度経済成長期のようなイメージでしょう。私は1988年に高校生でしたから、こうした雰囲気の中で10代から20代前半を過ごしました。

つまり、1980年代の韓国社会は、民主化という政治的・倫理的な流れと、資本主義化と経済成長、消費文化の流入という二つの流れを同時に経験する中で、非常に揺れ動いていたということができます。

1987年以降の韓国社会の流れを簡単にまとめると次のようになります。

1987－89年　労働組合の合法化と労働者大闘争
1988年　ソウルオリンピック、海外旅行自由化、マクドナルド・KFCの開店
1990年　住宅200万戸供給：全国民のマンション住民化
1992年　盧泰愚大統領「犯罪との戦争」：正常な市民・日常・人間像が民主主義の中心に
1994　ソテジワアイドゥルのデビュー：消費資本主義と大衆文化の全盛期
－95年　ソンス橋とサンプン百貨店の崩壊：浅薄な資本主義発展の現状が露わに
1995年　5・18特別法：民主化運動の正当性を国家が追認
1997年　IMF事態：経済発展の現住所とグローバルな規模の新自由主義

1988年に発表された「住宅200万戸供給計画」に基づいて、国家的な大規模マンション開発が各地で行われ、1990年ころまでに実現されました。韓国の都市部に旅行に行くと、マンションや大規模な団地が多いことに気づかれると思います。

また、盧泰愚大統領は「犯罪との戦争」を明言し、いわゆる暴力団・ヤクザ組織を一掃しようとします。その過程でホームレスの人々も取り締まられることになりました。

すなわち、この時代に空間的にも、衛生的にも非常に「きれいな」に生活環境がつくられていくことになるわけです。このことは、正常な市民・日常・人間像が民主主義の中心になっていったということができるでしょう。

民主化運動と「メシップ」

こうした韓国の民主化運動は、1987年に6・29民主化宣言が出されるも、翌年にはやはり新軍部出身でクーデターの主役の一人だった盧泰愚が大統領に就任したために、学生たちを中心に継続されました。そして、1991年にある衝撃的な事件が起こったことをきっかけに、再び大規模な民主化闘争が繰り広げられることになりました。

きっかけとなったのはその年の4月に起きた事件で、当時大学生だったカン・ギョンデ（姜慶大）がデモ鎮圧のための特殊部隊に殴打され死亡するという事件でした。それを受けて学生や運動家などさまざまな勢力が集まって国民対策会議を結成し、闘争運動を拡大していきました。当時、私は大学1年生で、デモにも参加していたので強く記憶に残っています。

惜しくも34歳という若さで亡くなったキム・ソジン(金昭晋)という有名な小説家がいるのですが、彼の作品に『開かれた社会とその敵』(Munhakdongne、2002年)があり、この91年の闘争を題材にしています。この小説は、先ほど申し上げた韓国社会の民主化と資本主義化という二つの流れと、その中で何が起きているのかということを非常に鋭く捉えたものになっています。

その内容を簡単に紹介しましょう。時は1991年5月、舞台はソウルの中心ウルジロという通りにあるペク(白)病院という総合病院です。

小説の背景は、盧泰愚政権下での公安統治・民生破綻へ対抗する第3次国民大会が行われていたときです。この中でデモに参加していた大学生キム・ギジョンが警察の鎮圧部隊に撲殺されたことをきっかけに、学生運動勢力が結集して国民対策会議がつくられます。

一方、この民主化運動には一部の過激化した暴徒がおり、その活動が民主化運動への反感を高めていました。彼らは「メシツブ」と呼ばれていたのですが、実態はいわゆるホームレスで、そうした人たちが国民対策会議のデモに「紛れ込んでいる」とされていたわけです。

警察当局が、デモの現場と籠城場を転々としながら過激行為を繰り返した連中に対する集中取り締まりを発表すると、対策会議執行部は「一部の過激集団は対策会議とは無関係であり、示威への世論を悪化させるために警察関係機関によって買収された連中だ」として反発します。

つまり、メシツブは自分たちとは無関係だと言ったわけです。

しかし、その推測が誤っていたことに気づいた執行部は次の日に態度を一変させ、次のように発表します。

「彼らはわが社会から疎外されてきた民衆の一部であり、自発的にデモに参加してきた未組織の階層で、検察と警察は大勢の善良な市民と彼らを隔離し孤立させる目的の集中取り締まりを即刻中断せよ」

それに対して、過激行為を繰り返したメシツブたちは怒りをあらわにして、次のように言います。

「示威隊の一部が俺らを指さしてサツに連れていかれたんだよ、あんたらは俺たちが当局のスパイかなんかだと思ってるんだろう」

「公式的な立場とうちにしまってる立場と違うんだろうな、お偉い指導者さまだもんな」

執行部の言葉を読み返してみれば、メシツブの怒りがどこに向けられているか分かります。執行部は「善良な市民」と「疎外されてきた民衆」を暗黙の裡《うち》に分離しているのです。メシツブはそれに対して「お偉い指導者さま」という皮肉で返したわけです。

執行部はメシツブに対し、次のように答えます。

「民主化運動勢力は一般市民と、言うなれば、水と魚の関係にあります。魚が水を離れて生きることができないように、われら民主勢力は大衆の支持なしに存立しえません。なのに自分たちと意見が合わないと言って、だれかれかまわず罵倒したり討論の場を冷やかしたりデモが終わったのに通りの車に石をなげたりして一般市民の日常に不便をかけたりすること、そして一緒に死んでしまおうなどと恐怖を掻き立てるなど、正直度が過ぎた場合が多かったじゃないですか。ある方は韓国銀行を焼き払おうなどととんでもないことを口走ったりしてましたね」

「そんな過激で衝動的な発言は現在われらの闘争に何の役にも立ちません。我々の社会には二つの側面があります。肯定的なものと否定的なものがあって、反民主的な統治機構、悪法、不平等な制度などは否定的なものです。そうしたものは当然撤廃されねばなりませんが、例えば銀行などは違います。それは市民社会の固有の制度であり核心をなすものだからです。警察署を攻撃するのとはまた違います」

民主化を進めるために権力に対する攻撃は許されるが、銀行など市民のためのものを攻撃してはならない、ということで、言っていることには筋が通っています。執行部は高学歴で民主主義や革命の理論に通じたいわゆるエリートです。彼らがこの話をメシツブ＝ホームレスの人たちに対してするときに何が起きているか。

キム・ソジンは、民主化を主導するエリートたちにとっての民主主義の「主体」、その人間の表象がどのようなものなのかを非常に批判的にこの小説で扱っています。すなわち、「民主勢力・一般市民・大衆・日常・市民社会・制度」が主体であるとき、はたして「メシツブ」たちはどこにいるのでしょうか？「大勢の善良な市民と彼ら」という区分もしくはカテゴリーは何を示しているのか？　そう小説家は問います。

つまり、民主主義の主体は、いつのまにか「正常」を前提として「異質」を排除しているのではないかということを指摘するわけです。すでにこの小説のタイトルを聞いてお気づきの方もいらっしゃると思いますが、『開かれた社会とその敵』とは哲学者カール・ポパーの有名な著作から取ったものです。ポパーは自由主義を擁護するために、全体主義を敵としましたが、キム・ソジンの小説における「開かれた社会」「敵」とは何なのでしょうか。

藤田省三《しょうぞう》が指摘した現代の「安楽主義」

さて、こうした民主主義の側面を捉えた言葉として、何人かの思想を参照して考えていきたいと思います。一人目が、藤田省三です。藤田は丸山眞男の弟子にあたる政治学者です。

藤田は「『安楽』への全体主義」（1985年、藤田省三『全体主義の時代経験』みすず書房、2014年所収）において、次のような問いを日本社会に投げかけています。「今日の高度産業社会の精神的な基礎は何であるのか」と。当時の日本はまさにバブルの全盛で、資本主義国として世界一と言っても過言でない成功を収めていました。

それに対して次のような見解を示します。「嫌悪をかきたて苦痛を与えるあらゆる経験を、いくら微細なものであれ、根本的に回避しようとする性向」であり「現代人は嫌悪と苦痛が惹《じゃっ》起《き》される状況そのものを抹殺しようとする」と。「嫌悪と苦痛をあたえうるすべての事物と生命体が完全になくなった『滅菌空間』を想像」しており「こうした精神的な性向は科学的な害虫撲滅から特定人種の抹殺に至るまで、全体主義の典型的なメンタリティー」であると。

これは藤田の非常な慧眼《けいがん》だと思います。ある種の政治衛生学とでもいうべき考え方がナチスから現代の高度産業社会までを貫通していると見抜いたわけです。彼はこのようなメンタリティを「安楽主義」と呼び、「安楽主義とは人間が嫌悪と苦痛を惹起するものをすべて抹殺できるという希望」であると言います。

そして、そうした「安楽が日常生活の目標になるとき人間は精神的な安定感を喪失」する。「なぜなら少しでも嫌悪と苦痛と汚染を経験するかもしれないという不安に毎日苛《さいな》まれるから」だというふうに藤田省三はこの文章を締めくくってます。

この『安楽』への全体主義」というものは、韓国の民主化運動が展開されていく中で見られた、メシツブたちに対する排除と嫌悪とそれから彼らに対する滅菌、そして抹殺までの流れと全く重なり合うと言えるのではないでしょうか。

その帰結はどうなるか、私たちは知っています。21世紀に入ってからの日本も、韓国も社会にヘイトの現象がはびこっているのは、まさにそのような不安からきているのではないでしょうか。

カール・シュミットが見抜いた民主主義に潜む排除の論理

それでは次にその「全体主義」という言葉をどのように考えればいいかということで、カール・シュミットの言説に触れたいと思います。シュミットはナチスの時代の法学者、政治学者で、その体制に加担したとしてニュルンベルク裁判にかけられ不起訴となりました。その意味では危険な部分もありますが、そこには先ほど触れた政治衛生学のような考え方に対する鋭い批判も見られます。

彼は有名な「友・敵理論」を提示した著作『政治的なものの概念』(原著1927年)の中で次のように述べています。

一国家が、人類の名においてみずからの政治的な敵と戦うのは、人類の戦争であるのではなく、特定の一国家が、その戦争相手に対し普遍的概念を占取しようとし、（相手を犠牲にすることによって）みずからを普遍的概念と同一化しようとする戦争なのであって、平和・正義・進歩・文明などを、みずからの手に取りこもうとして、これらを敵の手から剝奪し、それらの概念を利用するのと似ている。

（カール・シュミット『政治的なものの概念』田中浩・原田武雄 訳、未來社、1970年）

実は、この記述は当時の国際連盟に対する批判を含んでいます。第一次世界大戦に敗北したドイツを、国際連盟を構成する諸国は「平和、正義、文明」といった概念の敵として名指し、莫大な賠償金を科しました。そうした言説に対してシュミットは反・批判を繰り広げたわけです。

こうしたシュミットの考え方が妥当かどうかはひとまず措いておくとして、ここで言われているようなある種の普遍的な価値観を口にしながら政治的に何者かを排除する言説を主張することに対する警告は傾聴に値するでしょう。

この本の中でシュミットは「敵」を「抗争する人間集団全体」とし、政治的なものとは「友」と「敵」の根源的な対立であるとして定義します。そしてこの際、「敵」とは倫理的に悪い存在であるのではなく、互いの利益がぶつかり合ったために抗争関係に置かれた対等な人間集団として捉えられます。その限りで敵とはどこまでも同じ人間であり対等な主体であるわけです。

だが人類の敵となると話が変わります。なぜなら人類とは人間全体であって、その人類と抗争関係に置かれるのは必然的に人間全体からはみ出した存在であるしかないからです。このような「敵」をシュミットは「海賊」の系譜に連なるものだとします（カール・シュミット『攻撃戦争論』新田邦夫訳、信山社、２０００）。海賊は古代ローマの時代から人類全体の敵（Enemy of All）とされる存在です。古代ローマの政治家キケロは、海賊とはいかなる法権利も義務も共有する必要がないと言いました。つまり、彼らは「人間」ではないのだから抹殺しても構わない存在であるとされるのです。

その意味でシュミットは「人類という概念は、敵という概念と相容れない」と述べました。普遍や人類の名において戦う人々は、そうした概念を騙《かた》り、利用しているだけだと。ですので、民主主義の主体を「人類」、そして普遍的な「国民・市民」だと規定することは、そうでない存在、すなわち「海賊＝非人間」を前提とし、彼らを排除することによって初めて可能になるのではないでしょうか。なぜなら、後にまた触れますが、帝国主義と植民地主義、普遍的な理念のぶつかり合いだった冷戦、そして現代のヘイト現象にいたるまで、20世紀以降の民主主義はすべて特定の存在（被植民地支配下の民衆、イデオロギー的な対抗主体、そしてヘイト被害の当事者たちなど）を野蛮の民、人類の敵、そして非国民・市民として排除・抹消・撲滅しながら存立してきたからです。

シュミットは、20世紀の戦争は「グローバルな内戦」となると述べました（カール・シュミット『大地のノモス』新田邦夫訳、慈学社、２００７年）が、それは海賊を前提としながら抹殺することによって普遍的な正義を実現するものであり、特定の国民を人類へとつなげながら他者への排除と暴力を無意識のうちにあらかじめ作動させるシステムとして、近代民主主義の一側面を批判的に捉えているのです。

一つ補足をしておくと、だから民主主義がいけないということではありません。あくまでもこれは一側面です。とはいえ民主主義はこのような他者への排除と暴力を無意識のうちに作動させるシステムを内属させているのであり、われわれはこの問題を避けて通るわけにはいかないということなのです。

南原繁《なんばらしげる》と戦後日本の民主主義

さて、こうしたシュミットの考え方を参照しながら、日本の民主主義の問題について考えてみたいと思います。戦後、東京大学の総長を務めた南原繁という政治学者がいます。日本はアメリカだけでなくすべての連合国と全面講和すべきであり、永世中立を保つべきと主張し、時の首相である吉田茂から非難されたことで知られます。

その南原が敗戦直後の１９４６年に次のように述べています。

真の昭和維新の根本課題は、そうした日本精神そのものの革命、新たな国民精神の創造――それによるわが国民の性格転換であり、政治社会制度の変革にもまさって、内的な知的＝宗教的なる精神革命であると思う。かようにして国民に新たな精神的生命が注入されてこそ初めて自己の真の永遠性を語り、人類文化と平和に寄与すべき世界における自己の精神的使命を要請し得るであろう。

日本国家権威の最高の表現、日本国民統合の象徴としての天皇制は永久に維持されるでありましょうし、また維持されねばなりませぬ。これはわが国の永い歴史において民族の結合を根源において支え来たったものであって、君主と人民のおのおのの世代の交替と、君主主権・人民主権の対立とを超えて、君民一体の日本民族共同体そのものの不変の本質であります。外地異種族の離れ去った純粋日本に立ち帰った今、これをしも失うならば日本民族の歴史的個性と精神の独立は消滅するでありましょう。

（南原繁「祖国を興すもの」一９４６年、『新装版 文化と国家』東京大学出版会、２００７年所収）

戦後の日本を考えるに当たり、「真の昭和維新」が必要であり、それは「新たな国民精神の創造」であると述べられています。その本質は「君民一体の日本民族共同体」だと言うわけですが、注目していただきたいのはその直後「外地異種族の離れ去った純粋日本」という言葉です。「外地異種族」というのは、お分かりになると思いますが、韓国や台湾の人々のことです。

１９４５年8月15日より前は、彼ら「外地異種族」の人々も疑いなく「日本人」だったはずです。しかし、日本政府は敗戦以降、いくつかの法令と52年の外国人登録法を最後に、彼らから一方的に日本国籍を奪ってしまいます。

ここで南原を国粋主義・植民地主義的だとして断じたいわけではありません。詳しくは述べる余裕がありませんが、その前後の発言を見ても、彼はむしろ排他的な国粋主義は排すべきであるという考えを持っていました。

南原が日本の近代思想史において、良心的な民主主義者として記憶されるべき優れた思想家であることは疑い得ません。問題は、その善良で非常に鋭い批判的な思考力の持ち主でさえ、日本の復興のためにこのような言説を展開したことにあります。そのことについて、皆さんがどのように思われるか、ぜひ考えてみていただきたいと思います。

実は、南原はフィヒテの普遍主義に倣《なら》って、日本民族を普遍的な理念の内面化と実現に向けた国民共同体へ導こうと考えていました。つまり、「個人―日本人―人類」へと連なる、民族性と普遍性を国民精神によって結合させようとしたわけです。

戦後憲法における象徴天皇制は、この脈絡で日本民族の固有性とともに、普遍的な人類の理想を具体的な民族の次元において実現させうる精神的な使命を体現するものとして、南原は考えていたのです。

しかし、繰り返しになりますが、その「日本民族」は「外地異種族」の排除を前提とするものでした。その限りで戦後の民族再生のための革命は他者を前提とするとともに抹殺することで可能になります。ですから、象徴天皇制とはそうした排除を隠蔽《いんぺい》するために、あたかも「固有で自足的な日本」があるかのごとく粉飾する制度にほかならないわけです。

その意味で、現代に見られる「嫌韓」などのヘイトは、民主主義への侵害であると同時に、その根源的な条件でもあるのです。こうした民主主義の逆説、もしくは二重拘束（ダブル・バインド）にいかに向き合うべきかということが、われわれが考えなければならないことだと思います。それを乗り越えない限り、この講義の冒頭で述べた「政治の悪」というものはすぐにせり出してくるでしょう。

「他者なき民主主義」に歯止めをかけられるか

ひとまずの結論としてまとめておきましょう。

キム・ソジンが『開かれた社会とその敵』という小説において描いた、韓国の民主化の流れの中の「メシツブ」と呼ばれる人たちの存在は、「嫌悪を惹起する海賊のような存在」でした。それは藤田省三のいう「安楽主義」とカール・シュミットのいう「世界内戦」が、１９８０年代後半、すなわち韓国において資本主義化が達成された後における民主主義の基礎になったという非常にシビアな事実をつきつけています。

今、韓国でもヘイトの状況が日常的に見られます。難民に対するヘイトや、フェミニズムを普遍人権という名分のもとで排撃するバックラッシュ。ここには、マイノリティーとの共存を恒久的な差別へと導く多文化主義の逆説があります。また、「マンション」に象徴される安楽の追求が他人・モノ・自然への態度を衛生的なものへの執着へと変えていきました。韓国社会のニュースを見れば、メリトクラシー（能力主義）が支配する民主主義の裏側を感じずにはいられません。

こうした状況を見ていますと、このキム・ソジンの視点は非常に慧眼であったことが分かります。これらに鑑《かんが》みるとき、はたして「メシツブ」たちの居場所を韓国の民主主義は設けることができるのでしょうか・

もちろんこれは韓国だけの問題ではなく、グローバル化した世界の中で、民主主義はそうした場所を作り出すことができるのか。われわれは今そうした問いに直面していると思います。

私は、「他者なき民主主義への傾向に、いかに歯止めをかけうるのか？」ということが、喫緊の課題となっていると考えます。

実は、非常にぎくしゃくした現在の日韓関係の諸問題も、こうした観点からアプローチする必要があるのではないでしょうか。政府のレベルでどちらが正しい、間違っているという問題ではなく、それぞれの国における民主主義の状況、そしてその民主主義に内属する「海賊的なもの」を排除し、「衛生的」であることを求める傾向が、その根底にはあるのではないか。

ですから、民主主義というものは一国レベルで考える（＝他者なき民主主義）ではなく、国家と国家の間でこそ問題化されるべきものなのではないでしょうか。他者を排除した民主主義ではなく、他者と向き合う民主主義でなければならない。

補足しておくと、この国と国の間というのは、「韓国と日本とが対立してある」というイメージではありません。「国と国の間」というのは実体としては存在しないものであって、私たち自身が積極的に発見していくべき場なのです。私たちはいずれかの国家に所属していますが、そこからどうやって抜け出していくのかという、まさに政治的な実践だと思います。

例えば、韓国と日本の間で問題になっている慰安婦や徴用工の問題があります。それらについての政治や法的なレベルでの解決について私は専門家ではありませんので触れないでおきます。ただ一つ指摘したいのは、徴用工の問題はブラック企業と呼ばれる働き方が現れる現代社会につながっているのではないか、あるいは慰安婦の問題は女性のそうした労働に対する差別の歴史と関連があるのではないか。そのような観点から積極的に捉え返していくことで、むしろ歴史や国家に回収されない道が見えてくるのではないかと思います。

今、日本と韓国において、はたしてこのように他者と向き合う民主主義の自己更新の可能性があるのか。そのことを問いながら、われわれは両国の懸案を批判的に検討していくべきではないか。

そうすることによって、講義の冒頭で述べたような、政治的な行為を不活性化する「悪」というものを乗り越える道を探ることができるのではないかと思います。そうでなければ、30年後の世界は悪に覆われた暗いものになってしまうでしょう。

第9講

地球上の生命と人類は30年後にどうなっているか

太田邦史

おおた・くにひろ
東京大学大学院総合文化研究科教授。1962年東京生まれ。東京大学理学部卒業、同大学院理学系研究科生物化学専攻博士課程修了。理学博士。理化学研究所研究員を経て現職。専門は分子生物学、遺伝学、構成生物学。書著に『エピゲノムと生命』(ブルーバックス)、『自己変革するDNA』(みすず書房)『「生命多元性原理」入門』(講談社選書メチエ)など。

「カーボンニュートラル」が見落としていること

「30年後の世界」という本講義のお題にしたがえば、２０５１年のことを考えるということになります。菅《すが》義偉《よしひで》前総理は２０２０年10月の所信表明で、「２０５０年までに、温室効果ガスの排出を全体としてゼロにする」ということを述べました。さらに２０２１年4月22日の気候変動サミットにおいては「２０３０年までの温暖化ガスの削減目標を13年度比で46％減にする」と発表しました。こうした「カーボンニュートラル」に向けた取り組みは世界的な目標となっています。当然、それらは私たちの生活に影響を与えることになるでしょう。

では、このカーボンニュートラルのためには何が必要でしょうか。それは、生産・消費の両面でのエネルギー革命です。

生産面では、化石燃料ではない、例えば水力や風力など自然エネルギーやe-fuel、バイオマスなどの活用が必要とされます。原子力もその一つですが、ここには政治的な問題が絡むでしょう。消費の面では、ＥＶ（電気自動車）、ＨＶ（ハイブリッド自動車）、ＦＣＶ（燃料電池自動車）などのモビリティ革命を中心とした、省エネルギー型の社会・インフラへの転換が求められます。デジタル革新（ＤＸ）を活用した省エネルギー化、すなわちグリーン・トランスフォーメーション（ＧＸ）の実現が目指されています。

これらは単に技術の発展というだけでなく、従来の古典的な拡大再生産型の資本主義をやめ、再構築していくということです。そこにはマインドセットやパラダイムの大きな転換が必要です。最近では、SDGsやESG投資が主張されていますが、その表れの一つでしょう。

ただ、こうしたカーボンニュートラルの運動には必然的に政治的な背景が映り込みます。環境規制の変更は、スポーツのルール変更のようなものです。例えば自動車産業を考えれば、カーボンニュートラルによって産業構造が大きく変化することでゲームチェンジが起き、未来の勝者が入れ替わるかもしれません。それは自動車産業が大きな役割を占める日本の産業界においても、非常に重要な論点となります。

ですから、カーボンニュートラルという視点だけに囚われると、どうしてもそうした政治的な視点に偏った視野狭窄《きょうさく》になってしまう可能性があります。そこで、話題となっている温室効果ガスばかりではなく、今一度地球の生物の歴史から見て大事なことは何かを考えてみようというのがこの講義の目的です。

地球の生命の歴史

今、私たちは「温暖化」を話題にしているわけですが、そもそも地球の歴史を見れば相当に劇的な変化を繰り返しています。例えば、地球ができた頃には地殻からの噴出物や巨大隕石の落下があったり、安定した状況でも植物が増殖したりして、酸素濃度・二酸化炭素濃度は大きな変化をしていました。太陽活動の変動によって温暖期と氷期を繰り返してもいます。地球全体が氷となる「全球凍結（スノーボール・アース）」と呼ばれる状態になったこともあります。

しかし、生物はその危機を乗り越えて、現在に至るまで存続、繁栄してきました。それを可能としたのが「多様性」です。

そもそも地球上の生物はどれくらいいるでしょうか。２０１１年に発表された『*PLoS Biology*』（Mora C. et al., PLoS Biol. 8: e1001127, 2011）の論文によれば、地球上には約８７０万種の生物が存在すると推定されています。これは数学的な手法で出された数字であり、実際にこれまで同定されたのは１７５万種程度となっています。動物が最も多く（７７７万種）、そのうち95万種が昆虫です。植物は29・8万種、菌類が61・1万種と推計されます。陸上生物の多様性は海洋生物（50～１００万種）の約10倍となっています。進化の過程で生物は海から陸へと進出し、多様化していったと考えられています。

地球上の生物の種類は、図1のように増減を繰り返してきました。約5億４２００万年前のカンブリア紀に一気に生物が多様になったと推測されており、これを「カンブリア爆発」といいます。図1を見ていただくと分かるように、大量絶滅の時期が複数回ありますが、古生代の中頃からは比較的安定していました。そして、大量絶滅の中でも最も劇的だったのがペルム紀末のことです。ペルム紀とトリアス紀（三畳紀）の間ということで「P／T境界」と呼ばれています。化石で見る三葉虫やアンモナイトの多くがこの時期に姿を消しました。

では、この時に何が起きたのか。一つの説は、地球内部のマントルの一部が上昇して（スーパープルーム）火山活動を引き起こし、有毒ガスや酸性雨をもたらしたというものです（図2）。その結果、粉塵によって成層圏にスクリーンのようなものができて、太陽光を遮断してしまう。すると、光合成が起こらなくなり、海洋が酸欠状態（スーパーアノキシア）となります。それによって、大量絶滅がもたらされたというわけです。

その後、トリアス紀末にも大量絶滅した時期がありますが、この原因は二酸化炭素だったことが最近分かってきました。２０２０年に発表された論文[1]によると、この時期の地層

1　Capriolo, M., Marzoli, A., Aradi, L.E. et al. *Deep CO2 in the end-Triassic Central Atlantic Magmatic Province.* Nature Communications 11, 1670 (2020)

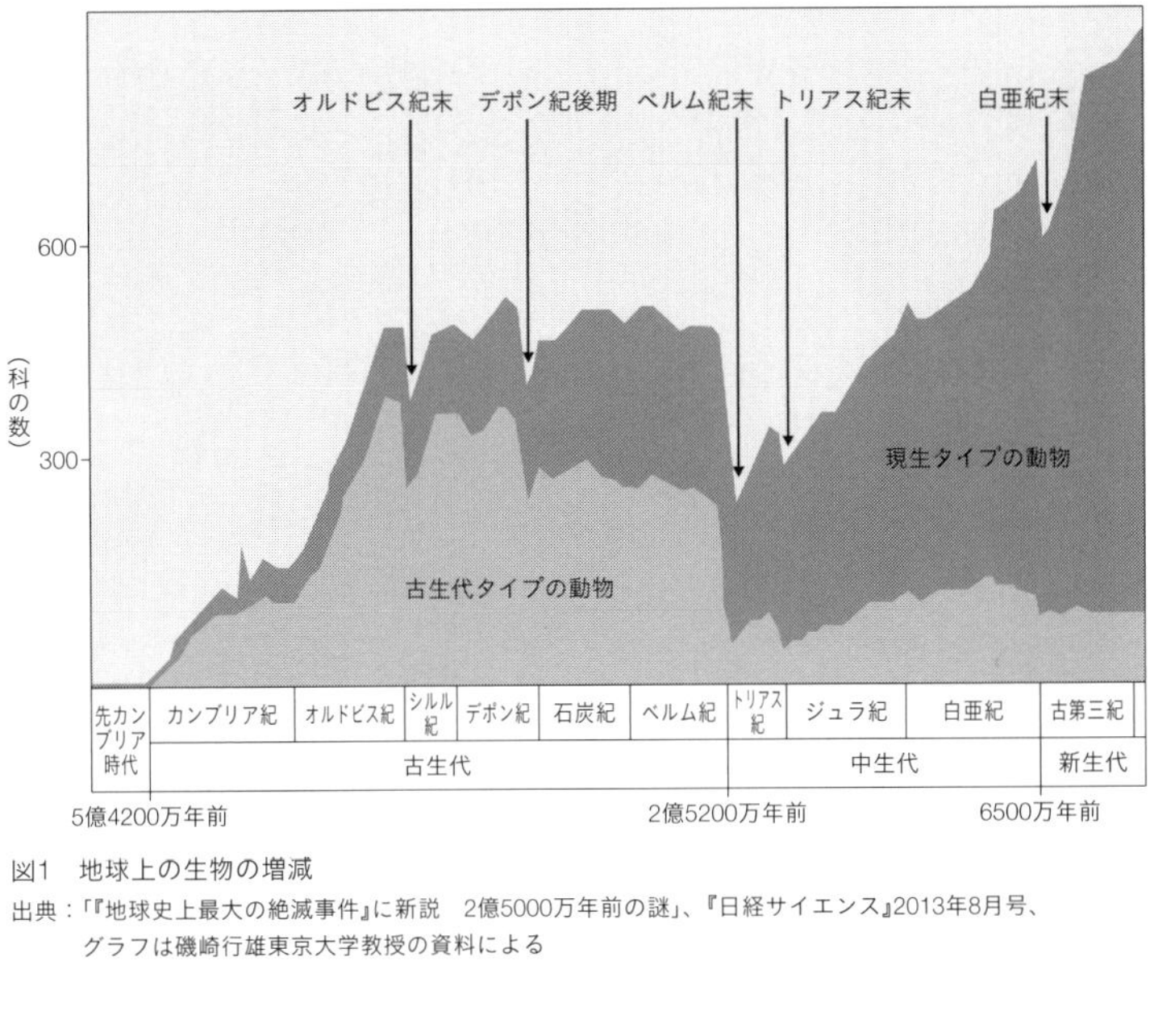

図1　地球上の生物の増減

出典：「『地球史上最大の絶滅事件』に新説　2億5000万年前の謎」、『日経サイエンス』2013年8月号、グラフは磯崎行雄東京大学教授の資料による

の岩石に含まれるマグマ溶解ガスを分析すると、大量のCO_2が含まれていました。この時期の火山活動で排出されたCO_2は、実に21世紀中に人間活動によって排出されるであろう予想CO_2排気量に匹敵するものだったと推定されます。

そして、これまでで最後の大量絶滅がK／T境界、すなわち白亜紀の末に恐竜が絶滅した時期です。この時期に巨大な隕石の落下が起き、寒冷期が訪れたというのが、現在の定説です。現在のメキシコのユカタン半島にある大きなクレーター（チクシュルーブ・クレーター）を調べると、隕石にしか含まれないイリジウムという金属が見つかりました。そこから巨大隕石説が出てきたのです。

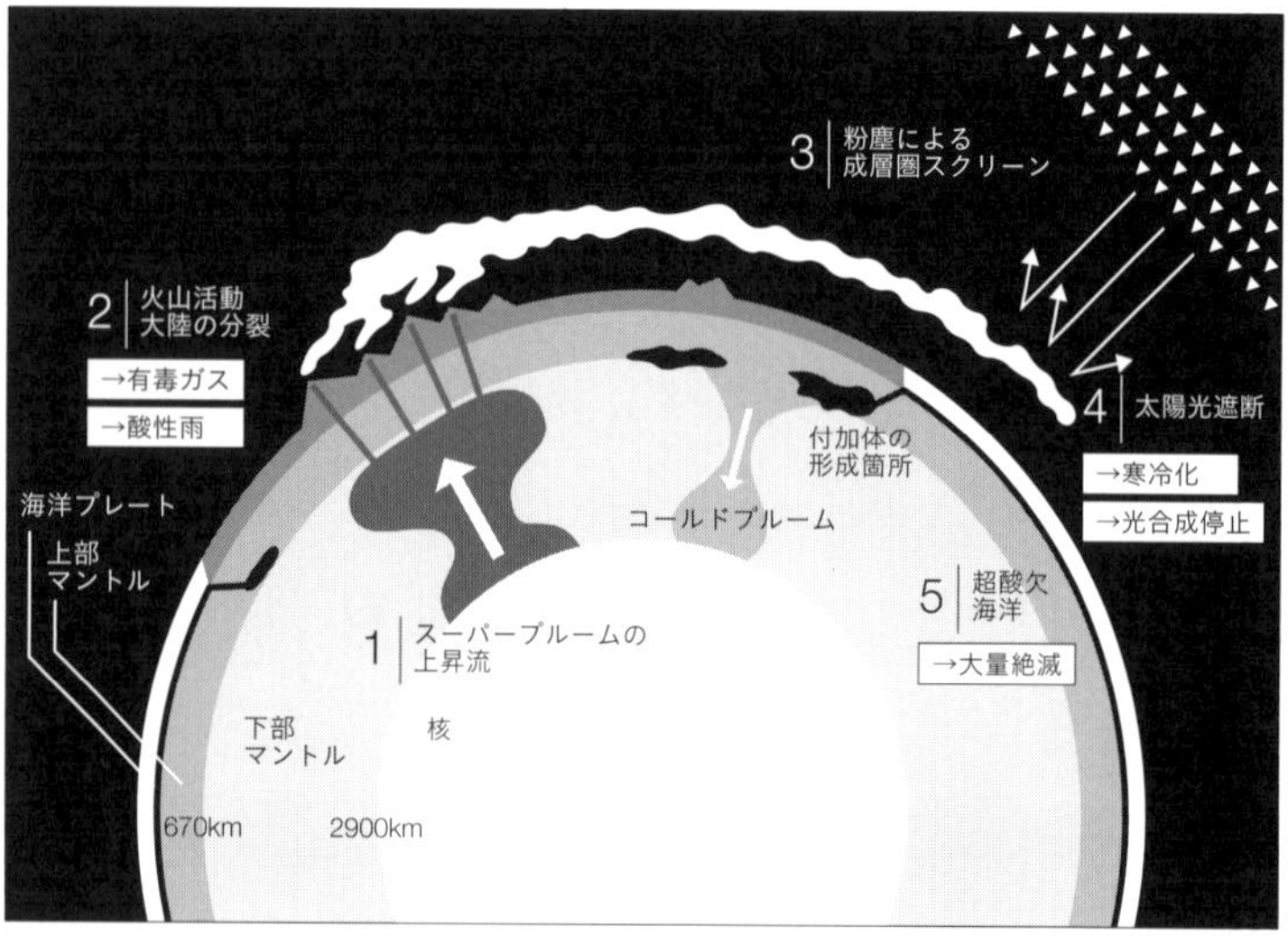

図2　P/T境界：地殻イベントと大量絶滅の関係

出典：『生命誌』2005年春号、JT生命誌研究館、磯崎行雄「大量絶滅　生物進化の加速装置」、図4より作成　https://www.brh.co.jp/publication/journal/044/research_11.html

ピンチをチャンスに変えてきた生物

これまで説明してきたのは、地球の変化が生物の存在に与えた影響でした。一方、生物自身が地球に対して変化をもたらすこともちろんあります。

初期の地球は、非常に二酸化炭素濃度の高い惑星でした。酸素はほぼゼロです。それが約22億年前に酸素濃度が急上昇した時期があったとされます。その一要因ですが、光合成を行う微生物が現れたことによって、酸素の割合が増加したことが考えられます。さらに光合成生物が陸上に進出して陸上植物が増えてくると、大気中に酸素が増加してオゾン層が形成され、さらに陸上植物の活動が活発化して酸素濃度が増大してきます。その結果、現在では二酸化炭素濃度はわずか0・04％でしかありません。

実はこの状況は植物にとって、非常に苦しい状況なのです。植物が持つ光合成のための酵素（RubisCO）を調べると、現在のような低濃度のCO_2の環境ではあまり効率よく光合成を行うことができないことが分かります。そこで、低濃度のCO_2の環境や、高温で乾燥した状況でも効率よく光合成が可能な「C4植物」と呼ばれる種（トウモロコシやサトウキビなど）が登場してきました。

つまり、地球の歴史全体から見れば、現在はCO_2濃度が非常に低い時期であるということです。ということは、CO_2が少々増えたところで、地球全体から見れば大きな影響はないが、私たち人間という種にとってみれば大きな影響がある、ということなのです。

では、生物というのは危機に直面した時にどう反応するのか。生物全体を見ると、そういうピンチをチャンスに変えてきたことが分かります。

先ほど、カンブリア大爆発と呼ばれる生物の多様性が一気に増大した時期に触れました。このカンブリア大爆発はなぜ起きたのか。その理由を探ると、このピンチにチャンスを変えるということが見えてきます。

カンブリア大爆発が起きた要因の一つは、酸素濃度の上昇だと考えられています。実際、カンブリア紀以降、酸素濃度は上昇を続け、それと共に生物種も増加してきました。そして、この酸素濃度の上昇が起こった原因として、地球の「全球凍結（スノーボール・アース）」（図3）が関連しているであろうことを東京大学の田近英一教授らが示しました。

全球凍結とは、ジョセフ・カーシュヴィンク博士が提唱し、ポール・ホフマン博士が検証結果を論文に発表した全地球的現象で、その名の通り太陽活動の影響などで地球全体が氷に覆われてしまう事態です。カンブリア紀とは別に、今から約24・5～20億年前にも地球の酸素濃度が急上昇した「大酸化イベント」と呼ばれる時期があることが知られていました（図4）。田近教授らが解明したのは、これらの大酸化イベントは全球凍結とそこからの脱出による地球の変化がもたらしたものであるということでした。

大酸化や全球凍結というイベントは、生物にとっては絶滅につながる非常に厳しい状況です。

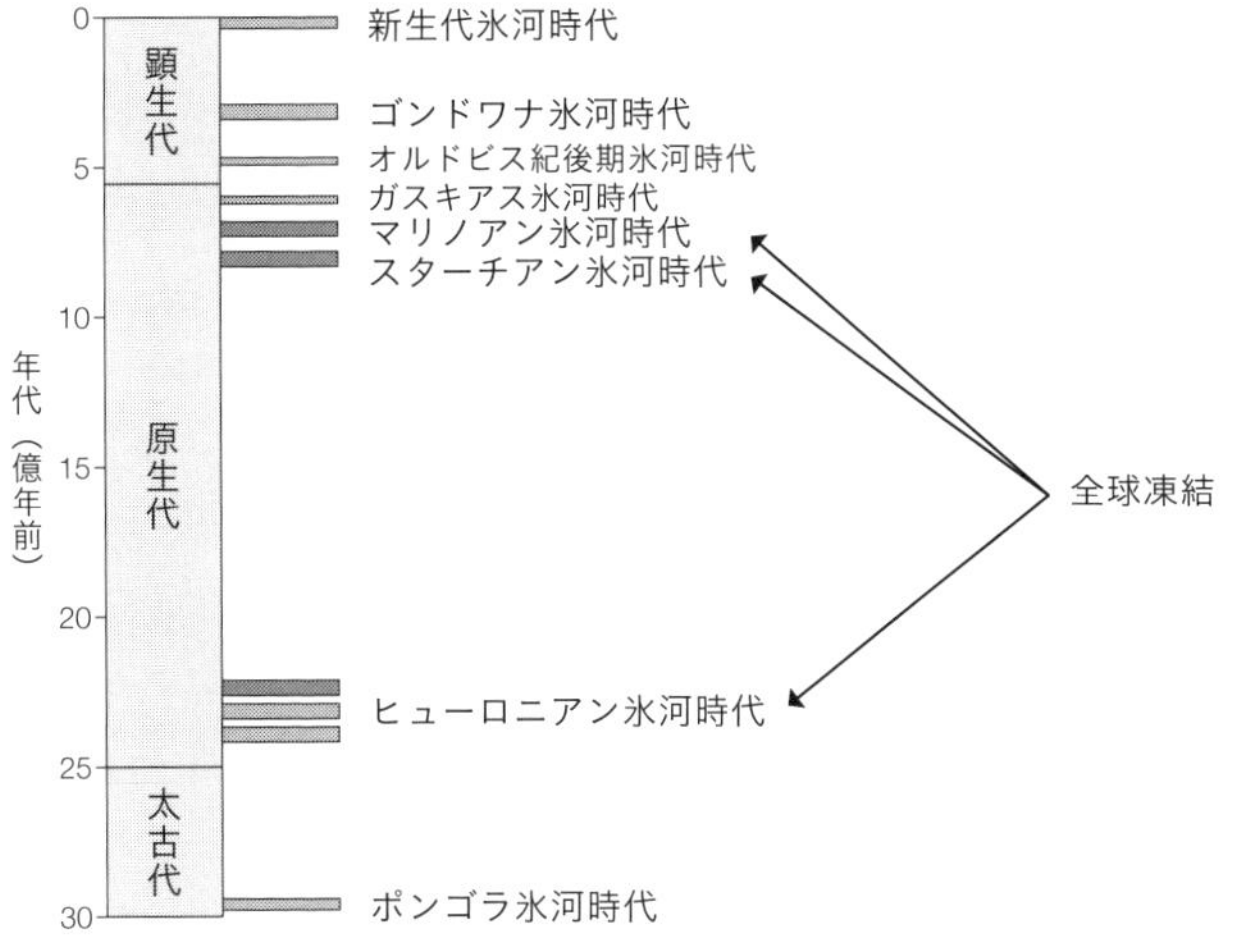

図3　全球凍結 (地球全体が凍結)

出典：田近英一「全球凍結と生物進化」(2007)　地学雑誌、116(1)、79-94、図1
https://park.itc.u-tokyo.ac.jp/tajika/wpcontent/uploads/2014/05/Tajika-2007-JG.pdf

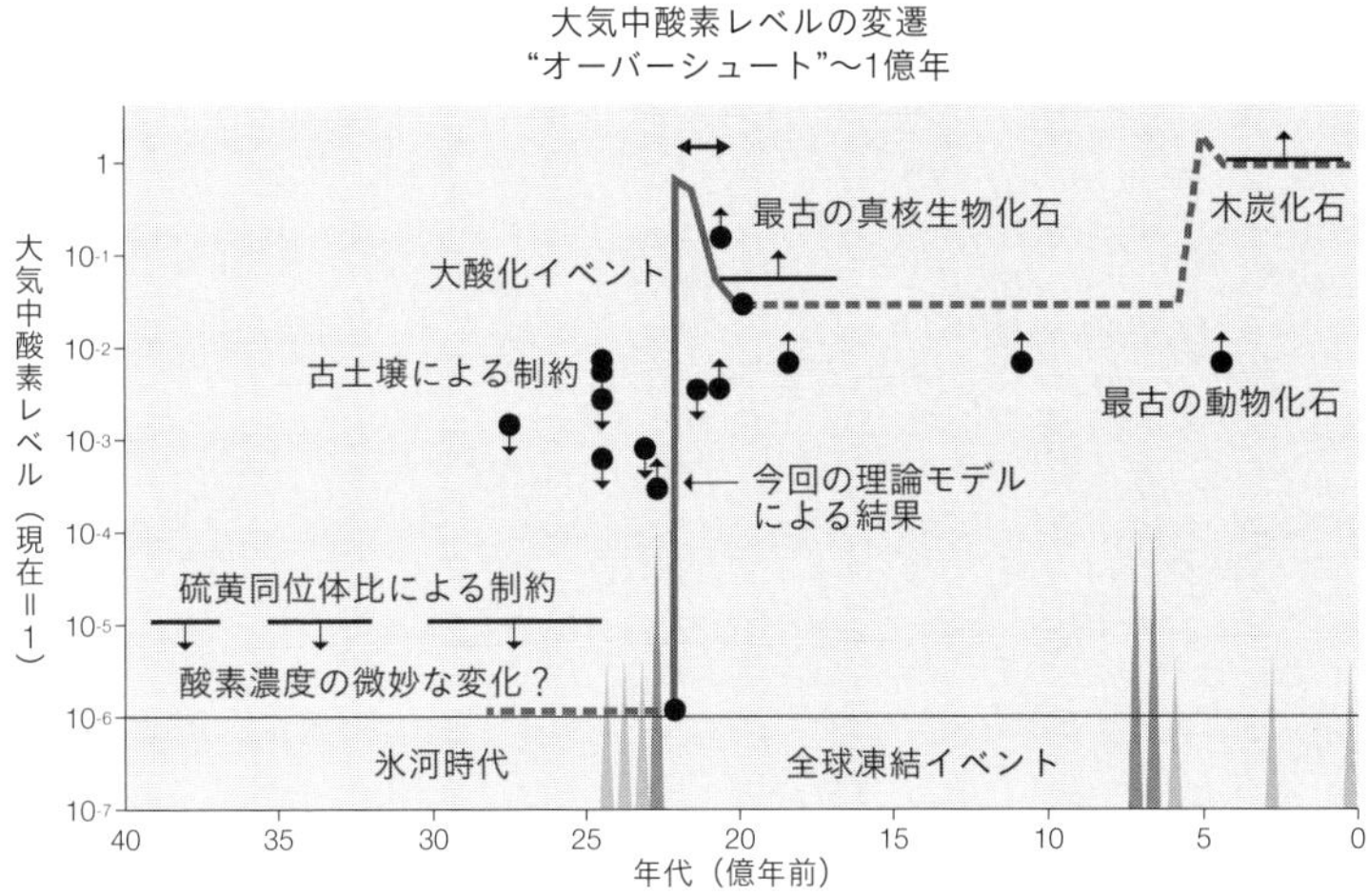

図4　大酸化イベント

出典：田近英一他「大気中の酸素は全球凍結イベントによってもたらされた!?」プレスリリース、図1
https://www.s.u-tokyo.ac.jp/ja/press/2015/13.html

しかし、そうした時期を経てむしろ生物種は増加していることが分かっているのです。

生物がピンチをチャンスに変えることができた秘訣は、その多様性にあります。

例えばある生物の集団がいたとします（図5）。これが全員均一な遺伝的特徴を持っていたとします。その特徴は現在の環境に最適化されています。将来的に環境が全く変わらないとすれば、この集団は増殖を続けていくことができますが、環境が変わってしまえば全滅してしまうことになるでしょう。

一方、遺伝的に多様性を持った集団の場合、環境が変わらなければ単一の集団よりも繁栄することは困難になります。他方、環境が変化した場合は、たまたまその環境に適合した一部の変わり者が生き残ることができ、絶滅を免れます。このように多様性こそがピンチを逃れて進化へとつながる原動力として機能しているのです。

こうした生物の環境への適応度を3次元のグラフで表すことができ、それを「適応度地形」と呼びます（図6）。例えば、比較的安定した環境における適応度地形を表したものが左です。ここで頂点になっているところが「種」を意味しています。最初は頂点の数がそこまで多くありませんが、過酷な環境を経験すると複雑な適応度地形を形成し、多数の頂点＝種が現れます（右図）。つまり、ピンチを経ることで種は多様化していくということです。

ダーウィンの進化論は、生物が合目的な進化を経て勝者が生き残るという適者生存に注目が集まりがちですが、進化の重要な原動力はこのような生物自身の持つ多様性やずらしのしくみ

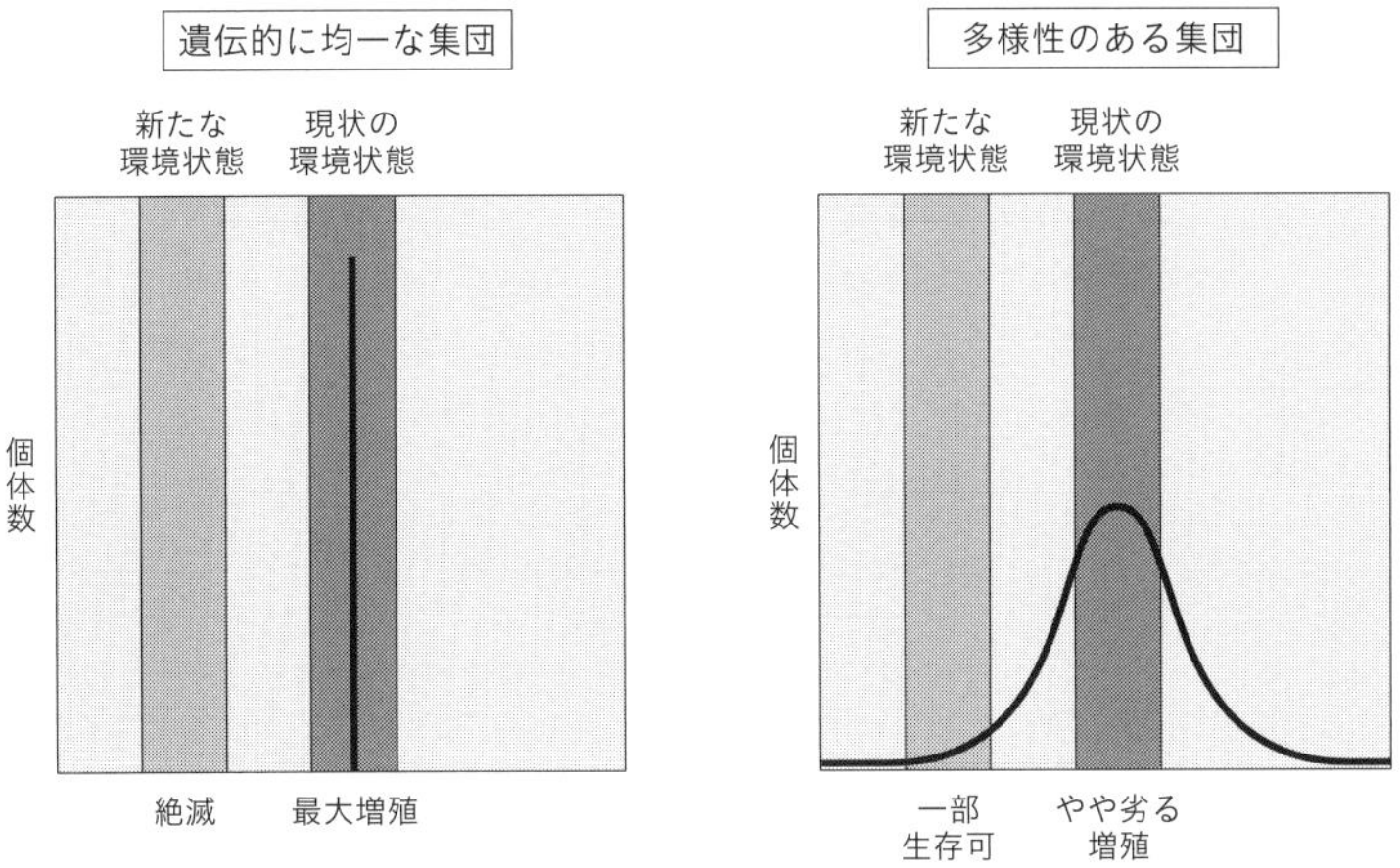

生物は多様性や無駄を意図的につくり出すことで、環境変動に対する「しぶとさ(=一部生存可)」を獲得する。「ピンチ」は想定外に訪れ、準備していたものだけがチャンスにできる。

図5　多様性が生物のピンチを救う

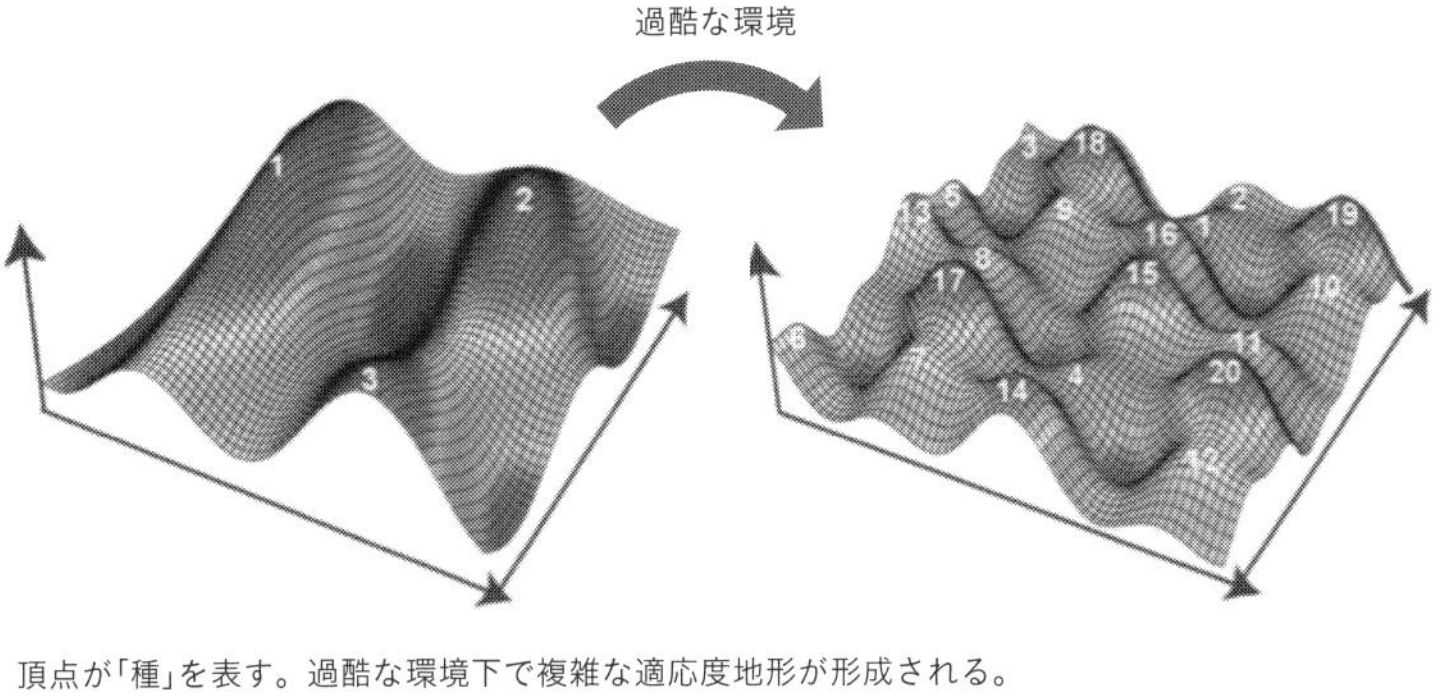

頂点が「種」を表す。過酷な環境下で複雑な適応度地形が形成される。

図6　適応度地形

出典：Charles R. Marshall "Explaining the Cambrian "Explosion" of Animals" (2006)
Annual Review of Earth and Planetary Sciences, Vol 34, Fig. 3
https://websites.pmc.ucsc.edu/~thorne/EART204/Reading/Read_12_Clapham.pdf

なのです。生物は進化の過程で遺伝的な変異が生じ、すなわち遺伝的多様性が生み出されます。その中から環境に適した生物が自然選択されるサイクルが繰り返されることで、進化がもたらされるのです。現在も終息したとはいえない新型コロナウイルスもまた、さまざまな変異を繰り返しながら進化を続けています。

人類は地球にとって「悪」である

地球上の生物の中で、人間の存在をどのように捉えたら良いのでしょう。一口に言って、人間ははるか昔、旧石器時代から生態系に非常に大きな影響を与えてきた存在であると捉えられます。狩猟採集時代には、野生動物を狩り、その場所の獲物が少なくなれば移動することを繰り返す。そのことによってマンモスなど野生陸上動物の絶滅が加速されました。

狩猟だけで生活を維持しにくくなると、人間は農耕を始めました。農耕によって安定的に食料を調達できるようになるとともに、人間は固定した場所に定着するようになり、社会や共同体・国家を構築するようになりました。また、利用価値の高い生物を家畜化しました。一方で人口は増えていき、農地が足りなくなれば彼らはさらに移動して開拓を行いました。この過程で移動してきた人間と土着の人間の間で、戦争も発生するようになります。その土地に合うように植物の品種改良もしていきました。このように人は他の生命体を操作することに長けている生物だということができます。

そして、産業革命によって人口はさらに増大し、エネルギー消費量も増加しました。最初に触れたように、温暖化ガスの放出によって地球環境への影響が加速しています。こうした影響を鑑みて、最近では「人新世（Anthropocene）」という言葉も使われるようになってきました。地球上の生物の歴史を見る上で地質年代という区分があります。現在の地質年代は「新生代・第四紀・完新世」であるとされます。化学者のパウル・クルッツェンと生物学者のユージン・ストーマーらは、人間活動の地球への影響が大きくなった時代を人新世と名付けて区別すべきだと主張したのです。

確かに、特に産業革命以降に地球上のCO_2濃度や一酸化窒素濃度が急激に増加しています。それらは地球の生態系に大きな影響を及ぼしています。地上を見れば、人が生息可能な場所でダメージを受けていないといえる場所はほとんどありません。その結果、多くの生物種が絶滅してきましたし、これからもするだろうと予測されています。

このように、地球上の生命にとって人類は「害」あるいは「悪」そのものなのです。そして、大体の場合において加害者には害を与えているという自覚がないものですが、人間もまた例外ではありません。そして、一番大きな問題はエネルギーや環境変動そのものではなく、人間の活動によって「生命の多様性」が減っている、まさにそのことなのです（図7）。

人類が地球に与えたもう一つの影響は、（人間自体を含む）さまざまな生物を「家畜化（ドメスティケーション)」してきたということです。これは動物だけでなく植物も含みます。例えば、トウモロコシは実の部分が大きく食べるのに都合はいいですが、皮に覆われていて自然のままでは繁殖しにくい形状になっています。これはテオシントという原種を人間が食料として品種改良したからです。同様に、キャベツやブロッコリーなどもすべて野生のカラシナから品種改良されたものです。

犬の種類の多さを考えてみれば分かるように、私たちは動物の姿をとても同じ生き物だとは思えないほどに変えてしまうことができます。例えばダックスフントも昔はそれほど足が短くありませんでした。こうした家畜化によって、地球の生態系は著しい変化を遂げました。具体的には、1万年前、地球上の生物全体のうち1%が人間で、残りの99%は野

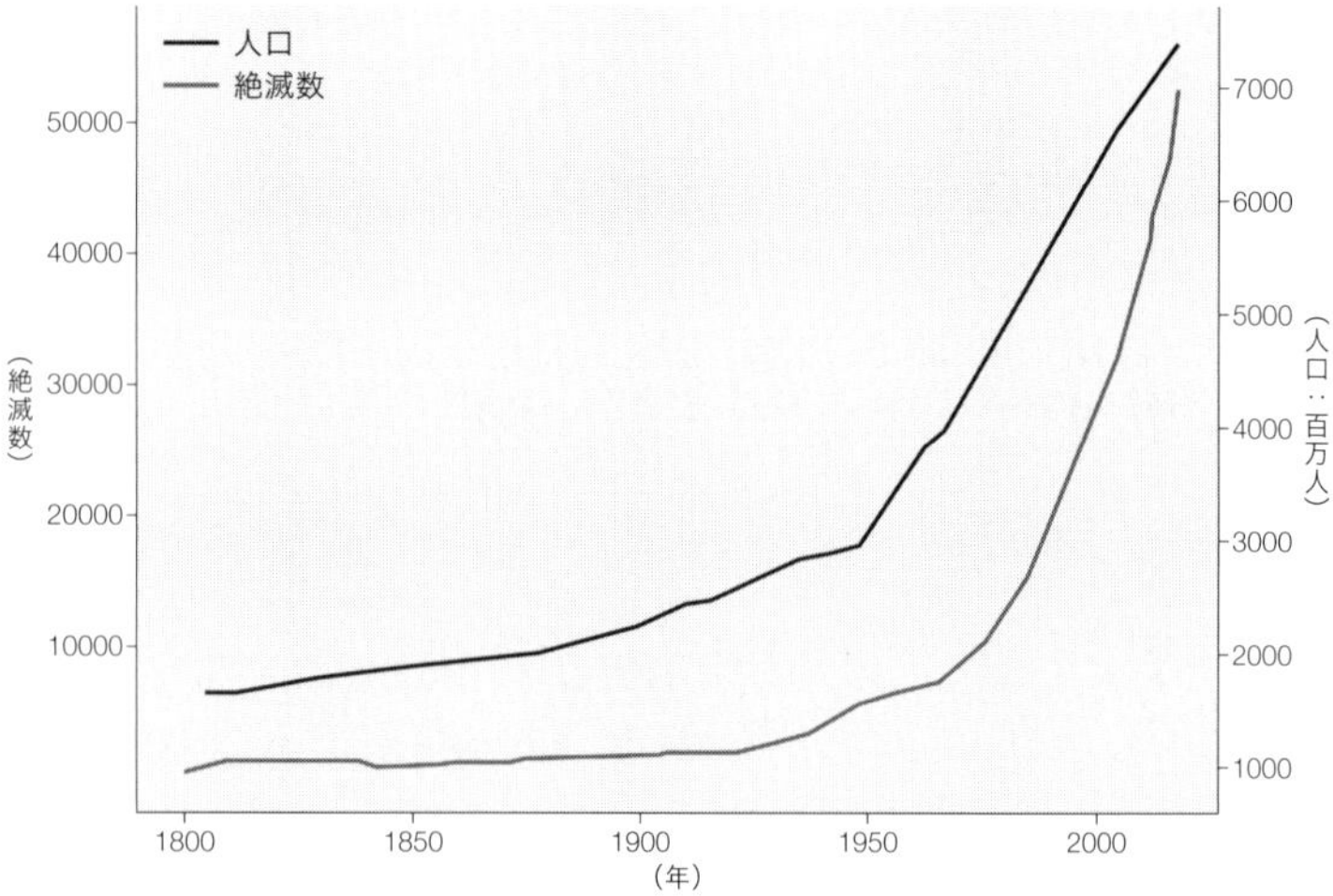

人口増大に伴って生物の絶滅数が加速していることが読み取れる。

図7　人間が生物の多様性を奪っている

出典:Scott, J.M. 2008. *Threats to Biological Diversity: Global, Continental, Local.* U.S. Geological Survey, Idaho Cooperative Fish and Wildlife, Research Unit, University of Idaho.

生動物でした。ところが今日、人間は32%、67%が人間と関係のある家畜、そして野生動物は残りの1%でしかありません。生物の多様性を考えた時、このことの影響は非常に大きいと考えられます。

人間の移動（モビリティ）が与えた影響

この人新世がこの先どうなっていくのか。重要な観点の一つが「移動（モビリティ）」です。人間は古くから移動をしながら暮らしてきました。原始時代にもマンモスがいなくなれば、移動して大陸を渡っていきます。

農耕革命が到来し、土地に定着する人が増えますが、土地の所有は地域社会や社会分業・階層の形成や、新たな地域の開拓へとつながります。さらには侵略や戦争を引き起こしました。大航海時代になると、船を使って西欧世界とそれ以外がつながることになりました。そして、産業革命やモビリティ革命によって、世界的な移動範囲の拡大が引き起こされます。

原始時代の人間の移動経路はミトコンドリアDNAを調べることで推定できます。よく知られるように、人間はアフリカ大陸から出発して、世界中に広がりました。人間の偉大なところは、移動手段が限られていた時代であっても、海を越えてオーストラリアやアメリカ大陸に移動しているところです。

大航海時代になると、コロンブスがキューバやカリブ海の島へ到達するなど、船による人の大量移動が始まります。それによって、人間だけでなく動物も大陸を越えて移動することになりました。

私たちの研究室と国立遺伝学研究所の城石名誉教授らの共同研究で、ネズミがどのように世界を移動したのか示唆する解析結果を得ています。詳細は省きますが、PRDM9と呼ばれる遺伝子があり、この遺伝子には非常に高速に進化する領域があります。この領域を調べると、分子時計のようにネズミの移動を追跡できます。世界中に棲息《せいそく》しているネズミについて、このPRDM9を調べるとネズミがどのように広まっていったかが分かるわけです（図8）。

その結果、ネズミはユーラシア大陸のメソ

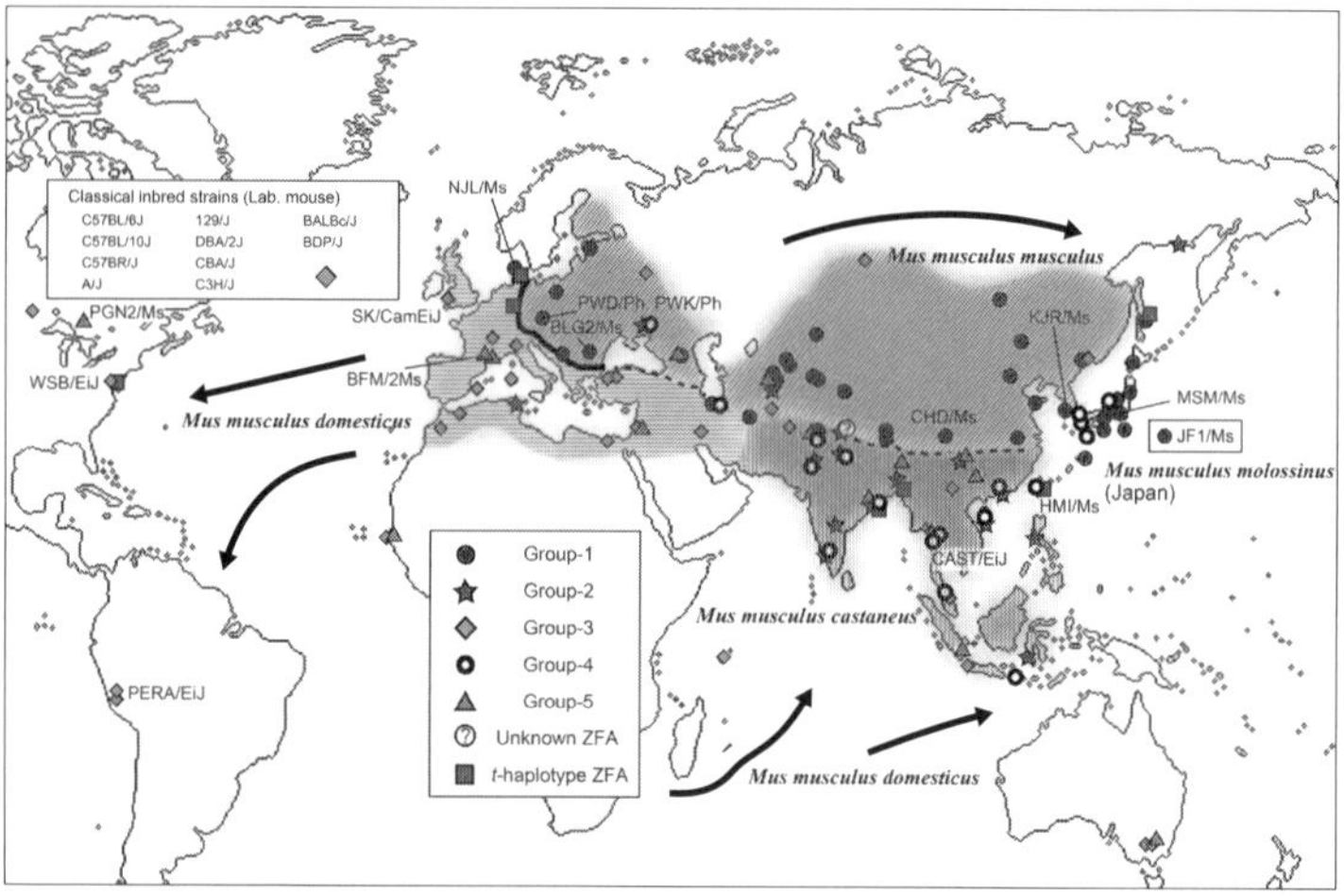

PRDM9という遺伝子を調べることにより、ネズミの棲息地の広がりを追跡。
その動きは、大航海時代における人間の移動と深く関係していると推測される。

図8　ネズミの移動と大航海時代の関係

出典：Hiromitsu Kono, Kunihiro Ohta et al, "Prdm9 Polymorphism Unveils Mouse Evolutionary Tracks" DNA Research, Vol. 21, Issue 3, (2014)
https://academic.oup.com/dnaresearch/article/21/3/315/394421?login=true

ポタミア周辺を出発点として、そこからアジアへと広まっていったことや、アメリカ大陸にはもともとネズミはおらず、ニューヨークやボストンのあたりへイギリスのネズミが入ってきたということが分かりました。ペルーなど南アメリカにいるネズミは、スペイン由来と思われるPRDM9を持っています。つまり、大航海時代の人の動きによって連れてこられたことが示唆されます。

さらに興味深いのは、ロシアのウラジオストクのネズミは、ユーラシア大陸を飛び越えて、ヨーロッパ型のネズミが見られました。すなわち、ウラジオストクのネズミの少なくとも一部はシベリア鉄道で欧州から運ばれてきたことが推測されるわけです。このように、船や鉄道といった新しい移動手段の誕生によって、人間だけでなく動物も移動して、地球上の生態系が変化しているのです。

最近は外来種の問題が指摘されるようにもなりましたが、交通量や輸送量の増加は世界中の生き物の往来を必然的に増やしていくことになります。すると何が起きるのでしょうか。生き物はそれぞれ病原体を持っていますから、その移動は病原体の伝播《でんぱ》をも意味します。例えば天然痘や麻疹は南米大陸にはありませんでした。それが1500年代にスペイン人がやってきたことによって入り込んできました。アステカ帝国やインカ帝国の人々は免疫を持っていなかったので、人口の9割近くが死亡したとされています。北アメリカにおいても、ネイティブアメリカンの間に天然痘が流行し、多くの人が亡くなりました。一方、梅毒は逆にアメリカ大陸からヨーロッパへ伝えられたという説があります。

中世ヨーロッパに広まって甚大な被害を与えたペストは、元々中国の雲南省や中央アジアで広まっていた仮性結核菌が変異して、ネズミを宿主としてシルクロードを介して拡大していったとされています。スペイン風邪と呼ばれたインフルエンザの流行も、第一次大戦における米国軍の移動に伴って欧州に伝わったとされます。

私たちは、現在ＳＡＲＳや新型コロナウイルス（COVID-19／SARS-CoV-2）の蔓延に悩まされていますが、これらは人間のモビリティ革命によって起こるべくして起こっているのです。過去の歴史を見れば、これらのウイルスも風土病の一つとして捉えられるようになっていくでしょうし、今後も新たな病原菌の流行は何度も起こり得ると思っていたほうがよいでしょう。

ちなみに、大きなモビリティ革命を起こした産業革命とは、エネルギー革命でもあります。産業革命をもたらした蒸気機関は、熱を運動エネルギーに変換するという革命的転換だったわけです。さらに、電気のエネルギーを電磁誘導を駆動力に変換して利用することができるようになり、アインシュタインの一般相対性理論（$E=mc^2$）から原子力の技術が生まれました。

ところで、では人間の使っているエネルギーはどれくらいの量になるのでしょうか。ユヴァル・ノア・ハラリの『サピエンス全史』は、日本でもベストセラーになりました。ハラリによれば地球上に降り注ぐ太陽光をすべてエネルギーとして換算すると、年間３７６万エクサジュールだそうです。ちなみに、１ジュールは１００グラムを１メートル持ち上げるのに必要なエネルギー量であり、1エクサジュールは10の18乗ジュールとなります。

その太陽エネルギーのうちの3000エクサジュールを植物が光合成に利用しています。では、人間が利用しているエネルギーがどれくらいかというと500エクサジュール程度だと推定されています。つまり、太陽エネルギーに比べれば人間の使用しているエネルギー量は微々たるものである、というのは事実だということです。

このことでGXへの努力が意味がないと主張したいわけではありません。ただ、太陽エネルギーの変動のほうが格段に影響が大きいということは間違いないということです。例えば、太陽エネルギーが何らかの理由で0・013%変動すると、全人間活動に相当する分のエネルギーが地球上で変化してしまいます。

若干SFのような話になりますが、人類が今後取り得る地球温暖化への対処法としてどのようなものが考えられるでしょうか。例えば、地球に到達する太陽エネルギーを遮蔽《しゃへい》や反射などで制御して、気候変動を抑えるという可能性も排除できません。あるいはCO_2を固定化して地面に封じ込める(CCS)こともできるかもしれない。もしくは、火星など地球外へ移住する人が現れるかもしれませんし、人口増加を抑制するということも考えられます。実は、この人口抑制はすでに(結果的に)アジアの国々では現在進行形になっているといえます。

30年後の「良いシナリオ」と「悪いシナリオ」

ここで、30年後の地球がどのようになっているか、その可能性を考えてみます。その前に少し言及したいのは、ネットワーク的な人間と地球環境の関係性です。生物というのは多様なノード（結節・頂点）を持つ動的ネットワークであると捉えることができます。生物は自分単独で存在しているのではなく、他者とのつながりの中で初めて自己が形作られていくような存在であるのです（図9）。こうしたネットワークにおいては、ノードが多様にあればあるほど、環境の変化に対してロバスト（頑強）となる性質を持っています。こうしたネットワークの例がインターネットです。

このことは、人間について考えようとする

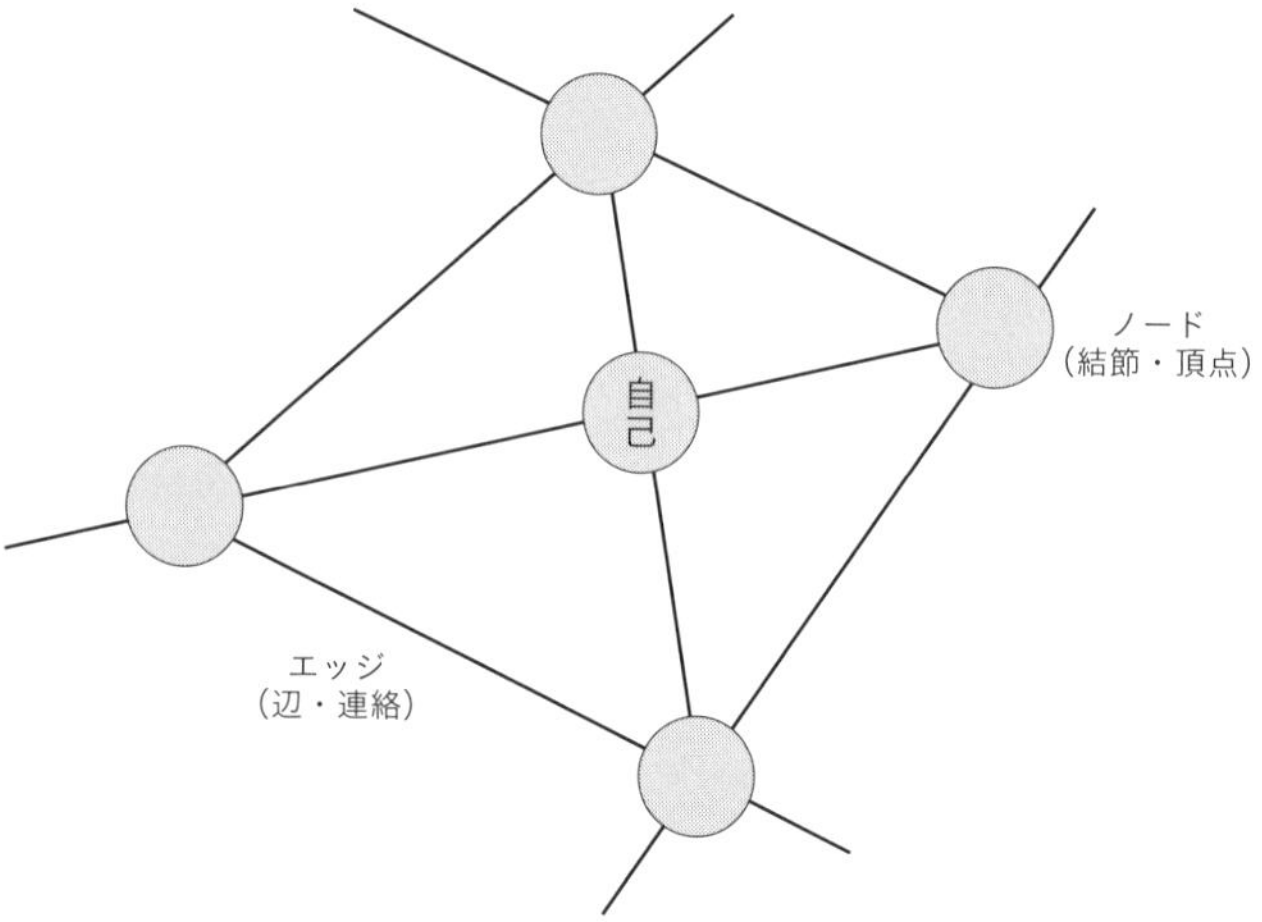

生物を動的ネットワークとして捉えると、「他者」があってはじめて「自己」があることになる。

図9　ネットワーク的な生命の姿

時に、人間だけを考えていてはいけないということを示しています。ネットワークのエッジ（辺・連絡）は多種・多層的で、環境変動に応答して、時々刻々と動的に変化しています。ですから、人間を考える時には必然的に他の生命や地球全体を考えていかなければなりません。そして、人間の未来を考えるに当たって、多様性を守り、変化に対してプロアクティブ（事前）に対応していくということが求められているのだと思います。

ではこのようなことを念頭に置いて、30年後の世界について「良いシナリオ」と「悪いシナリオ」を出してみましょう。

■30年後の地球上の生命と人類（悪いシナリオ）

・野生動植物が減り、栽培品種・家畜・害獣・害虫など、人間と関係のある生き物だけが繁栄→【地球の家畜化】が進行
・環境変動に耐えられるだけの生物多様性が枯渇
・知らないうちに危機が深刻化し、回復限界点を超える（ゆでガエル状態）
・生態系の貧弱化で地球環境の変動度が増大し、これまでなかったような大量絶滅が起きる

【負の連鎖の加速】

・野生動物由来の新興感染症がたびたび人類を襲う
・人類としては繁殖力が低下し、徐々に人口減少へ

・少子高齢化が全世界的に進み、社会の変化が起きにくくなる
・若手が減少して余力が失われ、環境変化に対応しにくくなる

■30年後の地球上の生命と人類（良いシナリオ）

・人類が自らの行いを悔い改め、環境破壊を止める
・人類社会が環境破壊から積極的な環境保全・回復の方向に転換→地球生命の自己修復能力で回復が始まる（相当な時間が掛かる）
・従来的な右肩上がりを前提とする旧型資本主義だけでは厳しい
「持続可能な生産と消費のシステム」の構築は必須
・自然と共生し、持続を目指す「東洋的思想」が重要になる
・人口減少、少子高齢化、環境との共存を前提として、成立するパラダイムや社会を作り出せるか？

「悪いシナリオ」から見ていくと、結局いちばん大きな問題は、人間と関係のある生物だけが地球上で繁栄することになり、多様性が減ってしまうことです。そのような状況下では、環境の変動に対して耐性を有するレベルの多様性は失われていると考えるべきです。

今、私たちはまるで「ゆでガエル」と同じような状況にいます。すなわち、気づかないうち

に危機が進行しており、気づいた時には回復限界点を超えてしまっているということになりかねないわけです。

もう一つ大きな問題は、人類の繁殖力が低下しているということです。日本だけでなく世界的に少子高齢化は進んでいます。また、精子の活動能力が低下するなど生殖能力も落ちているという現状があります。世界全体で普遍的にその傾向があるのです。

これらの問題に対して手遅れになる前に、人間は積極的に介入する必要がある。その介入ができた場合というのが「良いシナリオ」になります。人類が〝悔い改め〟積極的に環境保全を進めれば、地球の生命体には自己修復能力があるので、回復することは可能です。ただし、それには相当長い時間が掛かることは覚悟しておかなければなりません。

西洋的な旧来の資本主義を続けていくことが無理なことは、誰もが気づいていることです。自然と共生して持続的な社会を作るということを考えた時、私たちにとって身近な東洋的思想は見直すべきものだと思われます。このような考え方に立って、新しいパラダイムや社会を作ることができるか。今はその瀬戸際に立っていると言っても過言ではありません。

参照できる事例の一つが、日本の江戸時代です。関ケ原の戦いがあった1600年頃から日本の人口は急増し、江戸時代中期の1700年代前半には3100万人を超えたとされます。ところがそこから150年弱は小氷河期と重なったことなどもあり人口は停滞します。明治維新のあった1868年頃は3300万人程度でした。

では、この人口低迷時期は暗黒時代だったかといえば、必ずしもそうとは言えません。握り鮨や蕎麦などのいわゆる日本文化の原型や各地の特産品が発展したのは、この時期でした。また、人口増加に伴う自然破壊にも自覚的で、幕府は１６６６年に「諸国山川掟《しょこくさんせんおきて》」を出して上流部の森林伐採を制限したり、それ以外にも「留山《とめやま》」と呼ばれる入山・伐採制限や「輪伐《りんばつ》」と呼ばれる計画伐採などの施策が進められたりしました。そのようにして各地で里山が形成されていきました。

また、こういう停滞期にはビジネスの側面が発達します。今でいうリサイクルや古着の文化や鋳《い》掛《かけ》屋などによるリユースの事業が発達します。彼らは行商をして、各国の家を回りました。江戸時代後期に日本にやってきた外国人は、すべての商取引が家の中でできることに驚いたといいますが、もしかしたらそれはアマゾンやウーバーイーツなどの原型といえるかもしれません。

以上、生物の多様性という観点から、今後の人類社会について想像を巡らせてみました。私たちは叡《えい》智《ち》を活かして危機を乗り越えて行くべきです。そのために、自然科学や歴史、社会科学などを幅広く学び、人間の存在について本質的な理解を深めることがとても重要であると思います。以上です。

質疑応答からの抜粋

（質問）未だに見つかっていない生物種が多いといいますが、それでも種数は激減しているのでしょうか。また、ツバメは人家に巣を作りますが、家畜なのでしょうか？

（回答）最初の質問ですが、見つかってるのは15％しかいませんから、残りの85％は頑張って探せば見つけられるわけですけども、総体は減ってしまっているということですね。その絶滅種の数の速度が最大の絶滅期のP／T境界の減り方よりも激しいという論文も出ていて、地球上の生命にとっては相当危機的な状況が今、起こってるということです。生物多様性の現象は将来とても悪い影響をもたらすのではと考えています。

ツバメの話ですが、私たちの周辺にいる生き物は多分ある程度家畜化されてるんです。例えばスズメなども人間にある程度依存してる生物です。ツバメも人間の生活域に巣を作った方が天敵から守られるため子育てがしやすく、人間社会にだんだん適応して今のような行動パターンが定着したのではないかと考えられます。もちろん人間が絶滅したりして、元来の野生の状況に戻れば、これらの生物はそれなりに生活するとは思います。しかし、人間の生活があまりにも地球上で一般的・支配的になってしまい、生物としては人間社会とうまく一緒にやっていけるタイプのものだけが適応進化で増えてきてしまっているのだろうと考えます。

ですので、私たちが日常的に考えている「自然」の多くも、実は相当に人間の影響を受けていると考えるべきです。例えば日本の山は植林による人工林が主流になっています。スギを植林しまくったおかげで、皆さんスギ花粉症で困っているのですが、もともと日本の原始林というのはスギ林とは異なる広葉樹などの植生を持っていた場所が多いのです。ですから、我々が自然と考えている存在自体、本当の自然なのか分からないということですね。

〈質問〉先進国では人口減少傾向ですが、発展途上国では人口増大が顕著です。このことをどう捉えていますか。

〈回答〉ご指摘の通り、先進国で人口が減っており、発展途上国で増えています。したがって、発展途上国に属する人間がやがて地球上の大勢を占めることになります。これらの人々が先進国のような生活環境を望めば、発展途上国の人々の生活水準も一気に上がってくるでしょう。これは地球環境に相当なインパクトを与えるだろうと推測できます。かといって、先進国の人間が発展途上国の人間に生活水準を上げるのをやめてくれとは言えないので、将来的に悩ましい問題が生じる可能性がある、というかすでに生じているのではないかと考えています。

ただ、発展途上国の人口増加は、マルサスの人口論ではないですが、最終的には食糧供給量という制約条件があり、食糧が増えなければ多分それ以上増えようがないわけです。今後食糧をこれ以上増やせないという限界が来れば、おのずと人口の上限が決まり、そこで増加も止まるのだろうと思います。ただし、そのような状況下では、資源配分の最適化が必要になってきますので、先進国の人々の食生活を貧しくして、発展途上国の人たちに回すかといったところまで議論が出てくる可能性があります。

（質問）人類のマインドセットの変更は、どうやって実現するのでしょうか。

（回答）人類にとっての「幸せ」というものを、今一度定義し直す必要がある気がしています。幸福って何なのかという話ですが、これには面白いたとえ話があります。メキシコの漁村で魚釣りをやってる老人がいました。そこにバカンスを楽しんでいるアメリカのビジネススクールを出たビジネスマンがやってきてこう言うのです、「俺なら、大きな船を何台も買って大量に魚を捕まえ、株式会社を作り、その企業の株を上場してさらに資本拡大する。それによって利潤ができたら、その株式を売却し、その資金を使ってカリブの島で1人でのんびりと魚を釣るよ」そうしたら、そのおじいさんは「それは今の俺の生活と何が違うんだ」と答えたという話です。

先ほども話しましたが、江戸時代の生活が不幸だったかというと、そうでもなかったんじゃないかなと考えています。世界的に本当のwell-beingについて見直しがされれば、持続可能な方向性が見えてくるのかも知れないと期待できます。ただ、今の市場原理主義、資本主義というものは、企業が成長しなければ株価が上がりませんから、そんな生ぬるいことが許されるかどうか分かりません。その反面、社会的な影響も資本主義に組み込むべしという流れがＥＳＧ

投資なんかに出てきています。幸福度や人類のwell-beingに貢献する会社に投資が集まるようにするという考え方は一つの手かなと思います。

（質問）人類移動による外来種の侵入は、むしろ生物多様性増大につながるのではないでしょうか。

（回答）生物の多様性には、棲息地やニッチという概念があります。砂漠とか極限環境など、局所的な隙間みたいな棲息域には、特殊な生物が棲息しています。また、隔離という概念があります。例えばオーストラリアだけに有袋類がいます。オーストラリア大陸が大陸移動で分離した際に孤立し、そのまま独自に進化したと考えられます。有袋類やオーストラリアの固有種は、外来の動物や人間が入ってくると、簡単に絶滅します。オーストラリアの先住民は在来種と共存していたのですが、入植者が乱獲をはじめたり、犬などを連れてきたりして、固有種がどんどん絶滅しはじめました。隔離によりその地独自の固有種がいるのに、世界中の交通が発達して人間と一緒に外来種がやってくると、固有種が絶滅してしまいます。そうすると、結果的には世界的な生態系は多様化するのではなく、均一化する方向に動くと解釈できます。

（質問）積極的環境保全の注意点は？

（回答）これは非常に重要なポイントだと思います。何でも積極的にやればいいっていうものではなく、もともとあった自然の姿に学ぶことが第一だと思います。勝手に違う種を持ってきて、そこに移植すればいいというものではありません。私の住んでいるマンションでも、元来雑木林があったんですけど、マンション建設時にその植生を調べて、建築後にその植生にしたがって樹を植え直したりしています。そうした調査に基づいて環境保全を行わないと定着もしないし、結果的には環境破壊になってしまいますので、そこはすごく大事だなと思ってます。

（質問）ニヒリズムを越えて、どのように未来像を構築すればよいのでしょうか。

（回答）夢のない話ばかり議論してニヒリズムに行き着き、厭世的な終末思想になっては意味がないと思います。人間をネットワーク的な存在として再認識したうえで、そこから一度新しい価値観を再構築し、人間の新たな幸福のサイクルの姿を描きだしていくことが大事ではないかと考えます。そういう文脈では、人間の本質の理解を指向する歴史研究や思想研究、あるいは文学や社会、経済などの人文社会科学の研究がとても重要です。今まさに、人文社会科学の研究というのは極めて重要性を増しているのです。私が話したような科学的な研究の成果と、人文社会科学の知見を統合し、新しい学問の体系を作り上げていく必要があると考えています。

□参考文献

ユヴァル・ノア・ハラリ『サピエンス全史（上・下）』、柴田裕之訳、河出書房新社、2016年

小川（西秋）葉子、是永論、太田邦史編『モビリティーズのまなざし』、丸善出版、2020年
太田邦史『「生命多元性原理」入門』、講談社選書メチエ、2018年

第10講

未来社会２０５０——学問を問う

佐藤麻貴

さとう・まき
慶應義塾大学環境情報学部卒業。慶應義塾大学大学院政策・メディア修士。東京大学大学院総合文化研究科修了。博士（グローバル研究）。専門は環境哲学。東京大学東アジア藝文書院特任准教授を経て、２０２２年よりThe New Instituteフェロー。分担著に『環境倫理学』（昭和堂、２０２０年）、『フューチャー・デザインと哲学』（勁草書房、２０２１年）、分担訳に『子どものための哲学教育ハンドブック』（東京大学出版会、２０２０年）、『環境正義』（勁草書房、２０２２年）など。

未来予測は「誰」がするのか

今回の一連の講義のテーマは「30年後の世界へ――学問とその〝悪〟について」ということですが、何をお話ししようかと考えて、「未来社会２０５０――学問を問う」というテーマを掲げました。

未来を考えるためには、私たちは未来がどうなっていくのかをイメージする、すなわち「未来予測」ということをします。未来予測にはいくつかの方法がありますが、具体例として温暖化の問題や高齢化の問題を参照しつつ、未来予測について考察してみたいと思います。

未来予測をする際、学問はツールとして用いられ、現実社会に接続されます。そうした未来予測について、何が問題になるのか。そして、人間の想像力がそこにどのように関わってくるのか、ということを皆さんと一緒に考えていきます。つまり、本授業を通して、30年後という未来を考える際に学問には何ができるか、というその可能性と希望について問うてみたいと思います。もちろん、学問には学問的アプローチの限界があるとはいえ、その可能性を捉えてみたいのです。

個人的なことになりますが、私は「人に歴史あり」という言葉が非常に好きです。これから大学で学ばれる方も、社会人の方であっても、それぞれが生まれてから今日に至るまで歩まれてきた個々人の「人生の歴史」をもって物事に対峙《たいじ》していくものだと思います。言い換えますと、現在の私が考えていることは、私という個人の歴史（life history）に関係するものであるということになるわけです。皆さんお一人おひとりも、それぞれの生の積み重ね、人生を歩まれてきた歴史の中で培われてこられた知識をもって、意識的、無意識的に物事に対処されていると思います。それぞれが培われてきた経験や得てきた知識は、学問の場にいる、いないにかかわらず、かけがえのないものであると思います。

21世紀は気候変動など、今まで人類が経験したことのないような地球環境の変化にさらされることが予測されています。環境変化は必然的に社会システムや経済システムにも何らかの影響を与えていくと予想されています。こうした未知の大きな変化を前にしている私たちは、互いに互いの歴史から学び合うことで、新たな智慧を紡ぎ出していかなくてはなりません。そういう意味において、学問の場は、一つの共通の視座を提示するプラットフォームとして機能しているとも言えます。

学問の場から、未来を考えるわけですから、まずは時間の概念を整理しておきましょう。時間の概念というのは、実は必ずしも単線的なものではありません。歴史という言葉はドイツ語ではゲシヒテ（geschichte）やヒストリア（historia）という言葉で表されます。ゲシヒテは「何年にどういう出来事があったか」という歴史的事実を示すものです。それに対し、ヒストリアというのはその出来事を私たちがどう解釈するのか、歴史的事実のナラティブまで含んだ意味を持っています。

つまり、私が考える未来というのは必然的に私が生きた自分史としての過去の影響を受けますし、皆さんが考える未来はやはり皆さんお一人おひとりの過去から生まれてきたものであるとも言えるわけです。例えば、コロナ・パンデミックが始まった２０２０年春先から現在に至る同じ時間軸を、私たちは生きてきたわけですが、私たち一人ひとりの生命に着目しますと、その生きてきた同じ時間軸の中にも様々な個人の体験が内包されているわけです。つまり、過去は単数ではなく複数性を内包しているとも言えるわけです。

翻《ひるがえ》すと、過去の複数性の延長である未来にも複数性があるということを容易に想像することができます。未来と向き合うということは、私たち一人ひとりが歩み、培《つちか》ってきた自分の生きた歴史をもって対峙するということでもあります。私の考える「未来」とは、私も含めた皆さん一人ひとりの「歴史」に関するものでもあります。本日の講義では、こうしたことを前提として共に未来を考えていきたいと思っています。

未来を見据えるためには、過去を見返さなければならない

未来とは何かを考えるときに、私がいつも念頭に置いている言葉があります。ＩＰＣＣ（気候変動に関する政府間パネル）の議長をしておられたパチャウリ先生（Dr. Rajendra K. Pachauri, 1940-2020）に、私は二十歳の頃から非常にお世話になりました。彼は、工学と経済学の両分

野で博士号を持つ研究者でしたが、2002年から2015年までの間、二期にわたりIPCCの議長を務め、在任中の2007年にその業績でIPCCとして、当時アメリカ副大統領だったアル・ゴアと共にノーベル平和賞を受賞しています。

そのパチャウリ先生がよく仰っていたのが"you have to look back to think ahead"という言葉です。「未来を見据えるためには、過去を見返さなければならない」という言葉は私にとってのキーワードとなり、その意味を今でも考え続けています。司馬遷《しばせん》の『史記』「太史公自序」の中にも「往事を述べ、来者を思う」という言葉がありますが、これはまさにパチャウリ先生の言葉と同じことです。では、私たちは、これらの言葉をどのように捉えればいいのでしょうか？

時間というものは、過去から現在までがあり、その延長線上に未来があるという考え方が一般的です。いわゆる直線的な時間概念で、そこでは時間は不可逆であり、一方向性を持っていることが強調されます。しかし、時間概念は必ずしも直線的なものだけとは限りません。例えば古代ギリシャではクロノス、カイロス、アイオーンという3つの時間概念が存在しました。それぞれの意味をまとめると次のようになります。

・クロノス（khronos/chronos〔*Χρόνος*〕）：線形で不可逆的時間、機械的で連続した時間概念。
・カイロス（kairos〔*Καιρός*〕）：主観的な、時間の質の概念。出来事の連続性や重なり、速度が変わったり、繰り返したり、逆流したり、止まったりするように感じられる人間の内的な時間概念。

・アイオーン（aion〔Αἰών〕）：起源と終焉《しゅうえん》を持つ時間概念。始まりと終わりの中で培われる、ある一定期間における持続性を示唆する時間概念。

クロノスというのは、今お話ししたような、時計で測られるような直線的な時間概念です。これに対してカイロスは、主観的な時間概念を指します。皆さんも授業を受けていて面白ければあっという間に終わったと感じる一方で、つまらない授業はいつまでも終わらないように長く感じることがあるのではないでしょうか。そしてアイオーンは始まりと終わりを持つ時間概念のことで、代表的なのが私たちの人生です。つまり、時間の意味概念は必ずしも一つではないということです。

こうした時間概念を探求された方に、東大の駒場で社会学を教えられていた見田宗介《むねすけ》先生がいらっしゃいます。彼の『時間の比較社会学』（岩波現代文庫、２００３年、真木悠介名義）という本には様々な時間概念についての図（図１）が掲載されています。

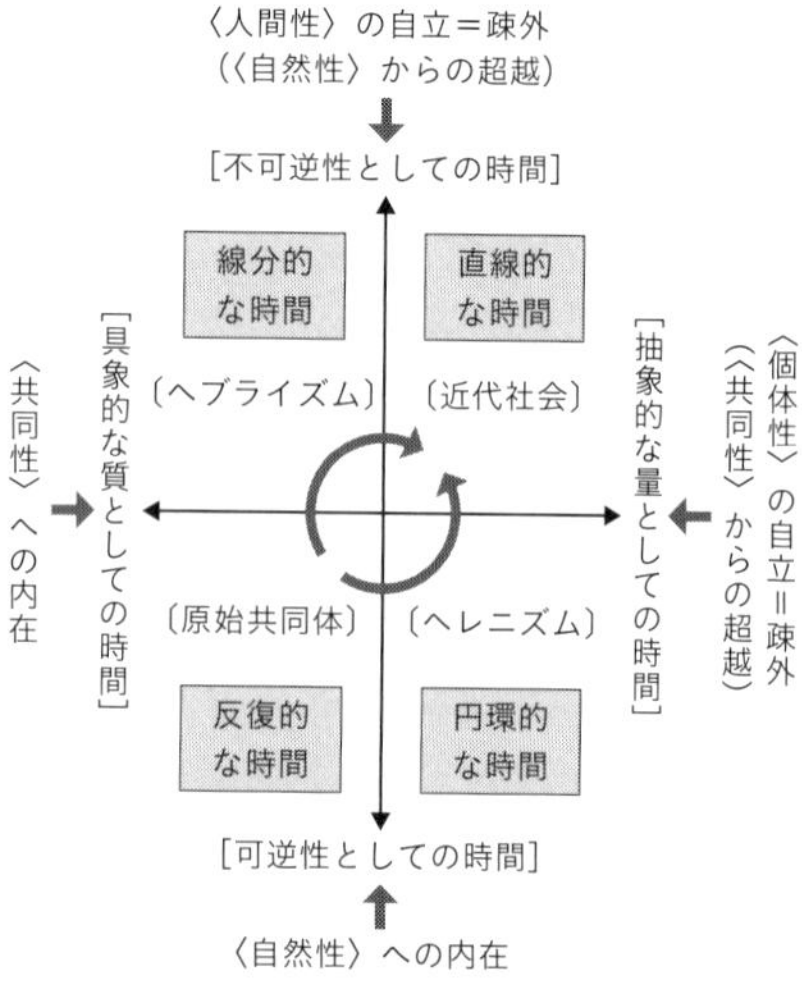

図1　様々な時間概念
出典：真木悠介『時間の比較社会学』157頁

見田先生は時間を、可逆性⇕不可逆性・具象的⇕抽象的という2つの軸で4つの象限に分類しています。図を見ると分かるように、直線的な時間というのは近代社会に特徴的なものであり、ヘブライズムは線分的、ヘレニズムは円環的、原始共同体は反復的な時間というものがそれぞれ特徴としてあったということです。それぞれの細かい概念についてはぜひ本を読んでいただきたいのですが、とりあえずここでは時間概念は一つではなく複数あるものだということを押さえておいていただければと思います。

別の視点から時間の概念を捉えた方に、やはり東大の駒場で教えられていた大森荘蔵《しょうぞう》先生という哲学者がおられます。彼は戦前の東京帝国大学で物理学を学び、卒業後海軍の研究所にいらしたのですが、戦後哲学に転向されます。彼が考えていた哲学というのは、大雑把に申しますと「重ね描き」と「立ち現れ一元論」という二つの言葉に集約されます。近代科学は、物理的な現象を観察者である私たちから分離し、客体化した上で「抜き描き」し、主に数値などによって描写したものであり、そこには日常的な知覚が失われています。大森は物理的な描写に日常性を取り戻すためには、その二つを「重ね描き」すればいいというのです。つまり、科学的な視点がもたらしてしまった主観と客観の二元論を取り払うために、彼が主張したのが「立ち現れ一元論」でした。大森は次のように述べています。

まず、全体の主調は、一括して「表象主義」と呼びたい二元論の仮構を取りこわすことにある。存在と意識、物とその表象、世界自身とその世界「像」、物と心、身体と心、そして認識論的主観と客観、こうした様々な形をとるが実は一つのものに他ならない二元論の打ち消しである。

そこで二元論的な匂いからできるだけ離れたいということから、ものごとの「立ち現われ」、という奇妙で未熟な言葉を使わざるをえなくなった。世界のものごとが、意識とか心とかに「映ずる」のではなく、単にそこにじかに立ち現われる、このことを表現するためである。

（大森荘蔵『物と心』ちくま学芸文庫、2015年、5頁より引用）

では、御紹介した見田と大森の二つの考え方を応用して、時間をどのように描写できるのかということについて、私が書いた論文から引用します。

直線的時間概念の中に、それに重ね描きのように、個々人の経験の繰り返しや、人生という生きられた時間、生きている時間、これから生きる時間、終わりがある時間の連続性の中で、時間とは必ずしも直線的時間概念だけで描写されるのではなく、むしろ直線的時間概念の上に重ね描きされる質的時間――時間の濃度、流れの速さ、日々の繰り返し（ルーティン）の連続、一年を通した季節の移り変わりの繰り返し、農業的時間、神祇・祭礼的時間――直線的連続的時間概念に対し、円環的・回帰的な構造をもった時間概念が重層構造的に重ね描きされる。

（『過去との共生――今は亡きものとの共生き』「市民向け公開シンポジウム：大震災と復興の行方」香港公開大学２０２１年３月より抜粋）

つまり大森によると、見田が分類した複数の時間概念を、私たちは日々の生活の中で重層的、複合的に重ね描きしながら、私たちの知覚に対して直に立ち現れてくる時間を生きているのです。見田は時間概念を分類しましたが、私たちは、分類された時間概念を私たちの日々の生活の時間の中では無意識のうちに矛盾なく統合して生きています。

一方、イタリアのカルロ・ロヴェッリという理論物理学者は、時間について全く新しい見方を主張しています。ロヴェッリはループ量子重力理論というものを提唱しているのですが、そこでは彼の著書のタイトルにもなっているように「時間は存在しない」と主張します。というのも、時間というのは人間の主観でしかないからです。それはどういうことでしょうか。

皆さんは、高校の物理の授業で熱力学の第二法則というものを習ったと思います。いくつかの表現がありますが、熱は高い方から低い方へ移動するが、低い方から高い方へ移動することはないという不可逆性を示したものです。これを別の言葉で言い換えたものが「エントロピー増大の法則」です。エントロピーというのは物質の状態における「乱雑さ」を表すものです。自然界では、このエントロピーは必ず増大して、減少することはないと考えられています。ロヴェッリは、このエントロピーの増大を人間が把握したときに、それが「時間」という概念として捉えられると主張しています。すなわち、時間というものは人間の主観にとってのみ存在するものであって実在するものではない、ということになります。大森は、こうした認識的主観と客観という二元論を打ち消したところに、世界がそこに直に立ち現れてくるのだと論じています。

ここでお話ししたいのは、どの考え方が正しいかということではありません。未来を考えるというときには、これだけ様々な時間概念があるということを念頭において、自分がどのような時間概念を前提として未来を考えようとしているのかに気をつけておく必要があるということです。つまり、様々な時間概念が複合的、重層的に私たちの眼前に展開されているにもかかわらず、未来予測は、見田が提示した時間概念のうち、直線的な時間、抽象的な量としてのみ捉えられるような時間概念だけが強調されているのではないだろうか、という疑いが出てくるのです。

コンピュータは正確に未来を予測するか

未来を考える際には、身近なところで数値予測というものがあります。最近では、新型コロナウイルスの感染者数のシミュレーションなどがニュースで取り上げられています。一般的にはモデルをツールとして用いることによって予測分析をするのですが、これなどは端的に学問

直線的な時間というものが絶対的な前提とされています。しかしながら、モデリング予測においてはと現場の接続点から未来を考える一つの手法です。しかしながら、モデリング予測においては

モデリング予測においては、複数のパラメタに付随する過去データ（過去）を礎に、過去、現在、未来という時点を想定し、それを貫く直線的な時間軸上に、任意の時点（t）が捉えられる。すなわち、現在（t_0）に対し過去は（$t-n$、nは任意の数値）であるわけだし、未来は（$t+n$）として、時間概念は直線的に捉えられる。

（佐藤麻貴「円環と直線の交点――わたしたちは現在をどう引き受けるのか」、『フューチャー・デザインと哲学』勁草書房、2021年、70頁）

さて、この講義のテーマは「30年後の世界へ――学問とその〝悪〟」ということでした。今、未来予測といえば、社会の事象を分析するために、計測し数値化できるものをパラメタとして捉え、モデルを作ってコンピュータ・シミュレーションをするということが行われています。また、コンピュータ性能の向上によって予測の精度は高まっていく、と一般的には考えられています。しかし、こうした未来予測はコンピュータが発展し、何事も数値化可能と考えられている、現在という特異な状況において成立しているに過ぎません。

このような直線的時間軸を大前提とし、かつ数値化可能な指標だけを用いて未来予測をする、

それだけでいいのだろうか。現在の未来予測の手法は何かを見落としているのではないだろうか。というのが、ここでの問いかけです。こうした未来予測には学問の「悪」の側面もあるのではないだろうか。そのことを考えていくために、ここでは例として日本の人口問題を取り上げたいと思います。

日本の人口というと、すでにピークを越えて減少に向かっており、高齢化がますます進んでいるといったことが言われているのは、皆さんご存じの通りです。国立社会保障・人口問題研究所は予測モデルを使って、出生率の減少から人口が減少することを30年前から予測していました。ここに掲げたグラフは２０１５年までが過去の実測値で、それ以降は過去データを基にモデルを作成して未来予測をしています。

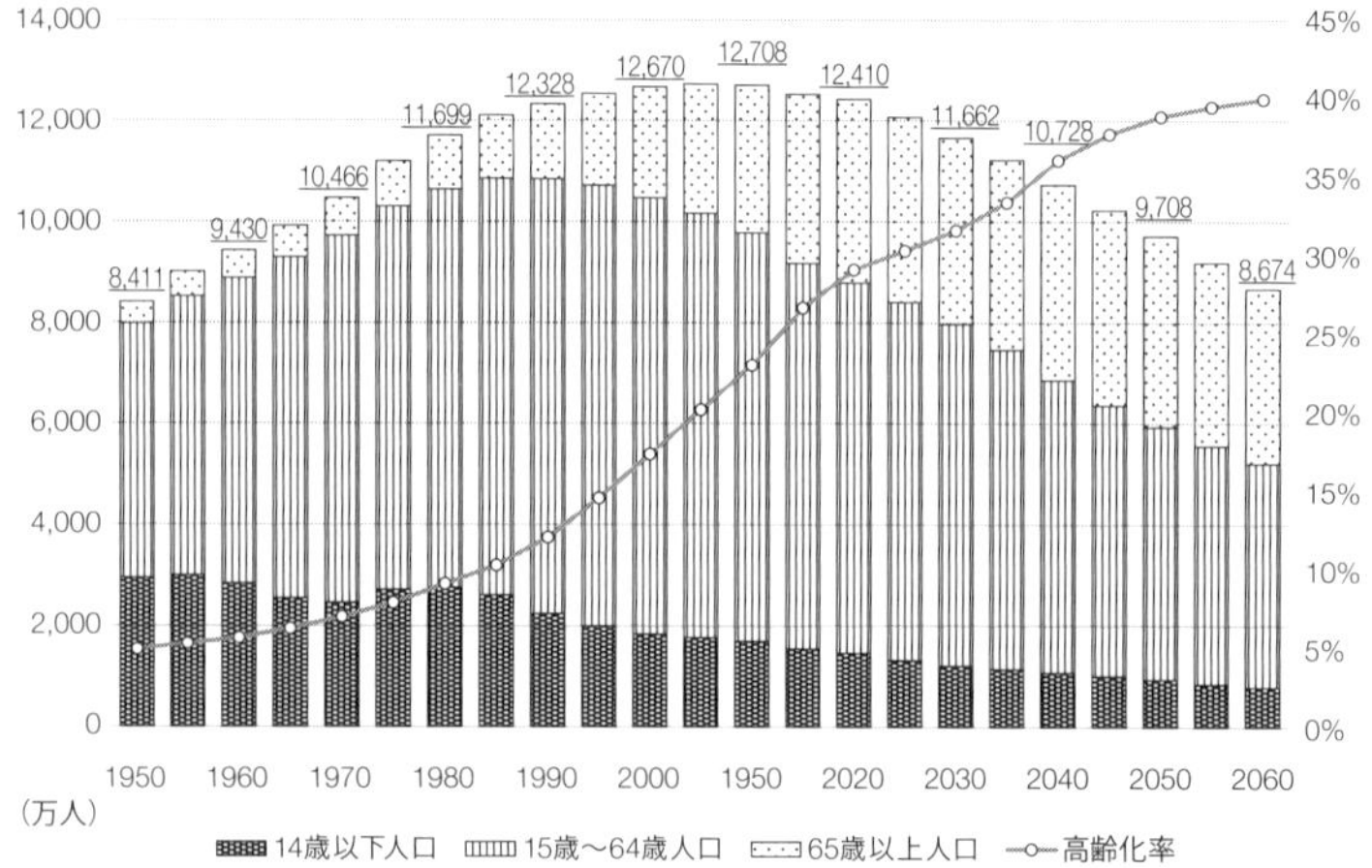

図2　日本の人口推移（1950-2060）：2015年までの国勢調査データをもとに、国立社会保障・人口問題研究所が推計（出生率・死亡率などから推計）

出典：総務省（https://www.soumu.go.jp/johotsusintokei/whitepaper/ja/h28/html/nc111110.html）

これを見ると、10年後の2030年には人口は1億1662万人になり、そして2050年には9708万人まで減っていきます。そして、65歳以上の占める割合を示した高齢化率は2030年に37%、2050年には39%となっており、日本は人口減少・超高齢化社会になっていくということを如実に示しているように見えます。ここで皆さんに考えてほしいのは、たしかに高齢化率が高まるという意味において高齢化社会が進むことは間違いなさそうだけれども、では本当にそれは悲観すべきことなのか、ということです。グラフを見れば分かるように15歳から64歳までの生産年齢人口、すなわち働き手が減っていることで、経済規模が縮小する(シュリンキング・エコノミー)ということが問題であるという意見もあるでしょう。でも、経済規模の縮小は本当に困ることなのでしょうか。

もちろん、こうした反論をするのであれば、その証拠というものを集めていかなければなりません。経済規模を考える際には、人口ボーナスや人口オーナス[1]という言葉が示すように、人口規模そのものが一つの大きな要因であるとケインズ経済学では考えます。しかし、そうした考え方は、人口という数値に置換可能な量的に計測可能なものを中心に据えた考え方に過ぎません。

例えば、労働のあり方の変化ということを考えたら、別の視点を挙げることができるのではないでしょうか。社会における労働のあり方の主軸は、集約的な農業などの第一次産業から、

1 総人口に占める生産年齢人口(日本の場合は15歳以上65歳未満)の割合がそれ以外の人口層よりも多い状態がボーナス、少ない状態がオーナス。

製造業などの第二次産業、サービス産業など第三次産業へと、時代によって変遷してきました。今後のことを考えれば、ＡＩやロボティクスが発展する中で労働はさらに質的に変化していくでしょう。つまり、目下行われている未来予測は量的変化にのみ着目し、質的変化を上手く組み込めていません。

また引き続き、量的変化を重視するとしても、例えば、労働人口ということを考えた場合、現在のように、そもそも15歳から64歳を労働人口の前提とすべきものなのか、ということには疑問の余地が残ります。実際、労働環境に応じて、従来の観念を変化させていく兆候はすでに社会の中に見られます。例えば、定年制度の段階的な引き上げが現在行われています。かつて(昭和初期)は55歳定年が当たり前でしたが、それは段階的に引き上げられ、２０１３年以降は65歳とすることが義務化され、現在は希望すれば65歳以上でも勤務できるところが増えてきています。また、週休３日制を導入する企業も出てきており、もっとゆとりある社会や働き方(ワークライフバランス)の選択肢があってもいいのではないかということも検討されています。

「人口減少が問題」は本当なのか

そもそも、人口減少は本当に困ることなのでしょうか。先ほどのグラフは１９５０年からのもの、つまり戦後を切り取ったものでした。では、この切り取り方を変えて、非常に長いスパンで見てみたらどうなるかというのが、図３になります。過去は平安時代まで遡り、将来は２１００年まで予測しています。もちろん、ある時期より過去の数値は推計になりますが、これを見ると明治維新から太平洋戦争の一時期を除いた約１４０年間の人口の伸びが桁違いであることが分かります。

今、日本で大企業と呼ばれる会社の多くは戦後成長を遂げたものです。終戦当時の人口は７１９９万人でした。さらに遡れば、その礎を築いたのは明治維新であり、その当時の人口はさらに半分以下の３３３０万人です。明治期の思想を紐解けば、そこには非常に豊かなものがあることが分かるように、単に人口が少ないことは、文化的な貧しさを招くものではありません。高齢化率の高まりを危惧する声があるかもしれませんが、様々な面で成

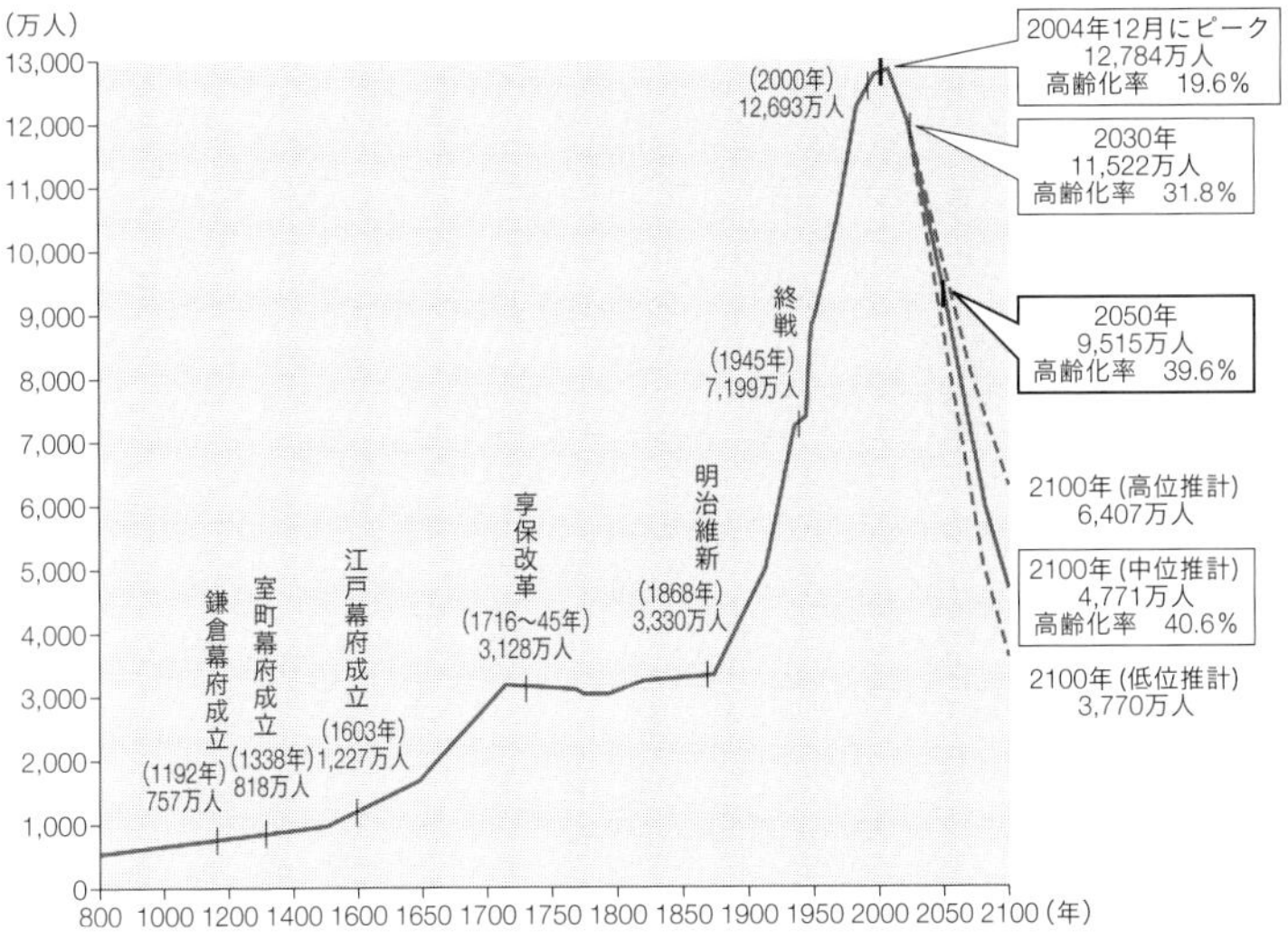

図3　日本の人口推移(超長期)：2000年、2005年の国勢調査データをもとに、2006年に国立社会保障・人口問題研究所が推計

出典：国土審議会政策部会長期展望委員会「『国土の長期展望』中間とりまとめ概要」平成23年2月21日、国土交通省、4頁 (https://www.mlit.go.jp/common/000135841.pdf)

熟することによってそのことが問題にならない社会を想像することはできるはずです。

私たちは統計データを見るときに、数字だけに着目してしまいがちです。新型コロナウイルスの蔓延で毎日の感染者数や死者数が報道され、そうした数値情報に一喜一憂するようになりましたが、逆に数字が意味するものに無頓着になってしまっている人が増えているように思います。罹患された方には一人ひとりの人生があるわけですが、蔓延防止政策担当者側の立場からすれば単なる数字に回収されるものになりがちで、そうした一人ひとりのかけがえのない人生は捨象されてしまう。ともすると捨象されてしまうものを、どうやったら政策にフィードバックすることができるのか。こうした問題は、これから真剣に考えていかなければいけない問題です。ビッグデータを扱えるＡＩの時代だからこそ、一人ひとりの状況に寄り添った行政を行えるような方法を編み出していかなくてはなりません。

つまり、これらの統計や予測データを見て、本当に悲観すべきなのは人口減少ではないだろう、ということが言えるのではないでしょうか。未来予測というのは、計測可能で数値化可能なものを基盤においた、ある種の将来像を描くための、恣意性を孕《はら》んだ一つの指針にすぎません。言い換えますと、コンピュータによる未来予測は、私たちが創造的に未来を描くためのツールの内の一つでしかないわけです。ですから、問題はコンピュータがはじき出す未来予測に一喜一憂することではなく、将来を見据えて、今から何を準備しておくのかを考えることにあります。むしろ、コンピュータの未来予測や数値データでは現れてこない未知の未来への想像力を養うことこそが、学問の役割の重要な側面だと思います。それはすなわち、私たち一人ひとりが私たちの未来社会をどうしたいのかを考えることと直結しています。

未来が語られるとき、メタバースやブロックチェーンなど科学技術的な進展ばかりが注目されがちですが、ここでもパチャウリ先生の"you have to look back to think ahead"や、司馬遷の「往時を述べ、来者を思う」という言葉を思い出さなければなりません。もちろん、現在私たちが置かれている状況と未来に思い描く社会とのギャップを埋めるための方法を考え、技術として工学・理学・医学といった分野を進歩させていくことは大切です。しかし、その一方で、歴史に学び未来に活かしていくためには、先人たちの智慧の宝庫としての人文学（ヒューマニティーズ）、すなわち哲学・文学・法学・経済学といった分野も同じように重要であるといえるでしょう。

AIの中では何が行われているか

ここで少し話題を変えましょう。今、未来を予測するツールとしてコンピュータは不可欠なツールです。最近では様々な分野で「AI予測」というものが行われるようにもなってきています。ただ、それらの結果を単純に受け入れるのではなく、いったいコンピュータの中で何が行われているのかということを、文系であっても知っておく必要があるのではないでしょうか。

現在一般的にコンピュータと呼ばれているものの多くは、「ノイマン型コンピュータ」と呼ばれるものです。これはハンガリー出身の数学者ジョン・フォン・ノイマンによって確立されたことによります。このノイマン型コンピュータの原理は、イギリスの数学者アラン・チューリングが1936年に考案したものですが、実際に作られるまでには10年ほどの月日を要しました。

ノイマン型コンピュータは、入力装置・制御装置・演算装置・主記憶装置・出力装置で構成されます。入力装置というのはキーボードやマウス、出力装置はディスプレイやプリンタです。主記憶装置は、ハードディスクやSSD、メモリといったものです。そして制御装置と演算装置は現在ではCPUとして一つにまとまっています。その仕組は、入力装置から取り込まれたデータやプログラムを主記憶装置に記憶させ、そこから順番に呼び出して演算装置で処理をして、その結果を出力するという流れです。その演算処理の手順が書かれているのがプログラミングであり、アルゴリズムです。世界で最初にノイマン型コンピュータが作られたのが1950年頃ですが、コンピュータの原理はそこから70年間、基本的には変わっていません。計算速度は劇的に速くなっていますが、それらはCPUなどハードウェアの技術進化や、CPUに負荷をか

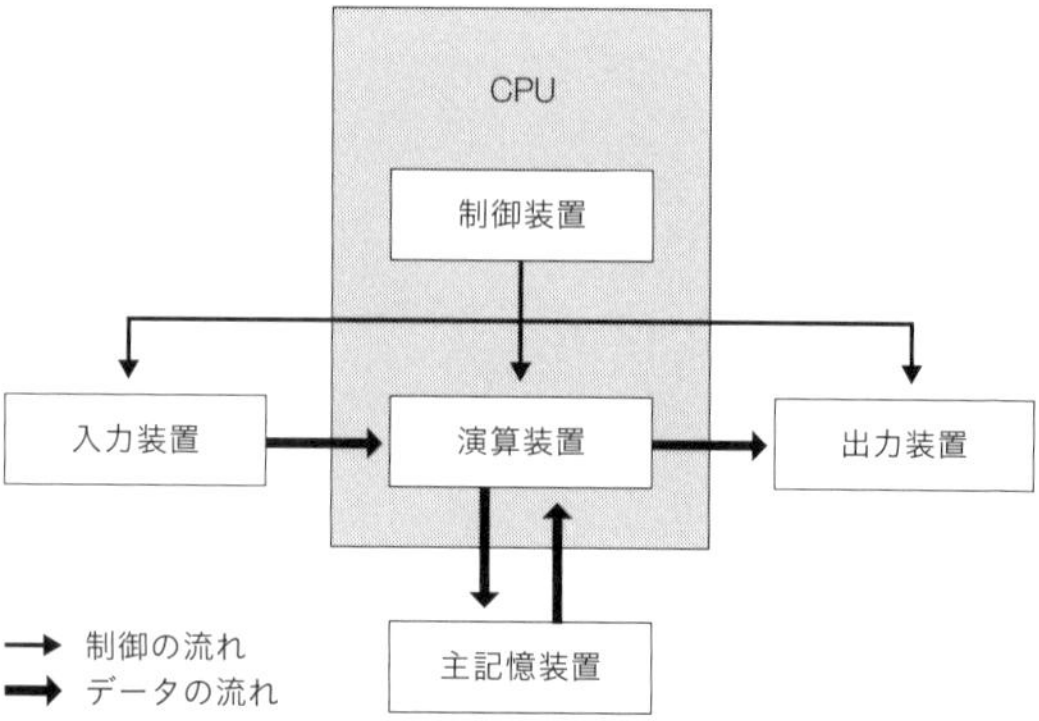

図4　ノイマン型コンピュータの構成

けないアルゴリズムを作ることで成し遂げられてきたわけです。

現在はＡＩが出てきたのだから、コンピュータの演算能力も劇的に変わっているはずではないか、と言われるかもしれません。では、ＡＩは何をしているのでしょうか。現在は第三次ＡＩブームの時代と呼ばれています。ＡＩの歴史について詳細は割愛しますが、第二次ＡＩブームの初期、１９６０年代にＭＩＴのジョセフ・ワイゼンバウム博士が作った「ＥＬＩＺＡ（イライザ）」というソフトウェアがありました。これは初期の自然言語処理プログラムで、例えば次のような会話ができます。

私がＥＬＩＺＡに向かって「私は悩んでいる」と言います。すると、ＥＬＩＺＡは「どうしてあなたは悩んでいるのですか」と聞き返してくれます。これだけを聞くとちゃんと会話をしているようですが、これらの応答はプログラムで逐一書かれています。要は「私は○○です」と入力されたら、「どうして○○ですか」と出力するような定型句をたくさん記述しておく「パターンマッチ」という方法でプログラムされているわけです。なんだそんなことかと思われるかもしれませんが、実際にＥＬＩＺＡと話した人は本当に会話をしているような気分になりました。私もこのＥＬＩＺＡにすっかりハマってしまい、どうやってコンピュータに言語処理をさせるかということをいろいろ試していました。

しかし、当たり前ですがここには限界があって、人間の会話のパターンはほぼ無限にありますから、すべての場合をプログラミングに書き込むというのは不可能です。そのため、ＥＬＩ

ZAと話をしていると、どうしても不自然な応答が出てきてしまいます。また当時のコンピュータの演算処理能力では、画像データや映像データの処理などは非常に不得意でした。ムーアの法則で知られるようにCPUの劇的な進化に伴い、第三次AIブームが到来したわけですが、その中身はディープラーニング（階層構造のニューラルネットワーク）とビッグデータによる統計処理です。例えば、犬や猫の写真データを学習させることにより画像認識精度が高まり、画像の中に映りこんでいる物体が「犬」や「猫」であると認識できるようになったり、手書きのひらがなの画像データや音声データを認識して、「あ」「い」「う」と文字データに変換できるようになったりしています。

　これらはもちろん非常にすごいことなのですが、AIはどのようにして犬の写真を見てそれが犬だと分かるのでしょうか。人間の脳が写真の中に写りこんでいる犬を「犬」だと認識するのと同じような仕組になっているのでしょうか。

　まず、AIすなわち人工知能と呼ばれるものの研究分野の一つとして「機械学習」というものがあります。例えば、コンピュータに犬の特徴を学習させることで、いろいろな動物の画像データが混ざっている中から犬を選ぶことができるようにするといったことです。

このために必要な犬の特徴データを「特徴量」と呼びます。

この学習の仕方を定めるのがアルゴリズムですが、その一つがニューラルネットワークと呼ばれるもので、これは人間の脳におけるシナプスの仕組を論理式で表したものになっています。そして、このニューラルネットワークを階層構造にしたものが、ディープラーニングと呼ばれているものです。先ほど述べた特徴量をビッグデータとして統計的に処理して検出し、学習していくわけです。

その意味で、これはコンピュータのデータ処理性能が上がったからできるようになったことで、基本的な機械学習の仕組は変わっていません。大きな違いは、かつての機械学習における特徴量は人間が定義したものでした。犬なら犬の特徴はどのようなものかを人間が

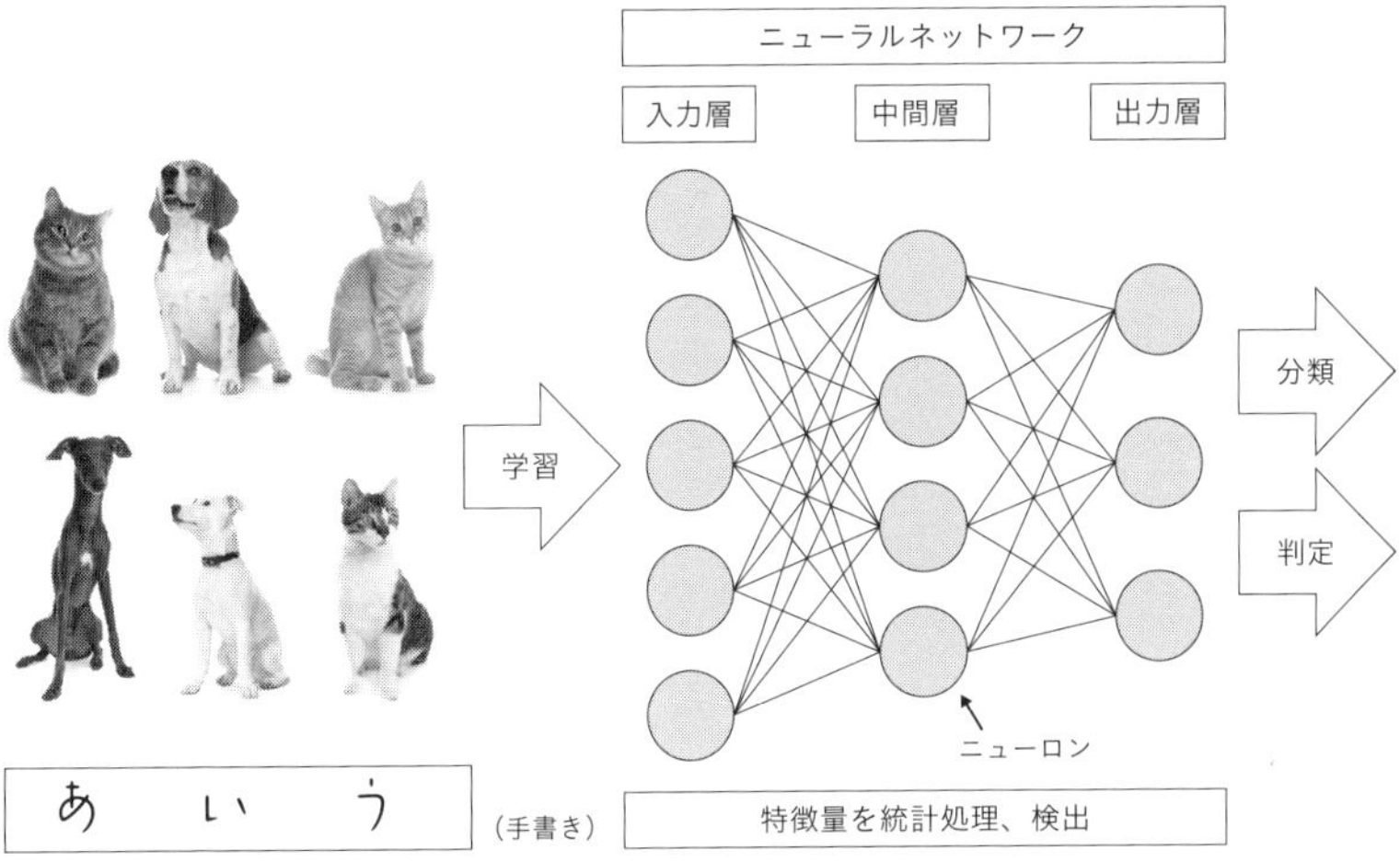

現在のAIは、ディープラーニング(階層構造のニューラルネットワーク)＋ビッグデータの統計処理

図5　第三次AIブームの中身

コンピュータに教えてあげて、コンピュータはそれに従って判断するわけです。つまり一昔前までは、人間がアルゴリズムとして定義できないような特徴は判別できなかったということです。

一方、ディープラーニングでは、人間が教えなくても、コンピュータが様々なデータから特徴量自体を抽出することができるようになりました。その結果、人間にも分からないような差異や特徴をコンピュータが学習していくことができるのです。例えば東京大学のスタートアップ起業の中にＡＩを使ってレントゲン写真から癌を見つけるといったサービスを提供している会社があります。[2] そうした技術を使うと、医師も見つけられなかったようなステージ0の脳腫瘍を画像診断で見つけることができるようになるのです。

ただし、このディープラーニングにはデメリットもあって、それは先ほど述べた通り、コンピュータが特徴量を検出する仕組は人間にとっては隠されたものになっているということです。したがって、ＡＩが「なぜ」そのような判断をしたのかということは、人間には分かりません。また、ディープラーニングを使っていても、基本的には先に見たようにノイマン型コンピュータによる逐次計算によって処理されているため、その処理速度には限界があります。

それを解決するために研究が進められているのが、非ノイマン型コンピュータと言われるものです。これは文字通り「ノイマン型でない」という意味で、いろいろな種類のコンピュータの総称なのですが、中でも期待されているのが量子コンピューティングの技術です。物理学で量子力学の勉強をされた方はご存じでしょうが、素粒子のようなミクロの物質の世界は、私たちが肉眼で見るような古典物理学の世界とは異なる性質を持っています。その性質を応用したコンピュータのことを量子コンピュータと総称します。ノイマン型コンピュータでは「0」か「1」のビットで計算を行います。これが量子コンピュータでは「0」と「1」が重なり合った状態を利用して計算することができるのです。これにより超並列計算ができるようになり、特定の問題に対する処理能力が非常に高くなるのです。これが実用化されるようになれば、AIが本当に人間に近づく日がくるのかもしれません。

AIのブームの歴史を見てきただけでも、第二次AIブームの時には全く予想されていなかった手法で、機械学習のようなものが第三次AIブームでは出てきていることがお分かりになったと思います。つまり、AIの事例から見ても、技術の進展の詳細については、過去の単純な延長線上では全く予測できないことを表していると思います。

未来予測とは何か

話を未来の予測に戻しましょう。30年後、2050年頃の日本は世界の中でどのようになっているのでしょうか。三菱総合研究所が作成した国の経済力を示すGDPの変化を予測したグ

2　エルピクセル株式会社　https://lpixel.net/

ラフがあります。

ご覧の通り、日本の経済力は２０００年くらいを頂点に下がり続けると予測されています。失われた20年と言われて久しいですが、この傾向はこれからも変わらないということです。中国は２０３０年くらいで成長率は鈍化するものの、アメリカを抜いて世界トップになっています。インドもまたヨーロッパ全体を抜いて、２０５０年にはアジア全体のＧＤＰは世界の半分を超えるということです。三菱総研はこうした予測を元に２０５０年の社会を図７のようにまとめています。

私自身はこの中でも脱炭素を実現する循環型社会の実現に向けた研究や政策提案に携わってきました。ＳＤＧｓ（Sustainable Development Goals／持続可能な開発目標）という言葉が２０１５年９月に国連総会で出され、いまや

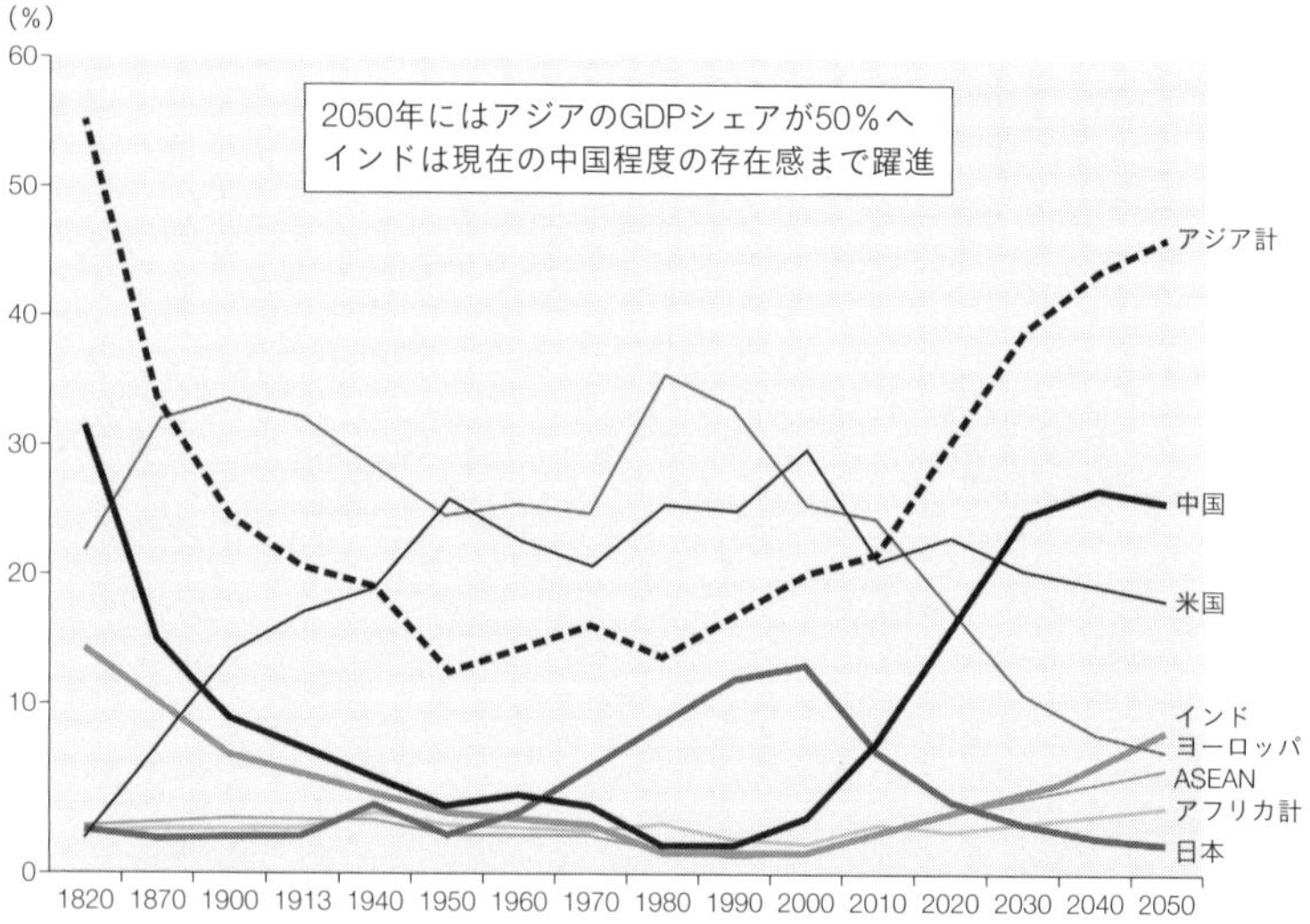

図6　各国GDPの推移

出典：三菱総合研究所「未来社会構想2050」にコメント追加
https://www.mri.co.jp/knowledge/insight/ecovision/20191011.html　(最終閲覧日：2022年7月29日)

一般的に知られるようになりましたが、その前段階として２０１２年６月に開催されたリオ＋20が開催されています。[3] リオ＋20では、次の10年に向けて国際機関や各国から様々な提言がなされましたが、私はＵＮＥＳＣＡＰが提出した"Low Carbon Green Growth Roadmap for Asia and the Pacific"の執筆に関わらせていただきました。[4]

このタイトルを見ていただくと分かり

3　１９９２年に開催されたリオ会議〔通称、地球サミット〕から地球環境関連の国際サミットは10年ごとに開催されている。筆者はヨハネスブルグで開催されたリオ＋10では、日本政府団〔環境省〕の再生可能エネルギー提言の箇所を担当。

4　Development of a Low Carbon Green Growth Roadmap for East Asia, UNESCAP. (December 2011). https://www.unescap.org/sites/default/files/Full-report.pdf

①デジタル経済圏の台頭	・デジタル通貨やそれにひもづく経済活動が世界中で拡大し、デジタル経済圏が形成 ・物理的な制約を受けないデジタル経済圏は急速に成長、企業の活動や個人の生活に深く根差す
②覇権国のいない国際秩序	・中国経済は2030年頃に米国に追いつくが、2050年には米中ともに世界GDPシェア2割台に低下 ・インド経済の台頭・拡大が本格化し、米中印で世界のGDPの半分を占めるも、デジタル経済圏の広がりもあって、いずれも絶対的な覇権国にはなり切れない状態が続く (多極化が一層進展)
③脱炭素を実現する循環型社会	・技術による変革とビジネスモデルの変革は、地域社会の小型分散型エネルギー供給システムを実現 ・エネルギー面では再生可能エネルギーを軸とした需給構造の構築が加速 ・資源面ではリサイクル・代替が加速
④変容する政府の役割	・既存の行政サービスは極限まで効率化が求められる ・一方で、国際的なルールの策定や順守体制の構築、デジタル経済圏の拡大に伴う環境整備、経済格差に対するセーフティーネットの提供などでは、政府の役割が拡大
⑤多様なコミュニティが共存する社会	・デジタル技術により距離・言葉の壁が撤廃、コミュニティの交流を促進 ・一方で、デジタル空間中の議論や主張をする際には、フィルターバブル、エコーチェンバーのようなコミュニティの分断を深める特徴により、政党や宗教などのコミュニティ間で 分断が深まる恐れ
⑥技術によって変わる人生	・イノベーションの実装に伴い、経済活動の半分以上はデジタル経済圏に関わり、自由時間 が増加 ・ライフサイエンスの進歩に伴って、健康寿命も延伸 ・人生の豊かさが向上するとともに、人々の豊かさの尺度も多様化

図7　未来社会2050に向けた6つの潮流

出典：三菱総合研究所「未来社会構想2050」の概要
https://www.mlit.go.jp/policy/shingikai/ content/001325314.pdf　最終閲覧日：2022年8月2日

ますが、国連がアジア地域において目指す未来社会は「ローカーボン（低炭素）」と「グリーングロース（緑の成長）」となっています。日本では「脱成長（degrowth）」という言葉が使われていますが、世界的に見るとミャンマー、ベトナム、ラオスなどといった国々は、まさにこれから更なる経済成長が見込まれています。彼らへの配慮として、環境制約はあるけれども経済成長や発展を阻害するわけではないということで、環境に配慮した上で成長を目指す「グリーングロース」という概念を使用するわけです。

再びパチャウリ先生のLook back to think aheadという言葉を思い出すと、こうした脱炭素へ向けた動きというのは１９９２年のリオ会議（地球サミット）において生物多様性条約と気候変動枠組み条約という双子の条約ができたことに遡ることができます。地球環境問題がアジェンダとして設定されてから、すでに30年が経過しています。この間の進展を鑑みると、30年後の未来というのはそう遠い未来の話ではありません。

脱炭素とグリーングロースを実現するうえでは、「茅《かや》方程式」の考え方が改めて重要になってきます。これは私の学部からの恩師で修士論文の主査だった東大名誉教授の茅陽一先生が京都議定書で発案したもので、次のような式で表されます。

$$CO_2 = \frac{CO_2}{Energy} \times \frac{Energy}{GDP} \times GDP$$

この式は何を意味するのでしょうか。一般的な認識では、経済成長はエネルギー投入量に比例し、エネルギー投入量に比例して二酸化炭素排出量（CO_2）の増加が伴うと考えられています。つまり、二酸化炭素排出量を減少させるには、経済成長をマイナスにしなければならないということです。それを受け入れられる人々や国は少ないでしょう。

しかし、右辺をよく見るとCO_2／Energyというのは、エネルギー当たりの二酸化炭素排出量を意味しますから、例えば火力発電を風力発電などの再生可能エネルギーに置き換えれば、この値は小さくなります。また、Energy／GDPはGDPあたりのエネルギー量を意味しますから、エネルギー効率を上げる、すなわち省エネ化することでこの値は小さくなります。

つまり、この茅方程式が意味することは、GDPを下げなくても、二酸化炭素排出量を減らすことは可能だということです。二酸化炭素、エネルギー、経済というトリレンマの問題には簡単に陥ってしまいますので、そのトリレンマを超克するためにも何度でもこの茅方程式に立ち返ることが大切です。

例えば、2021年1月の施政方針演説で菅首相（当時）が打ち出して話題になったのが、日本では「2035年までに乗用車の新車販売で電気自動車100％を実現する」という方針です。こうした方針に加えてオール電化住宅を推進したりすれば、地球環境問題は解決するかといえば、ある側面から限定的に見ると一定程度の効果はあるのでしょうが、それだけで解決できるわけではありません。

当然ながら、電気を供給する側の電源構成についても考えていかなければならないでしょう。2011年の東日本大震災を受けて以降、原子力政策モラトリアムを徹底している日本は、エネルギー供給の9割近くを輸入に依存しており、エネルギー安全保障の側面から見れば脆弱化した上に、諸外国よりも電力料金が高止まりの状態にあります。[5] こうした事態に対して、新築の家には屋根に太陽光発電の設置を義務化することなどが検討されています。地震や台風などの自然災害に見舞われることが多い日本では、レジリエント・ソサイエティー（Resilient Society）、すなわち強靭な国土と弾性力がある社会を作らなくてはならないという、また別の次元の命題も抱えています。

「高齢化が進むことで人口が減少し経済規模が縮小する」「二酸化炭素排出量の増加が環境を破壊する」といったことが予測されていますが、それぞれ個別の問題として対処したからといって、それだけでは、私たちが未来に直面するであろうと考えられる問題が解決するわけではありません。言い換えますと、未来予測が扱える問題は諸問題の様相を単純化したことで可能になったかのように見えるに過ぎず、実際の問題は、より複合的であり重層的であるからです。

あるべき未来の姿を考えるシナリオ分析の手法

では、こうした重層的、複合的な諸問題群に対して、私たちはどのように対処しうるのでしょうか。ここで重要になってくるのは、「私たちはどのような未来に暮らしたいのか」ということをイメージできる想像力と発想力になります。

今あるものの単純な延長線上を思い描くのではなく、発想力や想像力を駆使して未知の未来を思い描くことで、逆算的にそこに至る道筋を考えようとするのがシナリオ分析という方法です。すなわち、私たちが日々生活している日常から、未来にありたい姿をどう考えるのか、ということです。実際に2050年の世界をシナリオ分析の手法で考えてみましょう。例えば、私は次のようなシナリオを考えてみました。まずは読んでみていただけますでしょうか。

シナリオ分析の例：2050年のある朝

マキはコンパニオンロボットが淹《い》れてくれる、香ばしいコーヒーの薫りで目覚めた。この薫りはミディアムローストのモカかな……。

――コンパニオンロボットは、深層学習により日々の生活の中からのユーザーの志向性を少しずつ学習し、ユーザーの許可する家事を代行してくれるようになる。コンパニオンロボッ

5　2010年までのエネルギー自給率は原子力発電施設が稼動していたため2割程度だった。https://www.enecho.meti.go.jp/about/pamphlet/energy2020/001/（2022年6月閲覧）

トとは、アシモフのロボット三原則だけがインプットされており、あらかじめメーカーが設定している家事をこなしてくれるロボットだ。オーナーは、購入時に家事の種類を選択できる（家事の複雑さによってロボットの価格設定も異なる）。オーナーの日々の生活を通して、オーナーの志向性を学習し、代行してくれるという仕組だ。

（アシモフのロボット三原則＝人間への安全性、命令への服従、自己防衛）

――コーヒーは環境認証を受けた、フェアトレード商品しか、日本で手に入らなくなって久しい。途上国の単純労働者を使役し、労働と土地を搾取する形で経営されていたプランテーション型農業は、労働者の人権や土地の収奪という問題が露呈してくるにつれ、とっくに淘汰されてしまった。移行期にはコーヒー価格が高騰し、コーヒーが贅沢品になった時代もあったが、気候変動に伴い、国内の一部地域でもコーヒー栽培が当たり前になり、昔の茶畑の一部がコーヒー栽培に用いられるようになっている。生産物の転換にはリードタイムが必要であるが、国際市場の動向と、日本の国力低下による購買力平価の低下が、良い形で働いた結果として、コーヒーの国内生産が奨励された。輸入品にもかかわらず、1杯100円ほどでコーヒーが提供されていた時代もあったが、今は、そんな時代は夢物語として語り継がれている。1990年代、1米ドルが80円台だった時に、ハンバーガーが80円で提供されていた時代があったという話に類似しているのかもしれない。

（国産コーヒーは岡山県のやまこうファーム株式会社を中心に商業化が検討されている。
参照：https://prtimes.jp/main/html/rd/p/000000001.000093055.html）

自分で淹れることもあるが、やはりロボットとはいえ、自分以外のモノに淹れてもらうコーヒーはおいしい。コーヒーを飲みながらスクリーンを見ると視線に応じてセンサーが反応し、スクリーンに自動的に最新のニュース、株価、天気などと共に、今日の予定が現れる。

――電力市場の自由化に伴い様々な混乱も生じたが、電気に対し価格がつく時代は終了している。再生可能エネルギー電源による発電効率の向上に伴い、ネガワット[6]の状況が作られており、自宅の屋根で生産される電気エネルギーをHEMシステムに搭載されている蓄電池から消費し、家庭用蓄電池の容量を超えた余剰電力は電気自動車への蓄電後、スマートグリッドを通して商業施設に販売している。何もしなくてもおカネが手に入る時代だ。自然エネルギーのエネルギーコンテント（含有量）の低さの問題に起因し、土地や屋根を多く持っているモノが得することから、不平等性などが問題になった時期もあったが、余剰電力を無料で提供する市民運動なども増え、今では、消費電気に応じて金銭のやりとりがあった時代が不思議だ。

6 需要家の節約により余剰となった電力を、発電したことと同等とみなす考え方。

電力の価値は相対的に下がっている。
（2008年以降、欧州では電力価格がマイナス価格になる制度が導入されている。
HEMシステム＝Home Energy Management System）

このなかに出てくる「コンパニオンロボット」というのは想像の産物です。シナリオ分析ではこのような想像力を働かせます。コンパニオンロボットというものがあったとして、それはどのようなものか。それを「ユーザーの志向性を学習」「アシモフのロボット三原則」といった実際にある概念で定義していくことによって、どういうロボットを作るべきか、どのようなロボットを作ったら生活に便利で、より豊かな生活を送ることができるのかということが、徐々に明確になっていくわけです。このような作業を通して、皆さんの想像力が具体的な創造力として花開いていくのだと思います。

実際に、京都にある総合地球環境学研究所（地球研）において、高知工科大学の西條辰義先生は未来世代の研究会を開いておられるのですが、そこでは「仮想未来人」となって考えてみるという新たな形式でのシナリオ分析を行っています。

具体的には、ある都市Uの水道政策をどうするのかという問題を、行政と地域住民の方々に将来から来た仮想未来人になってもらい、共に検討した例があります。ご存じの通り、日本の上水は非常に高品質です。地域を問わず、どこでも蛇口をひねれば水道水をそのまま飲める国というのは世界中を探してもほとんどありません。ただ、U市のように人口が減ってきている地域では、住民から徴収する上下水道料金だけでは上下水道システムを維持することが大変になってきています。こうした問題を解決するために、自分が20年後のU市の市民だったらどうあってほしいかということを、行政と住民が一緒になって考えていくわけです。

その結果出てきた提案の一つが、現在よりも浄水の質は下げて「中水」程度のものを水道から出すようにする。その代わりに各家庭に飲料用浄水器を配布することで、上水の分散処理をして水道料金を下げていく。そのことによって、住民の負担も行政側の負担も下げることができるのではないかという提案が出たのだそうです。つまり、行政コストという制約を加味した場合、今までは当たり前のように享受していたサービスを疑い、その必要性を問うてみた。未来社会に暮らす「仮想未来人」であれば、どう考えるだろうか、という問いかけから考えると、今のサービスは過剰サービスであるかもしれないという想像につながり、飲料用水については各家庭で浄水器を用いるという発想に至ったわけです。

未来社会を見据えて、学問を問う

さて、本日のまとめに入ります。「学問とその〝悪〟」ということを考えるときに、学問の二面性ということを初めに見ました。未来予測にまつわる学問的研究成果は、高齢化社会の問題点を提示しますが、それは本当に悲観すべきものなのか。歴史を紐解けば、必ずしもそうとばかりは言えないという視点が見えてきます。また地球温暖化の問題についても、現在の科学的知見に基づいた過去の延長線上にある未来予測という狭い視野をもって、その対処法をなんとか捻《ひね》り出そうとしている状況を俯瞰《ふかん》しました。ＡＩブームについても、そのブームの本質を成す技術的な差異を概観しました。

こうした事例から未来社会を考えるにあたり、未来予測を過去からの直線的時間軸の延長線上にあるものとして捉えるよりも、より人間らしい想像力や発想力を活かした未来予測の仕方もあることを「シナリオ分析」や「仮想未来人」の試みとして紹介しました。

その結果見えてきたのは、未来を考えるにあたって、学問は善であるのか、それとも悪であるのか。つまり学問を生かすのか殺すのかは、自分が生きてきた歴史やこれまで培ってきた知恵をどのように用いるか次第であるということです。

できるだけ多くの情報を集めることは必要かもしれませんが、大事なのは量だけではありません。それらの情報をどのように解釈し「調理」するのか、そもそも未来を考える上で本当に必要な情報はどのようなものかという質的な観点が、未来社会を見据えていく際には重要であるということを常に念頭に置いておく必要があると思います。

こうした情報の量と質の問題は、情報がもつ本質的「価値」とは何かという問題に通底します。社会システムや経済システムが変容するというのは、同時に、そこに何らかの価値の変容が起きるということだと思います。アメリカの哲学者トーマス・クーンはそれを科学哲学の観点からパラダイムシフトと呼びましたが、一方でトゥールミンやポパーに代表されるような大陸哲学者たちは、クーンが考えるようなパラダイムという断絶があって、突然に世の中が変わるものではないだろうということを言っています。そこで思い出されるのが明治期にエコロジー（エコロギー）という言葉を最初に使った、博物学者の南方熊楠《みなかたくまぐす》です。熊楠は真言宗の僧である土《ど》宜《き》法龍《ほうりゅう》との往復書簡集の中で、近代科学への不信感を示しており、西洋の直線的時間概念における因果とは別の形での因果関係というものを考えないといけないのではないかと言っています。

熊楠は西洋の直線的時間における因果を批判しながら、『華厳経』にある「インドラの網」の話を提示します。インドラ（ヒンドゥー教の神様）の宮殿には重々帝網《じゅうじゅうたいもう》と呼ばれる網がかかっていて、網の結び目の一つひとつには宝石が縫い込まれ、一つひとつの玉は他のすべての玉を映しているというものです。つまりすべての物事が互いに合わせ鏡のように互いを映し合いつつ相互に影響し合っているという価値観から、西洋的な直線的因果関係を批判し、直線的時間軸に基づいた因果にしか着目しないのであれば、このままでは西洋近代科学はいずれ行き詰まるだろうと予測しているのです。

私は、熊楠のそうした視点から技術倫理についての論文を英語で出版しているのですが、学問には常にこの倫理の問題がつきまといます。西洋であればキリスト教的な倫理観に基づくものとなりますが、それは学問の自由にとってはある意味で制約となる可能性も孕《はら》んでいます。ただし、エーリッヒ・フロムが言うように、自由というものは常に制約とコインの裏表のような関係にあります。本日見てきた地球環境という制約も含めて、様々な位相からなる制約をどのようにしたら超克できるのか。それを考察し、超克していくのが私たちの想像・創造力であり、学問の力だと私は思っています。

学問とは未来を切り開いていく原動力であります。それは価値とは何かということを不断に問い続けていくことだからです。学問はそのためのツールであり、それによって多角的視座を得るからこそ、不確実性の高い、未だ知らぬ未来へと切り開いていくことができるのです。そして私たちが学ぶことをやめたとき、それがアイオーン的な終焉のときだと思います。だからこそ、皆さんはこれからも常に学び続けていく必要があるのです。

皆さんの多くはこの東京大学でこれから学んでいくわけですが、一人ひとりが華厳経のインドラの網の結び目の玉のように、知識と知識がむすびつくノードであり、東京大学という場はノードを実現させるハブでありプラットフォームであると思います。この学問が行われる「場」を通して、皆さん一人ひとりがそれぞれの過去を内に宿しながら、現在性において互いに出会いつながっていき、相互作用の中で互いに変容していく。その先にはきっと想像力に満ちた素敵な発想がたくさん生まれるでしょうし、豊かな未来が開かれていくはずです。

今回の講義では、学問の悪を問われたわけですが、私が提示できるのは、学問には悪の側面も確かにあるということを認めた上で、やはり学問には未知の可能性が満ち満ちている、ということです。学を問い探求するその過程において、未来への希望が花開いていくのだと思います。

学生たちとのやりとり（抜粋）

学生　先生、お話ありがとうございました。大変刺激的な時間でした。社人研の出している人口予測のグラフが非常に面白いグラフで、それを批判するということもとても重要だなと思うのですが、グラフの縦軸の中に押しつづめられている、一人ひとりの生の、あるいは人生の中での主観的な時間感覚みたいなものの方が重要じゃないかとも思いました。いわゆる生産年齢みたいなものが65歳っていうところで切られて、その後に、いきなり高齢者になるとか、そういう質的な部分での捉え替えのようなことが、このグラフについてできるのだろうか、ということを考えながら聞いていました。今日のお話の中で、いろんな時間論についての話から始まって、最後、シナリオ分析まで、いろんなテーマが出てくるなって思いながら聞いていたのですが、そういったものを念頭にしながら、このグラフについて改めてお考えのことがあれば教えていただいてもよろしいでしょうか。

佐藤　御質問、ありがとうございます。一人ひとりの人生について、こういうかたちで数字で処理されることには違和感を覚えています。特にコロナ禍において、今日何人かかりましたとか、今日何人亡くなりましたという数値データが毎日のように報道され続けて、もう1年経つわけですね。でも、罹患されて病気と闘っている方々お一人ひとりの人生、その方々の主観的・質的な時間は全く捨象されています。ただ単に亡くなったら数値に置換され、死亡者数としてカウントされ、例えば、病床5床空きました。けれども、すぐ埋まりました、というようなことが延々と報道されています。こうしたことについて、無感覚に生きているのが今の状況ではないかと思います。仰って下さったことは、私も非常に共感するところです。

でも、こうした問題は、どこから物事を見るかという立場の位相の違いに応じて、見え方も異なってきてしまうのは必然的であるとも思います。つまり、お一人ひとりの人生という観点からは悲しみや無念さといったような思いがあるのですが、政策担当者として見たときには、コロナへの対処が優先されてしまい、お一人ひとりの人生はどうしても捨象されてしまいます。ですから、その捨象されてしまうものを、どのようにして政策という現場にフィードバックするのか。ここは非常に難しい問題ですが、これから、皆さんと一緒に是非考えていければと私は思います。直接的なお答えになっていないかもしれませんが、いかがでしょうか。

学生　ありがとうございます。何かその両義性というか、両またぎしないといけない側面は、学問にも全く当てはまることなのかなと思いながら伺いました。

佐藤　まさに仰るとおりだと思います。一人ひとりを思いやる、そういう優しい心持ちというか、そういうことに感性というものをきちっと開いていないと、どうしても即物的に、ものすごく淡白な政策を淡々と出していくだけのものに陥りがちです。両者のバランスを取っていくのは大変難しい問題ですが、今後はできる範囲で、一人ひとりの人生に寄り添い、思いや願い、希望のようなものをどう組み込んでいくのかということが、政策現場ではますます問われていかなくてはならないと思います。

□参考文献

（1）Maki Sato, *Minakata Kumagusu* – An Ethical Implication Addressing Problems Embedded in the Modern Science –. Maki Sato. in *Tetsugaku Companion to Japanese Ethics and Technology*, Tetsugaku Companion to Japanese Philosophy book series Vol.1. Edited by Thomas Taro Lennerfors and Kiyoshi Murata. Springer, (2019), pp.75-105.

（2）佐藤麻貴「気候正義——共通だが差異ある責任とは何か」、吉永明弘・寺本剛編『環境倫理学（3STEPシリーズ2）』所収、昭和堂、2020年、173～188頁

（3）佐藤麻貴「円環と直線の交点——わたしたちは現在をどう引き受けるのか」、西條辰義・宮田晃碩・松葉類共編著『フューチャー・デザインと哲学——世代を超えた対話』所収、勁草書房、2021年、69～97頁

（4）佐藤麻貴訳「途上国、保護の平等性、道徳的英雄主義の限界」、K・シュレーダー＝フレチェット『環境正義——平等とデモクラシーの倫理学』所収、勁草書房、2022年、275～309頁。原著は *Environmental Justice: Creating Equality, Reclaiming Democracy*

（5）佐藤麻貴訳「権威とデモクラシーの哲学——哲学探究の共同体おける権威の性質と役割」、「幼児期と教育、そして哲学——時間の問題」、M・R・グレゴリー、J・ヘインズ、K・ムリス編、小玉重夫監修『子どものための哲学教育ハンドブック——世界で広がる探求学習』東京大学出版会、2020年、71～84頁、107～120頁。原著は *The Routledge International Handbook of Philosophy for Children*

第11講

知識史からみた学問の「悪」

ミハエル・ハチウス

Michael Facius
東京大学東京カレッジ准教授。2008年ボン大学言語学・日本文化学・グローバルヒストリー博士号取得。ベルリン自由大学日本文化学修士課程卒業。2016年ベルリン自由大学グローバル・インテレクチュアル・ヒストリー（世界思想史）学院運営主任、ユニバーシティ・カレッジ・ロンドン歴史学科ニュートン国際フェローを経て、2020年東京大学東京カレッジ特任助教、2021年より現職。研究分野は、世界史からみた近世・近代日本文化史、「知」の歴史、翻訳史・翻訳研究など。著書に『中国の「翻訳」――19世紀日本における中国の知とグローバル化』（2017年、ドイツ語）がある。

「学問」とは――知識史という観点から

今回の講義では「学問の悪とは何か」というテーマが与えられましたが、本稿ではそのテーマを「知識史」というアプローチから考えてみたいと思います。そのため、学術的な「知識」とは一体どんなものかという問いから始めましょう。

知識の典型的な定義がいくつかありますが、哲学界で定着しているのは「正当化された真なる信念」という理解だと思われます。もう一つ、より現代的なものとして、世界最大の辞典とされるオックスフォード英語辞典（OED）の定義では「特定分野または一般に知られていること。事実と情報」とされています。

そのいわゆる「信念観」と「情報観」に共通するのは、知識が「無形」なものとして扱われていることだと言えるでしょう。媒体としては脳、つまり個人の認識であれ、ハードドライブや本に記録されたものであれ、信念としての知も情報としての知も、あくまでも抽象的な現象にすぎません。そうした抽象的な現象をどのように扱えばよいのでしょうか。

「知識史」というアプローチをとってみると、視座が大分変わってきます。知識史とは新興の学問分野で、英語でhistory of knowledge、ドイツ語ではWissensgeschichteと呼ばれ、この15年くらいの間に主にヨーロッパで発達してきた分野です。まだ、日本語としてはあまり馴染みがないかもしれません。

とはいえ、同様の関心を持つ先行分野は日本にもたくさんあります。例えば、科学史、科学技術社会論、思想史、教育（社会）史、大学史、書物史、言説論・言説史、文化史、人文学の歴史……などといった分野が挙げられるでしょう。

科学史や科学技術社会論は、有名な科学者による発明や実験がどのような過程を経てなされたのかを中心に研究していますし、教育史は大学などの組織や制度のあり方を明らかにしていきます。また、書物史は知識の媒体性に着目します。このような方法論を知識史は継承しています。[1]知識史はそれらの知見を源流とし、融合しようとしています。スイスの歴史家のフィリップ・サラシンは知識史の領域を次のように定義しています。

> 知識史は基本的に「知識の社会的生産と流通」を対象とする。
> (Philipp Sarasin, "Was ist Wissensgeschichte?," Internationales Archiv für Sozialgeschichte der deutschen Literatur 36, 1 (2011): 159-172)

1　いくつかの研究例をご紹介しておきましょう。日本の知識史を考えるうえで重要な著作として挙げられるのが、『岩波講座「帝国」日本の学知』（全８巻、岩波書店、２００６年）や、井田太郎・藤巻和宏編『近代学問の起源と編成』（勉誠出版、２０１４年）です。
また、人文学の歴史（History of the humanities）について英語圏において影響力のある重要な本がRens Bod『A New History of the Humanities. The Search for Principles and Patterns from the Antiquity to the Present』(Oxford University Press、２０１３年)です。あるいは、知識の反面としての「無知」について考察したユニークな研究に、Robert N. Proctor and Londa Schiebinger, eds.『Agnotology. The Making & Unmaking of Ignorance』(Stanford University Press、２００８年)があります。

ここで注目したいのは、知識は個人の頭の中にあるものより、むしろ個人間、つまり「社会的」に「生産」されたものとして、換言すれば「動いて触れられるもの」として理解されているということです。知識史は知識の生産と流通を歴史的な過程として見据えて研究する分野です。「真なる信念」や「事実と情報」は、時間を経ても変わりません。それに対して、社会的で歴史的な現象としての知識は、現れ、認められて正当化され、いつかは疑われたり忘れられたりして消える、つまり時間の流れとともに移り変わるものです。

知識は必ずしも普遍なものではなく場所と時代によって違ったり変遷したりするものだということを現在の私たちは意識していますが、知識史はその変遷の具体的な要素と前提を検討します。知識の作り手とは誰か？　知識を正当化する主体とは？　知識を維持する社会的な制度、組織、物質的媒体、そして知識自体に対する態度と価値観とは？　このような質問に答えようとするものです。

この知識史においては、「学問」もまたステータスの高い知識体制として、重要な研究対象になっています。

学問の「善悪」をどのように考えればよいか

ただし、知識史の立場からは、学問の善悪を判断することは慎まなければなりません。ある知識が「悪」であるかどうかということについて、直接価値判断をすることはないのです。

その知識が「良い」ものであったか「悪い」ものであったか、あるいは、「善く」使われたか、「悪用」されたか、「有用」それとも「無用」であったのかは、ある時代を生きた人々と社会全体の判断を歴史的に検証すべきものだからです。

そういった、歴史的な学知の担い手たち、そして社会全体の学知に対する態度と価値観は実は、近年、専門家の間で随分注目を集めているテーマで、特に「virtue」と「vice」という対語の概念を通して研究されています。Virtueは道徳的に善であること、viceは悪であることを指す言葉で、"epistemic virtue"（知・学問の美徳）、"scholarly virtue"（学者の善行）などのように使われます。[2]

ここでは「善い」学問を行うために必要な個人の性格や態度、能力、そしてそもそも「善い」学問とは何かということを対象として研究がなされています。

この二つの概念を活かし、学問と「悪」との関係について考えるにあたり、まずはもっと広く学問と道徳の歴史的な関係づけについて考えてみたいと思います。例えば、現代社会の科学的知識観の場合、学知と道徳との関係はどのようなものであり、どのように維持され、あるいは変化してきたのでしょうか。

2　Jeroen van Dongen and Herman Paul, eds.『Epistemic Virtues in the Sciences and the Humanities』(Cham: Springer, 2017)

近代の知識観では（特に科学において顕著ですが）、まず中核に知識＝真理・事実があり、倫理はその「外郭」にあるものとされています。まずは知識を生産（追究）することが先決で、そこに価値観は入ってきません。核融合の研究であれ、遺伝子の複製の研究であれ、それ自体は真理の追究なので科学の本務の範囲内とされています。無論、ある研究者が個人的に軍事研究に反対だという価値観をもっていても構いません。ですが、学術システムと社会全体のレベルでは、科学的方法によって得た知識であるかぎりにおいて、倫理や道徳に反するものであるかどうかは問われません。研究機関が実施している研究倫理の取り締まりもまた研究の内容に対してではなく、主に研究過程に対して行われるもので、組織が詐欺やデータ漏洩《ろうえい》から生じる法的問題を回避するための措置だと言っていいかもしれません。

はじめて倫理の検討が入ってくるのは、社会に応用する時でしょう。しかも、その技術を爆弾や発電所、あるいは人のクローンを作るために使ってもいいかという倫理的問題は、主に科学者より政治家や哲学者の任務とされがちです。

すなわち、知識はあくまでこの世界の「真実」を解き明かすということだけを目的としてさえいれば善悪の判断は不要だ、というのが近代的知識観の原則と言えるでしょう。

一方、「非近代的」な知識観はどうでしょうか。前近代という言い方の方が一般的かと思いますが、ここでは歴史的な流れよりもむしろ知識観の二つの対照的な原型を図式的にご紹介するので敢えて「非近代」としています。

そもそも、近代的な知識観が普及したとされる19世紀以降も、世界には様々な知識体制が存在しており、それらは複雑に絡み合っています。19世紀ヨーロッパの価値観を絶対視しないように注意しなければなりません。

先ほど、近代的な知識観は「真実」が根底にあると言いました。非近代的な知識観は、それとは「逆」になります。すなわち道徳が知識の根底になっているのです。まず道徳ありきで、知識は道徳を得るための手段の一つにすぎないという考え方です。東アジアの例を挙げると、例えば儒学では、知識の取得の最終目的は善良なる社会秩序です。

もう一つの例を見てみましょう。知識と似たものに「知恵」という言葉があります。そして知恵は別の漢字で「智慧」とも書きますが、これは元々仏教用語で、それぞれの漢字を以下のように区別して理解することがあります。

「慧」はサンスクリットでprajñāの訳語です。パーリ語でpaññā、音訳されて「般若《はんにゃ》」とも言います。よく知られたお経である「般若心経（正式には般若波羅蜜多心経）」は、般若波羅蜜（最高の知恵）の心髄となる教えを意味しています。

大乗仏教では、悟りに至るまでの六つの修行徳目として、六波羅蜜（布施、持戒、忍辱《にんにく》、精進、禅定《ぜんじょう》、般若）を挙げていますが、般若はその一つというわけです。それぞれ、布施とは寄付をすること、持戒とは戒律を守ること、忍辱とは侮辱や苦しみを耐え忍ぶこと、精進とは努力すること、禅定は心を集中させること、そして般若が知恵でした。

一方、「智」はサンスクリットでjñāna、音訳されて「若那《にゃくな》（ジュニャーナ）」とも言います。現象を正しく理解し、区別できることを意味します。

つまり、仏教における智慧は、悟りを開き成仏することを目的として、その悟りに向かう限りにおいて「知識」というものが重要視されているわけです。


話が日本史に移りますが、日本の近代と前近代における知の在り方のいちばんの違いは、知識と道徳との分離にありました。アメリカの日本史研究者であるアルバート・クレイグも日本の近代化過程を考察する論文に「近代社会では道徳と知識は全く別物です」と書いています[3]。一方で丸山眞男が『日本政治思想史研究』で批判したように、近代日本は朱子学（儒学）に見られる「前近代的思惟」を引きずったままであったといった批判もありますが、いずれにせよ知徳分離という方向性自体は望ましいものだと考えられたというのが、現在の一般的な見方です。

近世日本の「儒学的」知識観

近代化するとは、知識史の観点から見れば、知識と道徳を別のものとして考えることだというのが、これまで見てきたことでした。続いては、時代を遡って、近世日本の知識観を見てみましょう。周知のとおり、近世つまり江戸時代の学問の中心は儒学でした。まずは儒学の経典の一つである『大学』の知識観を確認しましょう。『大学』は「四書」の一つで、もとは『礼記』の大学篇で、朱子学において最重要の経書とされ、学問について述べられたものです。その『大学』に次のような文章があります。

大学の道は、明徳を明らかにするに在《あ》り、民《たみ》を親しましむるに在り、至善《しぜん》に止《とど》まるに在り。

大学で学問の総しあげとして学ぶべきことは、輝かしい徳を身につけてそれを〔世界にむけてさらに〕輝かせることであり、〔そうした実践を通して〕民衆が親しみ睦みあうようにすることであり、こうしていつも最高善の境地にふみ止まることである。

古《いにし》えの明徳を天下に明らかにせんと欲する者は、先《ま》ずその国を治む。その国を治めんと欲する者は、先ずその家を斉《ととの》う。その家を斉えんと欲する者は、先ずその身を修む。その身を修めんと欲する者は、先ずその心を正す。その心を正さんと欲する者は、先ずその意を誠にす。

---

3 Albert Craig, "Science and Confucianism in Tokugawa Japan," in Changing Japanese Attitudes Toward Modernization, ed. by Marius B. Jansen (Princeton: Princeton University Press, 1965), 133–160.

その意を誠にせんと欲する者は、先ずその知を致《きわ》む。知を致むるは物に格《いた》るに在り。

古きよき時代に、輝かしい聖人の徳を世界じゅうに発揮し〔て世界を平安にし〕ようとした人は、それに先だってまず〔世界の本である〕その国をよく治めた。その国をよく治めようとした人は、それに先だってまず〔国の本である〕その国をよく治めた。その国をよく治めようとした人は、それに先だってまず〔国の本である〕その家を和合させた。その家を和合させようとした人は、それに先だってまず〔家の本である〕わが身をよく治めた。わが身をよく修めようとした人は、それに先だってまず〔一身の本である〕自分の心を正した。自分の心を正そうとした人は、それに先だってまず〔心の中心である〕自分の意念《おもい》を誠実にした。自分の意念を誠実にしようとした人は、それに先だってまず〔意念の本である〕自分の知能〔道徳的判断〕を十分におしきわめた。知能をおしきわめ〔て明晰にす〕るには、ものごとについて〔善悪を〕確かめることだ。

（書き下し、現代語訳は『大学・中庸』金谷治訳注、岩波文庫による）

二つの文章はともに、学問や政治にとって最も重要なことは「徳」であると述べています。
現代人の感覚では、学問も政治も科学的・客観的な知見が重視されますが、「知能をおしきわめ〔て明晰にす〕るには、ものごとについて〔善悪を〕確かめることだ」というわけです。「知識」によって物事を理解することは天下を治めることにつながるというのですが、その天下を治めるということはとどのつまり「道徳」を世に知らしめるということであると言っています。つまり、最終目標はあくまでも道徳にあるのです。

このような儒学的な道徳観と知識観を幕末・明治時代の日本にアップデートしようとした人物を三人取り上げたいと思います。前近代から近代へという過渡期を生きたこの知識人の引用を通して学問に対する価値観の変化が窺《うかが》えるでしょう。

・横井小楠《しょうなん》の西洋批判

儒学の素養を持った幕末の知識人の一人に横井小楠（1809-69）がいます。熊本藩の武士の家に生まれ、藩校である時習館の塾長を経て、小楠堂という私塾を開き、多くの門弟を輩出しました。それがきっかけとなって福井藩へ出仕することになり、江戸に滞在中に勝海舟らと知遇を得て幕政改革にも参画しました。幕府が倒れた後には明治新政府にも登用されましたが、1869年に攘夷派の志士に暗殺されてしまいます。

小楠は学問・道徳・政治の関係について深く考え、『国是三論』や『学校問答書』といった意見書を著し、教育の改革を促し、明治維新後の教育政策への強い影響力を持ちました。

開港後の1865（慶応元）年に、小楠が欧米列国の振る舞いについて批判して以下のように述べています。

其心徳の学無き故に人情に亘《わた》る事を知らず、交易談判も事実約束を詰るまでにて其詰る処ついに戦争となる。戦争となりても事実を詰めて又償金和好となる。人情を知らば戦争も停《や》む可《べ》き道あるべし。華盛頓《ワシントン》一人は此処《ここ》に見識ありと見えたり。事実の学にて心徳の学なくしては西洋列国戦争の止む可き日なし。心徳の学ありて人情を知らば当世に到りては戦争は止む可なり。

（横井小楠「沼山閑話」、https://dl.ndl.go.jp/info:ndljp/pid/993507）

西洋人が誇る科学を、小楠は「事実の学」と呼んでいます。現代人の多くが価値を見出す「事実」に対して彼はかなり否定的な評価をしており、儒学に基づいた「心徳」の学問と対比しています。つまり、西洋人の道徳のない学問は理詰めであるだけで、あくまでも権力に左右され、ついに戦争と帝国主義にもつながってしまう。まさに「悪」に陥っているというわけです。

・元田永孚《ながざね》の近代化批判

元田永孚（1818-19）もまた小楠と同じ熊本藩の出身で、時習館に学んだ儒学者でした。藩政改革に力を尽くし、維新後は私塾を開いたり、藩主へ儒学を講じたりしていました。

1871（明治4）年からは、大久保利通の推挙により、明治天皇の侍読（天皇に学問を教授する役職）として仕えました。

明治政府が推進した近代教育制度の導入につれて、小楠の言う西洋の「事実の学」が主流になり、儒学的な素養と修身が衰退していきました。永孚は1887（明治20）年ころに、それに対して次のように述べて批判しています。

> 古来より之（「学」）を弁ずれば、彼《か》の管晏《かんあん》の覇術を始め、種々の異端、俗儒、訓詁文詞の学、仏法、耶蘇《やそ》教、西洋百科の学、皆な一偏一派の学にして、孔子の所謂《いわゆる》学に非《あら》ず。［…］孔子の学は我徳性を尽し、真理に達し、天下に大道を行ふの学なる［…］
>
> （元田永孚『元田先生進講録』6頁、https://dl.ndl.go.jp/info:ndljp/pid/1055224）

「彼（中国）の管晏」とは、『史記』にある管晏列伝を指しています。ここで面白いのは、仏教やキリスト（耶蘇）教と「西洋百科の学」、すなわち近代科学とを並べて皆「一偏一派の学」でしかなく、そこには「孔子の学」＝儒学が掲げているような道徳観が入ってこないという意味では同じだという批判をしていることです。彼はさらに続けます。

> 現今西洋諸国の自ら文明国と誇るも、其実は心術正しからず、風俗善良ならず、利を貪り、力

を争ひ、其害一にして足らず。学芸は、益々開明して、人心は益々狡黠《こうかつ》なる者、皆学路中正ならざるの致す所、其大害を見るべきなり。
今日苟《いえど》も学を為す、始めに先《ま》づ其取捨先後を審《つまびらか》にせざる可からず。況《いわん》や人君の学、其学ぶ所、即ち天下の法則となる故に、人君の学は、孔子の学を学ぶより外《ほか》なし。

（元田永孚『元田先生進講録』8頁、https://dl.ndl.go.jp/info:ndljp/pid/1055224）

ですから、西洋は自らを文明国だと誇っているけれども、実際は力で利益を貪るような国となっており、まったく「正しい」ことができていない。そんなところから学んでもだめだと言います。ではどうすればよいのかといえば、子供が西洋の科学を勉強する前に、まず儒学を学ぶほかはないと訴えています。

永孚のそういう指摘を政府が正論と認めて、臣民の教化を目指し永孚らが起草した教育勅語の発布（1890年）に至りました。

・重野安繹《やすつぐ》の史学観

最後に重野安繹（1827-1910）の言葉を紹介します。重野は薩摩藩の出身の漢学者・歴史学者で、江戸に出て昌平黌《しょうへいこう》に学びました。昌平黌は東京大学の前身の一つです。その後、明治に入ってからは国家の修史事業に参画、『大日本編年史』の編纂に携わりました。

1888（明治21）年に、彼が携わっていた修史館の事業が帝国大学に移管されるのと同時に帝国大学文科大学教授に就任、この組織は現在の東京大学史料編纂所へとつながっています。今もある「史学会」という学会の初代会長を務めました。要するに、重野は明治時代の歴史学の創立者の一人でした。

その重野は、明治中葉の1889年に歴史学を研究するにあたっての心構え、つまり知識観を次のように述べています。

> 歴史は時世の有様を写し出すものにして、其有様に就《つ》き考察を加へ、事理を証明するこそ、史学の要旨ならん。然るに歴史は名教（引用者注：儒教の教え）を主とすと云ふ説ありて、筆を執る者、動《やや》もすれば其方に引付けて、事実を枉《ま》ぐる事あり。［…］実事実理を枉ぐるに至るは、世の有様を写す歴史の本義に背《そむ》けり。唯其《ただその》実際を伝へて、自然世の勧懲ともなり、名教の資となる。是即所謂《これすなわちいわゆる》公平の見、公平の筆なり。
>
> （重野安繹『史学に従事する者は其心至公至平ならざるべからず』、1889年）

近代の歴史学と違って、江戸時代の儒学的歴史は、過去の事実を探求する目的で行われる学問というよりも、為政者を育てあげるための一科目だと言えるかもしれません。歴史的なリーダーの行動を学び、儒学の価値観に基づいて評価することで、有能な指導者の素質を培《つちか》うものでした。つまり、客観的記述よりも「勧善懲悪」的な道徳のほうが重視されていたということです。

儒学の道徳観の影響をうけすぎると事実のほうが捻《ね》じ曲げられてしまうため、事実を公平に記述することが大切であると重野は批判しています。過去の事実をありのまま調べて述べれば、自然と読者を正しい見解に導くとしています。言い換えると、重野は当時既に道徳と知識の粘着を緩めようとする価値観を持ち、江戸の知識観を近代の視点から批判的に見ていました。

「実学」という言葉の意味

では、ここまで考察してきた、いわゆる儒学的知識観から科学的知識観への変化を象徴的に表している概念があります。「実学」という言葉です。

最近は、日本の大学にとって実学が大事だと言われたりしています。そして、現実のビジネスや科学技術のために役に立つ学問が実学であり、そうではないもの——端的に言えば人文学の諸分野——が「虚学」とされることすらあります。

ただ、「役に立つ」ということの意味は時と場合によって変わります。ですから、その学問が実学なのか虚学なのかということも歴史と共に変遷する、というのがこれまで述べてきた知識史の見方です。学問の善悪を考えるに当たって非常に重要な概念なので、ここでその歴史を遡ってみます。

実学という言葉は、もともと儒学の中から出てきた言葉でした。江戸時代前期には朱子学が普及しましたが、朱子学の理解では実学は道徳的実践につながる学びでした。儒学の一派として、朱子学には仏教批判の傾向がありましたが、朱子学が勧めた実学はかなり内向きなもので、経典の読書と仏教の瞑想に近い観想を重視したのです。

儒学思想においては、個人の修身活動を通して社会秩序を整えることを目的としましたが、江戸後期に入ると実学を訴えた知識人が後者に重きを置き始めました。儒学を単に理屈で考えるのではなく、「経世済民の学」として現実の政治経済に役立つよう実学的に考えようとアピールしました。先ほども触れた横井小楠がそうした経学（儒学の古典を解釈する学問）に対する批判をして、「実学党」を立ち上げて、藩校と藩政の改革を進めようとしました。

幕末になると財政難に陥った藩も多くなり、藩政改革が喫緊の問題となりました。そうした問題を解決するためには学問が必要だということで、つまり学問をすることの目的を直接に国益へと結びつけようとして「学政一致」を訴えました。

小楠は『学校問答書』という著作で学問と政治のギャップとそれに生じる「悪」に対して次のように警鐘を鳴らしています。

（問）然《しから》ば学政一致の心は非《ひ》なることに候哉《そうろうや》。
（答）秦・漢以来此道明《このみちあきらかに》なり不レ申《もうさず》。天下古今、賢知も愚夫も押《おし》ならし心得候は、学問申は脩レ己《おのれをおさむる》の事のみにて、書を読み其義を講じ、篤実勤行にして心を世事《せじ》に留《とど》めず、独《ひと》り自《みずから》脩養するを以て真の儒者と称し、経を講じ史を講じ文詩に達する人を学者と唱申《となえもうし》候。扨又《さてまた》才識器量有レ之《これあり》、人情に達し世務に通じ候人を経済有用の人才と云ひ、簿書に習熟し貨財に通じ巧者にて文筆達者なるを能《よ》き役人と心得候。是《これ》学者は経済の用に達せず、経済者は脩身の本を失ひ、本末体用相兼《あいかね》ること不レ能《あたわず》候。

（横井小楠『学校問答書』、１８５２年、佐藤昌介・植手通有・山口宗之編『渡辺崋山 高野長英 佐久間象山 横井小楠 橋本左内（日本思想大系55）』岩波書店、１９７１年、４２９頁所収）

学問というのは本を読んでひとりで修養に努めるもので、世の中のことに関わらない。一方の経済に明るい人はよい役人、政治家となるが、そうした人は道徳が足りない。つまり、学問と政治の世界がまったく別のものになっていて、その両者を兼ね備えた人物がいないことが問題だというわけです。だからこそ「学政一致」が必要なのです。

明治維新後の「実学」観

幕末になると、日本は富国強兵を目指し、西洋の軍事技術を輸入していきます。列強に攻め込まれないように、軍備を整えることが急務だったからです。すると、学問の世界においても、そうした軍事技術に関わるものこそが実学であるということになっていきました。

例えば、先ほど紹介した重野も学んだ徳川幕府直轄の昌平黌（昌平坂学問所）では、「書物読ニ実用少」く、「蘭学之軍学砲術を第一ニシ」ないといけない（倉沢剛著『幕末教育史の研究 一——直轄学校政策』吉川弘文館、1983年、2頁所収）という主張がされました。

また、維新直後に作られた公議所という、国会の前身の一つである臨時的立法機関ではさまざまな政治問題が議論されましたが、その一つがカリキュラム改革でした。

「漢土及第方」つまり中国の科挙のような試験制度を導入すべきという建白をうけて、議員のほとんどが賛成しつつも富国強兵に資するような学問・教育の必要性を強調し、「科目ハ実地適用ヲ主トシ」、試官が「実才実学ヲ洞察スル」、「学者徒ラニ博識ヲ務メ、実用ヲ務メザル可カラズ」など（『公議所日誌』『明治文化全集第一巻　憲政篇』日本評論社、1967年、44頁〜所収）と戒《いまし》めました。

具体的にどんな科目を採用すべきかについては意見がかなり異なりましたが、科学技術や医学、経済学、軍事などの分野がよく挙げられ、漢学を始め文章の学問、つまり現代でいう人文学の諸分野が実用が低いとされ、格下げされたという傾向が窺えます。

数年経つと「文明開化」が勃興《ぼっこう》し、西洋知の輸入が進むにつれて漢学の伝統的なカリキュラムへの批判が一層辛辣《しんらつ》になりました。しかし、西洋の知識だからといって文明開化に貢献するわけでもないという声もありました。漢学者の依田学海《よだがっかい》は次のように述べています。

近来洋学ノ盛《サカン》ナル日々漸《スス》ミ三尺ノ童子モ漢学ノ迂腐《ウフ》無用ヲ論シ洋学ノ当世有用タルヲ言ワサル者ナシ漢学ノ無用タル固《モト》ヨリ論ナシ然《シカレ》トモ僕今ノ洋学ニ於《オイ》テモ未《イマ》ダ疑ヒ無キ能《アタ》ハズ（中略）大声疾呼シ文明開化ヲ説クトモ実物実理に疎鹵《ソロ》ナラハ彼迂腐無用ノ漢学ト何ソ別タンヤ

（依田百川《ひゃくせん》〔学海〕『洋学の疑』、1875年、羽賀祥二監修『洋々社談 第三巻』ゆまに書房、2007年）

つまり、文明開化と叫んではいるものの、流行として西洋の学問のスタイルを真似て理論にとどまっていたり、表層的にしか理解してなかったりするのであれば、また漢学と同じように有用性を見失ってしまうのではないか。それは果たして実学と言えるのか、という危惧です。

さて、こうして「実学」の歴史を遡ってみると、その意味がほぼ逆転したことが分かります。江戸前期には儒学経典の学習によって道徳を身に付ける学問が実学とされたのに対して、明治に入ると経典だけでなく、漢文に基づく「文章」の学問全般が無用と強く批判されて、国の発展に直接貢献できるとされた工学や経済学だけが実学とされたのです。

道徳と知識が分離されるのが近代の特徴と先ほど主張しましたが、「無用」、「役に立たない」という価値判断には、実は学問の「悪」のもう一つの基準が含んでいます。

むすび

最後に、知識史の研究者という立場を離れて、江戸時代の知識観の現代的な意義について考えてみたいと思います。「近代の危機」という言葉の通り、西洋発のグローバル知識体制の限界が瞭然になった現代ですが、幕末の知識人の西洋批判には驚くほど要を得ているところがあるのではないでしょうか。現代の学問の「悪」とは一体何だろうか、という問いを異なる角度から考える視点を提供してくれていると思います。

例えば、もう一度横井小楠の西洋批判を思い浮かべてみると、これは現在にも通じることではないでしょうか。新自由主義や新帝国主義などと言われる現代の先進国の政策もまた、知識が、しっかりした道徳観の仲介なしに権力へと直結した結果だと考えることもできます。「人情に亘る事を知ら」ない、つまり自分と市民の心理を理解していない、あるいは意図的に操作している指導者が社会と国際関係の分極化を進めてしまっているのではないでしょうか。

もう一例に、日本では最近人文学が「役に立たない」という批判を受けることがあります。もちろん、文系・理系という区別自体が20世紀特有の見方だということも知識史の観点から指摘できることですが、それとは別に、「実学」の歴史を通して「役に立つ」とはどういうことかを考えることができるはずです。学術・経済・政治の諸制度には「経済有用」な知識生産の優先とそれに従わない知識を「悪い」ものだとみなす価値観が組み込まれていることが明らかですが、すべての知識を「経済有用」にするよりは、制度自体を変える選択肢もあります。

　無論、江戸時代の儒学的修身や明治時代の臣民教化といった思想にそのまま戻りましょうと言いたいわけではありませんが、個人の倫理観、知識体制、そして政治が密接に結びついていて、あわせて善良なる社会秩序を目指さなければならないという幕末の知識人の確信を現代の学者と政治家が一層強く意識しないかぎり、現代社会の根本的な葛藤と学問の「悪」を克服することは難しいのではないかと思います。

第12講

たたかう「文」の共同体に向けて

石井　剛

いしい・つよし
東京大学大学院総合文化研究科教授、東京大学東アジア藝文書院副院長。博士（文学）。専門は近代を中心とする中国哲学・思想史。早稲田大学政治経済学部政治学科卒業、東京大学大学院人文社会系研究科博士課程単位取得退学。著書に、『戴震と中国近代哲学――漢学から哲学へ』（知泉書館）、『ことばを紡ぐための哲学――東大駒場・現代思想講義』（中島隆博氏と共編著、白水社）、訳書に『近代中国思想の生成』（汪暉著、岩波書店）などがある。

「システム的な悪」

これまで、この学術フロンティア講義では11人の先生方にお話をいただいて、皆さんと一緒に「学問とその〝悪〟」という問題について考えてきました。このテーマはわたしが発案したものではありますが、EAAの教員とともに話し合って最終的に決まったものです。それは2020年の晩秋のころのことでした。折しも、内閣総理大臣が日本学術会議の推薦した新会員のうち6名に対して任命を拒否したことが大きな社会的反響を呼んでいました。これは、わたしたちの社会にとって学問がいかなる意義を担っているのかを考えさせずにはおかないできごとでした。

学問は自由であるというテーゼを受け入れるのであれば、学問はいかにして自らをチェックしうるのか。政治からの距離を保つことによって、学問は「悪」に加担することを免れ得るのか。むしろ、そうすることによって「悪」を結果として促進してしまうことすらあるのではないか。こうした不安で落ち着きどころを失っていたところに、東浩紀さんの文章に出会いました。

日本の軍人は自発的に加害したわけではなかった（能動態）。かといって強制的に加害させられたわけでもなかった（受動態）。なんとなく、まわりの空気に押されて、いっしょに加害するはめに「陥ってしまった」（中動態）。少なくとも自分たちではそう感じていた。

だから彼らは、みずからの加害行為について、罪も責任も感じず、事実すらまともに記憶しなかった。人間を生きたまま解剖し、殺すことについて、キセルのような軽犯罪と同じくらいにしか感じていなかった。

さきほどの元軍医の証言が教えてくれるのは、そういう驚くべき軽薄さであり、無責任であり、つまりは「愚かさ」である。その軽さ＝愚かさは、加害者の中動態的なかまえによって、すなわち、加害に加担しつつも、その加担を能動的に選び取ったという自覚がない、自発性にも強制にも分けられない態度によって生み出されている。

（東浩紀「悪の愚かさについて2、あるいは原発事故と中動態の記憶」、『ゲンロン』11、ゲンロン、2020年、31ページ）

ここで東さんが述べているのは、日本がかつて中国に対して行った侵略戦争のなかで、「731部隊」と呼ばれる陸軍研究機関が行った生物化学兵器開発実験のことです。中国東北部（旧満洲の黒竜江省にあった研究所では、拉致してきた中国人に対して、生体解剖のような残虐な行為が日常的に行われていました。そうした行為に加担した「日本の軍人」たちが、自らの行為について戦後も罪の意識は薄く、記憶すらあやふやだったことについて、東さんは強い疑問を抱きます。そして、その原因は、「中動態的なかまえ」ゆえの「軽薄さ」と「無責任」であり、そこでは「悪」は「愚かさ」として表出していたと東さんは言っています。

欧米の言語には動詞が能動態と受動態を有しているものが多く、英語を早くから学んでいる日本のわたしたちも、日本語の「〜れる／られる」を受動態であると理解する習慣が身についています。國分功一郎さんは、古典ギリシャ語にはこれらの「態」とは別に「中動態」が存在していたことに注目し、動作の主体と客体が明確に分けられていない事態について、魅力的な考察を展開しています。中動態の文においては、動作を生じさせている主体は明示されず、一連の動作や状態が生じる過程の内側にかくされます。國分さんは、中動態に注目することで主体の意志に負わされる帰責性がもたらす一種の強迫状態に異議申し立てを行っています。

一方、731部隊の軍医たちは、自らの意志だけ（能動）でそうした加害を行ったわけではありませんし、例えば腕をつかまれたり、おどされたりするなどの強制によって（受動）そうしたのでもありませんでした。彼らは「まわりの空気に押されて」「何げなし」に、いわば主体性があやふやな状態で行ったのであり、それを東さんは中動態的に「陥ってしまった」と表現します。中動態の論理は、人々をして巨大な悪に加担させてしまうのではないかと彼は問うているのです。

朝倉友海さんが第1講で触れていたナチス・ドイツのアイヒマンのことがここで思い出されます。ハンナ・アーレントはそれを「凡庸《ぼんよう》な悪」と指摘したのでした。しかし、東さんも触れているように、アイヒマンは、自分は組織の一員としてなすべき義務を果たしただけだと主張したのですが、一方、この731部隊の軍人にはそうした自覚すらありません。

では、なぜそうなってしまうのか。東さんはここでドイツの哲学者ギュンター・アンダースとフランスの哲学者ジャン゠ピエール・デュピュイの言葉を引きます。アンダースは、人間は道具を使うようになったことで、自分の意思と道具が生み出す結果との間にある種の距離が生まれ、その距離が中動態の原因となったと言い、デュピュイは中動態的な状況を生み出してしまう現代の技術的文明の全体を「システム的な悪」と呼んでいると言います。

これをわたしなりに敷衍《ふえん》してみると、「システム」、すなわち、個人の主体性を凌駕して機能する組織化されたメカニズムを、中国哲学のことばで言われる「勢」であると考えてみることができそうです。「勢」は、一つの傾向性として歴史の大きな潮流をも構成していく「いきおい」として、人々を支配しています。

日本で「勢」を論じたのは丸山眞男でした。彼は「歴史意識の『古層』」のなかで、日本の歴史の底層にあってそれを貫いている傾向性を、『古事記』に基づきながら、「つぎつぎとなりゆくいきおい」として定式化していきます。「勢」はまた、中国哲学の中でも中心的なテーマとして扱われています。特に、「理勢」という概念について論じた明代末期の思想家、王夫之《おうふうし》（1619-92）は、正しいかどうかとは無関係に現実に誰もが抗《あらが》えないような効力を持ってしまった時代の潮流を「勢」と呼び、それは、あたかも「理」としての正しさをも獲得していくと述べています。

システム的な中動態の悪とは、要は回避できない「勢」の中で生じる悪であると言い換えることができるのではないかと思います。その極端な例として、中国における文化大革命を挙げることができるでしょう。１９６０年代後半に中国で生じた10年の政治的混乱と無秩序の中では、多くの人々が政治的迫害を受け、命を落としていったと言われます。それは、中国における全民族的な災厄でした。しかし、解せないのは、このような大きな災厄には、皆が被害者としての苦い記憶を有しているのに対して、明白な加害者と名指される者が不釣り合いなほど少ないことです。

この「文革」については、「紅衛兵」と呼ばれた若者たちを煽動《せんどう》することによって、毛沢東が官僚化のプロセスをたどる中国の統治システムへの抵抗を試みたとか、毛沢東を取り巻く側近たち（いわゆる「四人組」）が実権を握って好き勝手をやったからだとか、さまざまな解釈があり、事実、毛沢東の逝去した直後に「四人組」が逮捕されると、混乱は一挙に収束に向かって展開し始めます。

文革の歴史自体は、想像を絶するような悲劇であり、中国ではこれを「十年の動乱」と呼びますが、このような歴史が回避できなかった、つまり、毛沢東や「四人組」の専横を回避できなかったのは、ただ単に彼らの権力が強力であったからだという理由だけではとても言い尽くされないのではないでしょうか。中華人民共和国の歴史の中で形成されたある種の「いきおい」が、抗うことを許さない「システム」と化したとしか言いようのないことであり、歴史の勢、つまり「時勢」は人知を超えて人々を支配していくのではないかと、どうしても悲観的にならざるを得ません。

思えば、731部隊を生みだした日本の侵略や植民地拡張政策も、ナチス・ドイツのファシズムも、抗いがたい時勢のなした災厄であったと言えるでしょう。こうした災厄を事後に振り返る場合、往々にして被害の苛酷さと悲惨さばかりが強調されるのは自然なことだと思います。また、歴史的評価が特定の人物や集団に原因と責任を帰することによって定まっていくのも世の常です。

しかし、残酷な被害を生みだした「システム」の随所では、やはり歴史的人物ではない、システム内部で生きている具体的な一人一人の人間が具体的に加害に関与していたはずであり、そのことを無視することは到底できません。「勢」としての中動態的なシステムは、人々の外側から支配的に振る舞っているのではなく、その内部に人々を配置し、人々はその中でのみ行為できています。そこにあるのはアイヒマンがそうであったような、組織の構成員としての明確な職務責任の意識ばかりではなかった、いや、それとは無縁な効力の支配であるように思います。

「道」の内部から「道」をつくる

したがって、わたしたちはこの「勢」なるものにおけるわたしたちのあり方を、外側からではなく、自らの内なる問題として考える必要があるのだと、わたしは思います。システムそのものの善悪を定めるのではなく、システムの内部から具体的に何が生じているのかを明らかにせねばなりません。しかし、それはまた同時に、責任の主体を確定して罪を負わせる作業とは何か別の方法を必要としているはずです。この講義はそのような方法について考えるための手がかりとして、システムの内部にあると考えることによって、どのような可能性を開くことができるのかを示してみたいと思います。

そのためにまずは、中国哲学における世界の様相について振り返ってみましょう。次の文章は、中国の清の時代の儒学者、戴震《たいしん》（1724-77）によるものです。

道とはあたかも「行」のようなものである。気が化してひろがり行き、生成してやむことがない。だから「道」というのだ。『易』には「一陰一陽を道という」とあり、『尚書《しょうしょ》』洪範《こうはん》篇には、「五行とは、一に曰く水、二に曰く火、三に曰く木、四に曰く金、五に曰く土」とある。「行」とはまた道の通称でもある。

（戴震「孟子字義疏證」、『戴震全書』六、黄山書社、1995年、175ページ）

「道」というのは、一般的にこの世界を動かす根本原理だと考えられますが、人によって理解が異なるために一概に定義することは難しい言葉です。戴震は差し当たってそれは「行」のようなものであると述べています。「行」は何かといえば、それは「気が化してひろがり行き、生成」するものである。すなわち、「気」（万物を構成する諸要素を貫くエネルギー）が変化していくプロセス自体のことを指します。彼は「気」という物質的エネルギーが集散し変化していくプロセスそのものを「道」と呼ぼうとしました。

「易」というのは、五経の一つである『易経』のことで、易占のように占いに使われるのですが、それによって世界のメカニズムを解き明かそうとするものでもありました。そこには、陰と陽の組み合わせのパターンこそが「道」であると書かれています。また、『尚書』とは、これも五経の『書経』のことですが、その中では「水」、「火」、「木」、「金」、「土」という自然を成り立たせる五つの元素が「行」であるとされます。これらの元素が相生じたり（相生）、相ぶつかったり（相克）しながら世界が生成変化していくのが「五行」のイメージです。

こうして諸要素が陰に陽に集散的に運動しながら生成変化していく様相とその場が「道」だと考えてよいでしょう。戴震は、人間もまたこうした万物生成のプロセスの中から生まれてくるだけでなく、人間の日常生活もまた「道」の生成変化そのものであると考えました。

こうした万物が生成変化していく「道」としてのシステムそのものには、善悪が始めから具わっているわけではないでしょう。「道」において、ある一定の傾向性が優位を占めるようになると、それは「勢」となります。「勢」そのものが善の傾向性を有するのか、悪に傾いていくのかは、ある瞬間を切り取った際に明らかになる効果や結果であり、事後的な判断に委ねられます。

人もまた「道」のなかで生成変化する存在ですので、「勢」の外ではなく、その中にあります。このことは言い換えれば、人は善と悪をともになしうるのであり、したがってまた、善に向かって自らと世界を変革していくことができる可能性を潜めているのだということです。ですので、わたしたちは中動態的なシステムの悪を見据えながら、同時に、同じシステムの中に善の端緒を見つけ、それを育てていくことは可能であるというのが、わたしの議論の中央にあります。

古代に遡《さかのぼ》って荀子《じゅんし》の議論を見てみましょう。

性なる者は本始材朴なり、偽なる者は文理隆盛なり。〔中略〕性偽合して然る後聖人の名を成す。

（『荀子』礼論）

「性」とは人の本来的な性質であるということができます。一方、「偽」は「いつわり」という意味ではなく、ここでは人為的な努力のことです。したがって、この文は、ありのままで素朴な人間の本性と、「文理隆盛」たる人為とが対比されています。それらが総合されることで初めて聖人の名に値するといいます。

よく知られているとおり、荀子は性悪論を唱えた人です。一方で、荀子は道徳の規範たる礼義を聖人が定めたとも述べます。人間の本性が悪だとして、聖人もまた同じ人間であるのなら、その人間はいったいどのように悪を脱し聖人として礼義を定めることができたのでしょう。これを荀子の自家撞着だと見る人もいます。しかし、必ずしもそうではないでしょう。この引用の後半では、「性」と「偽」があわさることで聖人たりうるとありますので、荀子における「聖人」とは、人間性を滅却した、神のように尊い特別な存在ではなさそうです。つまり、人間は人間のなかから主体的な努力によって「文理隆盛」を目指すことができるのであり、荀子において、そのための方法は「礼」であり、「学」でありました。

「文理隆盛」ということばは、四文字が並列されていると読むのが適切だとされていますが、ここでは「文明秩序の高み」というふうに解釈しておきましょう。「文」と「理」という二つの概念はどちらも中国哲学においてたいへん重要視されるものですが、さまざまな解釈が可能です。そもそも中国哲学において扱われる諸概念は、漢字の特性上、一字で表現されることが多く、したがって、多様なイメージを喚起しやすいのです。

今回の講義では「文」がテーマに挙げられています。「文」は、文明や文化の「文」でもあり、「文字」や「文章」の「文」でもあります。字形の成り立ちから言えば、2本の糸状のものが交わっているさまを象《かたど》っており、また、それは地面に遺された鳥や獣の足跡であるとも言われています。伝説上の人、倉頡《そうけつ》はそうした足跡から文字を創ったと言われています。天文や人文と同様、地文ということばもありますが、これらの文はいずれも、すじめが交錯して複雑なテキスタイルのようであるさま（紋様、パターン）がイメージされています。

このように、「文」は、文字によって表される言語を意味することもあれば、人間社会の秩序を構成しているさまざまな制度や儀礼などの総称としての文明、または人間が知的に認識して描述した世界のすがたなどの意味を含みますが、ポイントとなるのは、さまざまな「文」はいずれも、自然のままにある状態を指しているのではなく、人間が認識し、手を加えることによって現出するということです。

天文、地文、水文などについてもそれは同様だと考えられます。自然のすじめもまた、人によって認識され、表象されることによってすじめたり得ると言えるでしょう。対照的にただ自然そのままであることを「質」と言います。『論語』の「文質彬彬《ひんぴん》」（洗練さと素朴さがちょうどよくバランスしているさま）ということばの通りです。また、「文」は「野」とも対になりますが、これもやはり「文」が自然そのままではなく、何らかの人為的彫琢《ちょうたく》を経たものであることに由来しています。「文化」はいまでこそカルチャーと解されますが、もともとは、文明に向かって人を教え導く（「化す」）ことを意味していました。そして、荀子も戴震も、人々が「文」に向かうのは知性によると考えました。「文」は学ぶことによって獲得されるのであり、そこで「文」とは、道徳的な達成であると共に、知的に獲得される世界の表象そのものでもあり、したがって、まず第一に言語的に構成された秩序でした。

「文」は必ずしも善なるものであるとは言えません。『啓蒙の弁証法』を待つまでもなく、わたしたち人類は、自ら創りだしたものによって野蛮に陥っていく苦い歴史を繰り返してきました。「文」は、わたしたち人間の知性による表象作用であると言うことができますし、同時に、それによって構築してきた世界そのものであると言うこともできるでしょう。わたしたち個人は、生まれ落ちたその直後から、すでに存在している「文」の世界に放り込まれ、その中でのみ生き続けることができます。言語から文明に至るまで「文」に含まれる領域は広大ですが、それは総じてわたしたちが人間として存在する条件であり、したがって、わたしたちがその中に配置されるようなシステムでもあります。

第6講で林少陽さんが取り上げた中国近代を代表する哲学者章炳麟《しょうへいりん》（1869-1936）は、生涯をかけて「文」を抱擁した人であり、したがってまた「文」の危険性を冷徹に見据えた人でもありました。ここでは言語的側面にしぼって見ていくことにします。

> 言語が病的でないことは不可能である。したがって、文辞が巧妙になるほど、病はひどいものとなるのだ。その瀬戸際をなすのは、「文言」か「質言」かということのみである。〔中略〕文が質から離れるほど、表象は益々進み、病もまたひどくなるのである。
>
> （章炳麟「正名雑義」、「訄書 重訂本」、『訄書 初刻本 重訂本』、生活・読書・新知三聯書店、1998年、219ページ）

ふつう、わたしたちはより精密に言語を使えるようになることはよいことだと考えます。しかし、章炳麟によればそうではありません。なぜなら、言語は必然的に「病的」だからです。「文辞」、すなわちレトリックが巧妙になるほど、言語の「病」、すなわち文の「病」はひどくなると彼は言っています。文の「病」はその原初において定められた宿命です。そもそも文＝言語とは、自《おの》ずからある対象を分析的に抽出し、それを記述する行為だからです。しかし、わたしたち人間は言語なしに世界に向き合うことはできません。そして、言語によって認識される世界は、分析と抽出を経ている、すなわち象徴化されたもので、世界そのものではありません。このことを章炳麟は、人間はそもそも言語を使うという一点において、根底から病的なポテンシャルを抱えているのだと解釈しました。

しかし言語そのものを抹消することはできませんから、せめてその「病」をよりひどいものにならぬようコントロールすることだけが、わたしたちにできることとです。章炳麟はそれを、「文言」と「質言」の間で努めてバランスを取るようにすることだと述べています。「文」は「質」ではありませんが、「質」から離れれば離れるほどその「病」は深くなる。したがって両者のバランスを取る以外にないのです。

この問題に対処するには差し当たって二つの方法があると章炳麟は考えました。

心で推し量ることを「恕」、周到にものごとを観察することを「忠」という。一を聞いて十を知り、一つのことを挙げて三つのことに思い至るのは「恕」のなせることだ。〔中略〕「恕」を大事にする人は類比に長けている。仮に類比によってすべてのことを知ることができるとするなら、一定の基準さえあれば四角いものも円いものも精査できる。だが、ものごとは複雑で、四角や円のように計測できるものではないのだ。だから基準に頼ろうとする人は行きづまるし、類比にこだわる人は疑念を持つようになる。周到にものごとを観察し、きざしをとらえてその構造を見きわめるのは「忠」のなせるわざだ。つまり、通則を立てて遠いものを知るのは「恕」であり、パターンを細かく観察するのは「忠」である。

（章炳麟「訂孔」下、同上、426ページ）

「恕」というのは、類比や類推をする演繹的な態度であり、「忠」は、ものごとをよく観察し、そのパターンや構造を見出す帰納的なプロセスです。「恕」はものごとを見るための「一定の基準」として重要ですが、それだけでは、複雑極まりない自然のものごとを正しく把握できません。そのため、虚心坦懐にものごとを観察すること、ものごとのありのままに忠実たることが必要となります。これが「忠」です。こうして章炳麟は、言語が避けることのできない「病」を引き受けつつも、「文」と「質」がなるべくバランスを保ち、「文」が一人歩きすることがないようにする必要を論理の問題に置き換えました。章炳麟は言語の限界を知りつつも、その限りでなおも言語を使わなければならない宿命にある人間が、かろうじてバランスを保ちながら「病質」と付き合っていくための方法を論理の実践であると認識していたのです。

言語の限界は、古代からすでに知られていたことでもありました。章炳麟はそれを近代的に再解釈したにすぎないと言ってもいいと思います。例えば、『老子』の第1章は有名ですね。

道可道非常道、名可名非常名。

（『老子』第一章）

道を「道」と名指すことができれば、それは常なる道ではないし、名を名づけることができるなら、それはもはや常なる名ではない。つまり、何かを「何である」と言ってしまった途端、それはすでにもとの「何」と同じではなくなってしまっていると『老子』には述べられています。言語の表象がそもそも病的であると断じた章炳麟も、きっとここからインスピレーションを得ているにちがいありません。『荘子』にもよく似た寓話があります。

南の海に儵《しゅく》、北の海に忽《こつ》、中央には渾沌《こんとん》という帝がいました。渾沌は親切に彼らを遇したので、儵と忽は渾沌のもてなしに何とか報いたいと考えました。彼らは「渾沌には人間にあるべき七つの穴がないので、見ることも聞くことも食べることも息をすることもできない。開けてあげよう」と言い、毎日一つずつ渾沌の身体に穴を開けていきました。七日後、渾沌は死んでしまいました。

（『荘子』應帝王）

「七つの穴」というのは二つの目、二つの耳、口、そして二つの鼻孔です。渾沌とはつまり「混沌（カオス）」のことですから、この話の寓意は明らかです。カオスに秩序と分別を与えることによって、そこに孕《はら》まれていた生命力が奪われてしまうのです。これはまさに、「文」によって馴化され、もともとあった荒々しさを失ってしまう「野」のことを言っているようであり、したがってまた、啓蒙のプロジェクトによってもたらされる帰結を予示しているようでもあります。渾沌は混沌のままで渾沌であり、そうでないものとして理解しようとすると破綻してしまう。ここにも言語による秩序構築（「文理」）の限界が暗示されています。『荘子』はしばしば分析的に浮かび上がる名による差異化に対して否定的な、「万物斉同《ばんぶつせいどう》」の思想であるとされています（ただしわたしはこうした『荘子』理解には留保的です）。

一方、『論語』は、あくまでも名を与えることが重要であるという立場で対照的です。

子路《しろ》が言った、「衛の殿さまが先生をお迎えして政治をなさることになれば、先生は何から先きになさいますか」

先生はいわれた。「せめては名を正すことだね」

（「金谷治訳注」、『論語』子路第十三、岩波文庫、1999年改訳版、249ページ）

弟子の子路が孔子に対して、衛という国の殿様が先生を迎えて政治を任せられたら何から手を付けますか？　と問います。すると孔子は「名を正す」こと、つまり、名前をちゃんと定めるということが先決だと答えます。子路はそんな迂遠な方法でいいのかと疑問を持つのですが、孔子は名が定まらなければ何を話しても無駄だというのです。

例えば、「民主主義」という言葉を考えてみましょう。アメリカやヨーロッパ諸国は民主主義の世界を守ると言います。そこにはある種の独裁国家、すなわちロシアや中国というものが対立する側として想定されています。しかし、中国のリーダーは、自分たちもまた民主主義をやっているのだと言っていてかみあいません。どちらか一方が正しくて他方がまちがっていると断じるだけでは水掛け論になってしまい、最終的には力のぶつかり合いに陥りかねません。孔子が「名を正す」と主張したのは、現実に通用してしまっている同じ「名」でありながら異なった含意を有している概念について、どれが正しくどれがまちがっているかを選別するという意味ではないでしょう。既存の「名」に正しいものはありえないからこそ、名を正し続けることが大切であると考えていたはずです。

孔子は、周王朝の理想の制度が崩壊していた現実を憂えて、それを復活させることを目指して諸国を遊行しました。制度のほころびは秩序の動揺であり、それはさまざまな悪を招来していたでしょう。しかし、そうした現実の悪に抗うことが悪を根絶やしにすることになったかどうか、荀子や章炳麟なら疑問を呈したことでしょう。なぜなら、悪はシステムの中に最初から組み込まれてしまっているものだからです。悪を根絶することはしたがって、ある意味、不可能な企てなのです。そして、渾沌＝混沌の生命力はそう簡単に奪われるものではないのです。むしろ、七つの穴を穿《うが》たれて明確な輪郭を描いた瞬間から、そうしてできあがった秩序は崩壊を兆し、停滞することなく常に蠢《うごめ》きはじめているにちがいありません。だからこそ、孔子は次のような揶揄《やゆ》を受けることにもなります。

子路が石門で泊った。門番が「どちらからか」といったので、子路が「孔の家からだ」というと、「それは、だめなのを知りながらやっている方ですな」といった。

(同上、憲問第十四、296ページ)

孔子はこのようなことを言われても意に介すことはありませんでした。混沌的ダイナミズムは正名によって滅却されるほど脆弱なものではありません。そして、だからこそ、正名という仕事は不断に繰り返されなければなりません。それは結局のところ、「道」のやむことなき生成のダイナミズムを自らが引き受けていくことでもあります。

東京在住時代に章炳麟の教えを受けた文学者魯迅《ろじん》（1881-1936）は「絶望の虚妄なること希望に同じい」と述べました。これは決してニヒリズムではありません。「故郷」という美しい短編小説のラストを皆さん覚えているでしょうか。そこにはこう書かれていました。

思うに希望とは〔中略〕地上の道のようなものである。もともと地上には道はない。歩く人が多くなればそれが道になるのだ。

（魯迅「故郷」、竹内好訳『阿Q正伝・狂人日記 他十二篇（吶喊）』、岩波文庫、2006年改版、99ページ）

ここで、「道」を戴震の解釈に引きつけて理解することも可能でしょう。「道」とは、万物が生成変化していく「場」であり、そこにおいて中動態的なシステムが形成されては展開していきます。わたしたち人間は、その内側にあって生き、喜怒哀楽や生老病死を繰り返していきます。そしてそれは大きな歴史の「勢」となってわたしたちの生活を左右し、支配しています。しかし、わたしたちはそうした「道」のなかで、ただなすがままに操られているわけではありません。言語の病質性を自覚しながら、なおも「忠」たり「恕」たらんとして文質のバランスを保とうとするのもまた、わたしたち人間の知性のなせる技です。それはまた新しいモメンタムを形成していくでしょう。したがって、わたしたちにとって「道」は、わたしたちを支配しているシステムとしての動態的な場でありながら、同時に唯一の希望のよすがでもある。魯迅はこのように考えていたからこそ、文学者として「吶喊《とっかん》」（叫び）を発したのでした。

悪を克服するためにわたしたちはいかにして「行う」べきか？

悪を根絶やしにすることができないのは、わたしたちがその中にありながらそれを生みだしている「勢」としてのシステムが、すでにその始まりからある種の悪を宿してしまっているからです。しかし、それでもなおわたしたちは悪の克服に向かって努力していかなければならない。そういう不可能な企ての中にこそ希望があると、孔子から魯迅に到る中国の思想家たちは教えてくれます。

この場合、悪を克服するとは、知識や悟性のレベルに止まらず、わたしたちがいかにして「行う」かということに直接関わってきます。悪そのものを完全に回避することは原理的に不可能です。だとすれば、わたしたちはせめて最悪の悪を避けたいと思いますが、それはいかにして可能になるでしょうか？

例えば、張政遠さんの第7講では原子力の問題が扱われました。原子力が悪であるのかないのかについて教室での議論は一様でなかったとわたしは理解しています。問題は原子力そのものではなく、それをどのように使うかであって、原子力をそのまま悪であると断ずるのは短絡的であるという批判には一理ありそうです。というよりも、原子力を一つのシステムであると考えれば、それは悪にも善にもなりうるということになります。また、システムにはその始まりからして悪が孕まれているということもこれまで見てきたとおりです。したがって、わたしたちは最悪の悪を避けることに尽力すべきだということになりますから、問題はどのような場合に原子力には固有の「最悪の悪」が存在するのかということになるでしょう。

原子力が大きな力を持つエネルギーとして初めて人類の前に姿を現したのは、言うまでもなく広島と長崎に投下された原子爆弾でした。この時から、人類は自らの生み出した文明によって自らの生存が脅かされることを具体的な現実として認識するようになり始めたのです。それは、滅亡に対する具体的な危機感でした。それ以前は宗教的説話のなかで語られる終末イメージでしかなかった滅亡が具像的な恐怖の対象へと転換したのです。戦後文学の代表者の一人である武田泰淳《たいじゅん》は「限界状況における人間」というエッセイの中で、仏教説話に含まれる滅亡の物語に言及しながら、こう言います。

もしかしたらシャカがこの仏教の定理を唱えたのは、シャカ族の滅亡をあらかじめ知っておられて、その悲惨な同族の未来にそなえて、それに耐えるためにあえて示したのではなかろうか、などと想像もした。

（武田泰淳「限界状況における人間」、『武田泰淳全集第十三巻』、筑摩書房、1972年、287ページ）

釈迦が唱えた「仏教の定理」とは、すべての物が変化すること、滅亡とはそうした変化の表れの一つであることを指します。つまり、滅亡が繰り返し起こりうることをあらかじめ知っていたからこそ釈迦は滅亡を論じ、人々にそれに備えるよう促したのだ。武田はそう考えたのでした。この時武田はすでに原爆を経験した後の社会に生きており、滅亡のイメージを考える際に、原子力文明のことがその念頭には上がっています。

核兵器使用の悪については、じゅうぶんではないにせよ一定の共通認識があるでしょう。一方で発電はどうでしょうか。よく言われているように、原子力は、膨大なエネルギーをもたらす代わりに、多量の放射性物質を生み出します。それらは地下深く埋めるなどして一時的に回避していますが、数万年単位で管理が必要となるものも中にはあります。これは原子力というシステムに不可避的に内在する、人間の力（少なくとも今日の文明の力）ではどうにも解決できない問題です。ましてや、このような放射性物質がいったん管理の限界を超えてしまったら、どうなるでしょうか。これは原子力というシステムに内在する悪であると呼んでもいいでしょう。したがって、この問題がもたらすであろう災厄を極小化することが、システムを有し、それを使う人間として不可欠の努力になるはずです。

しかし、福島第一原子力発電所の事故以前、日本では全電源喪失は考慮の必要がないことだとされており、わたしたちもそれを信じてはいなかったでしょうか。これは、釈迦の教えに反していないでしょうか。人間が制御できる範囲をはるかに超える巨大なエネルギーを生み出す原子力が潜在的に抱えている悪は、ことのほか大きいです。だからこそ、わたしたちは、それを冷静に見据えて評価しつつ、壊滅的な事故を避けるために最大の努力を惜しむべきではなかったのです。

にもかかわらず、わたしたちは破滅的な災害を惹起《じゃっき》しかねない原子力の暴走の可能性を「ありえないこと」と切り捨ててしまいました。それは原子力というシステムが根源的に孕む悪に目を瞑《つむ》ることであり、その結果、果たして取り返しのつかない事故を招いてしまいました。悪の発現の可能性があることを知りながら、それはありえないと言明すること、それこそは「最悪の悪」だったのではないでしょうか。

西洋哲学の中でシステムの悪を論じた例として、シェリングがいます。彼は、悪の人格性を前提とした上で、こう言っています。

人格的なるもののみが人格的なるものを癒しうる

（シェリング『人間的自由の本質』、西谷啓治訳、岩波文庫、1951年、97ページ）

悪を克服するのは結局のところ人間の営みに他ならないという孔子のモチーフが洋の東西で反響し合っているのを感じることができます。そして、癒やすことの困難さは孔子の行いに現れているとおりです。だからこそ、悪を回避するためには不断の努力が必要であり、それは「癒し」と希望につながるはずです。自らの力によって癒やすことができないとわかっていることをそれでも行うことのすべてが「最悪の悪」とは言えないでしょうが、わたしたちの文明がその内に抱えてしまっている矛盾であることにはちがいないでしょう。ですから、最悪の悪に加担しないためには、自らの力を超えた力によってもたらされる不可避な破滅がやがて到来する可能性に目を背けず、そのための準備をすることが最低限必要です。原子力を抱えてしまったわたしたちだからこそ、それがもつ矛盾を解決していく努力は可能です。

政治の悪

第8講の金杭さんの講義では、民主主義に内在する悪についてのお話がありました。民主主義の悪を「ゼロ」にすることはそもそも不可能ですし、それ以前に「民主主義とは何か？」という問いに答えるのはなかなか難しいことです。

古代ギリシャにおいて民主政が貴族政の堕落態であると捉えられていたことはプラトンが示すとおりですし、民主主義があくまでも他のあらゆる最悪の政体と比べた結果選ばれているにすぎないのだということは、例のチャーチルの「民主主義は最悪の政治形態であると言える。ただし、これまで試されてきたいかなる政治制度を除けば」という名言にも現れています。理想の民主主義を求めることは尊くても、その内容を吟味することなく民主主義を理想化する傾向にはつねに警戒的であるべきです。

システムである以上、あらゆる政体は悪から自由であることはできませんし、逆に善のポテンシャルを含まない政体も存在しないと言うべきでしょう。そして、「文」という概念が教えてくれるのは、いかなる政体においても、わたしたちはその内にあって生きている人間として、善を追求することは可能だということであり、同時にあらゆる政体は常に内部の生活者が示すダイナミズムによって不断に「別の何か」へと変化しつづけています。「文革」ですらそうでした。1978年、安徽《あんき》省の農村で農地の請負制が人々によって秘密裡に決定されます。そのやりかたが、硬直した人民公社制度を内側から改革する新しい農業政策として改革開放時代の社会制度の基盤となっていったのです。外からの改革者がヒーローのように降臨してきたわけではないのです。中国における「民主」のベースにはそうした下からの改革のポテンシャルが孕まれています。

わたしたち人類は、政治における「最悪の悪」を避けるために、長期にわたるたたかいを続けてきたのであり、その延長線上で民主主義が普遍的な価値としてかろうじて選び取られてきたと言えるでしょう。しかし、民主主義は時に人に対してきわめて暴力的に振る舞います。章炳麟は、一人の君主による暴虐であれば、君主のもとを避ければ難を逃れることはまだ可能だが、多数者の暴虐では逃げ場すらないと述べています。章炳麟はさらに、勢が人々の逃げ場を奪う状況において、いかに抵抗すべきかについて考えます。

政治が日に日によくなることを「積極」といい、日に日に悪くなることを「消極」と言う。「消極」であれば、事を立てるには不十分である。しかしそれでも事は立つのだ。慎重に進退を見極めて先王の教化の源を理解しているものこそが誠実なのだ。

（章炳麟「消極」、前掲『訄書 初刻本 重訂本』、3－2-3－3ページ）

「消極」の状態、すなわち政治が日増しに悪くなる時代において、主体的に何ごとかを為そうとしても上手くいきません。章炳麟は、「しかしそれでも事は立つ」、すなわち、このような状態にあっても、できることはあると言うのです。具体的には、「先王の教化の源」を理解すること、すなわち、古の理想の政治を研究することです。

章炳麟が念頭に置いているのは、清代考証学のことです。「文字獄」でよく知られているとおり、清代の雍正《ようせい》帝から乾隆《けんりゅう》帝のころの時代には朝廷に批判的な言論の弾圧が行われていました。朝廷への抵抗が試みられたのは、それが北方のマンジュ（満洲）人による征服王朝だったからです。厳しい弾圧の一方では懐柔策として重要な文献を収集整理して「四庫全書」を編纂するなどの学問振興政策も採られ、その結果、文献考証の学が隆盛を極めます。清朝末期にマンジュ人打倒を目指した革命理論家の章炳麟は、考証学が圧政のもとでの消極的な抵抗の実践であったと主張した人です。

「漢学」とも呼ばれた清代考証学は、自分たちの祖先である漢の学問に復することによって、先人において理想とされた政治とその制度としての「礼」を顕彰しようとしたというわけです。「消極」の世にあっても「事は立つ」というのは、学問によって民族の記憶を明らかにすることに他なりませんでした。古の学問は「経」(詩、書、礼、楽、易、春秋)に集約されますが、章炳麟はこれらの経書を、理想の政治が行われた周王朝の制度の記録（史）であると理解しました。

あるいは『史記』で有名な司馬遷の事例を思い浮かべてもよいでしょう。司馬遷は、匈奴《きょうど》との戦いにおいて投降した李陵《りりょう》をひとり擁護したために武帝の怒りを買って宮刑に処されました。司馬遷はそうした屈辱の中で歴史を書きます。これもまた、「事を立てる」のではなく、「事が立つ」のを待つという実践だったと言えるでしょう。章炳麟は自ら明確には述べていませんが、司馬遷の顰《ひそ》みに倣《なら》っています。そして、司馬遷もまた、「だめであるのを知りながら」不遇の中で学問を行う孔子や、それより以前、殷《いん》の紂《ちゅう》王に捕えられて囚禁されていた間に「易」の八卦を発展させて六十四卦とした文王のような太古の範があってこそ、歴史の記録者として「消極」の時を生きる道を選び得たのでしょう。書くこと、記録すること。それは、中国の伝統においては常に抵抗の行為として特有の意味を有しています。「文」による消極的なたたかいです。

一方、文によって「事を立てる」ことは容易ではありません。世界史上でそれを試み、そして失敗した例として、やはり中国の例を挙げます。今の中華人民共和国を作り上げた毛沢東の文章です。毛沢東は「文」を世界変革のための主体的な革命実践へと高めようとしたのでした。

イデオロギイとしての文芸作品はすべて、一定の社会生活が人間の頭脳に反映して産み出されたものである。革命的文芸は、人民生活が革命作家の頭脳に反映して産み出されたものである。人民生活の中に、もともと、文学・芸術の原料の鉱脈が存在している。これは自然形態のものであり、荒けずりのものであるが、同時にもっとも生き生きした、もっとも豊かな、もっとも基本的なものである。この点で言えば、それらは、すべての文学・芸術をして顔色なからしめるものである。それらは、文学・芸術の、取りつくせず汲みつくせぬ唯一の源泉である。

（毛沢東『文芸講話』、竹内好訳、岩波文庫、1956年、30ページ）

彼は労働者や農民たち、すなわち抑圧された階級のための改革をすべきだと考えました。そのためには彼ら人民の言語を獲得しなければならない。毛沢東自身のような知識人が使っている言語の構造を実際の生活の中から変えていくためには、知識人が労働者、農民や大衆と共に生活をする必要があると主張しました。「野」を「文」に高めていくという教化のベクトルが「文化」ですが、言ってみれば毛沢東はこのベクトルの向きを改め、「野」にもどって、「野」の中からもう一度「文」をやり直すことが、延安における文芸運動であったのです。これは既存の「文」のシステム自体を根底から組み替えようとする試みでした。人民とは、そうした組み替えられた「文」において顕現する新しい政治の主体だったと言えます。

毛沢東を単なる独裁者であったと片づけるのは難しいとわたしは思います。彼は抗日戦争の中で幅広い民意を獲得できたからこそ「救いの星」たり得たのですし、文化大革命において紅衛兵の熱狂的な支持を集めていたのは、官僚制として整いつつあったシステムの弊害への不満という側面もあり、文革にはやはり民意により一定の支持があったと考えるべきです。したがって、文革の悲劇は単なる独裁による恐怖政治だけに帰せられるものではなく、とても大きな大衆運動のなかで生じたことを見落とすべきではないでしょう。「民主」の陥穽《かんせい》はここにも見られるのです。そして、これは「文」によるたたかいの困難を具体的に表現している歴史であると思います。

毛沢東のプロジェクトが失敗に終わった大きな原因の一つは、彼が友と敵を弁別することによる階級闘争のモデルを手放せなかったことにあります。また、大衆運動の中から強力なカリスマが生みだされてしまうことによって権力が暴走した結果、「文」が激しく刃を剥いたことにもわたしたちは注意を払うべきです。階級敵をつくりだすためには、社会の中からそれを見出さねばなりません。何ものかに「敵」という名を与えるのです。「黒五類」（地主、富農、反革命分子、壊分子、右派分子）などがそうでしたし、敵をあげつらう批判大会の際に罵りのためのレッテルとしてよく使われた「牛鬼蛇神」などもそうでした。「文」が鋭い刃を持つことで生み出された恐ろしい現実です。

こうした歴史は現在のわたしたちと無縁でないどころか、わたしたちを取り巻く生々しい現実とオーバーラップしていることをわたしは思わずにいられません。インターネットを通じたコミュニケーションが政治に与えている影響を考えれば、即座にそれは理解できます。現在の政治状況が呈している危機を民主か独裁かという体制論に還元してしまうと、わたしたちは容易に「名」の毒に当たり、渾沌が陥ったような困境に陥ることになりかねません。「名を正す」ためにも、わたしたちはより複雑に、より粘り強く、状況についてあらゆる側面から認識していく必要があります。それが「文」の作業です。

人類活動自体の悪

第9講での太田邦史さんのお話は、人類の活動が地球の生命システムに大きな負荷を与えてしまっているという問題でした。武田泰淳は、釈迦の教えを「同族」の破滅を避けるためのものだと解釈しました。しかし、わたしたち人類の存在自体が他の生命の存続にとって脅威になってしまっているのだとしたら、ただ、わたしたちの「同族」の破滅を避けようとするだけでは不十分なのではないか、という重たい問いを太田さんのお話は投げかけたのです。地球の生命システムがはるか太古のころから、特定の種の大量死滅を繰り返しながら、全体としては新陳代謝をするように次の繁栄を迎えてきたという話からすると、人類もやがて絶滅の危機に瀕するが、それはむしろ、地球の生命の新たな繁栄のためには望ましいことですらあるということなのかもしれません。

　魯迅は小説家としてのデビュー作『狂人日記』の末尾に「子どもを救え！」と記しました。彼は文の力で中国の国民精神を変えようとした人です。彼は当時の中国が「人を喰らう」かのような封建社会であると批判したのです。「子どもを救え！」という言葉は、人類や社会の存続を前提としているようですが、わたしはここでその意味をもっと広く取りたいと思います。すなわち、「文」の希望を人類滅亡の可能性が皆無ではないカタストロフィの彼方につなげることができないだろうかと考えるべきだと思うのです。それはすなわち、人類滅亡の後にも何かが生きて残るのにちがいないという希望であり、人類亡き後にも「文」だけは残るのではないだろうかという希望です。わたしはそれを「宇宙的希望」と呼びたいと思います。

　宇宙には、人類だけではなくさまざまな他の生物、生命が存在します。ことさら人間だけが特別であるという傲慢《ごうまん》さを捨てることで、そうしたものたちとのつながりを持つことができるかもしれない。つまり、人類だけではない来《きた》るべき万物の存在をわが「子ども」として招き入れるような想像力を養うことはいかにして可能になるでしょうか。「絶望が虚妄であることは希望と同じである」という魯迅の言葉を「文」の希望であるとするならば、そのような「文」において、わたしたちは、人間の存在のありようと他のあらゆる存在（それは未来に来る存在をも含みます）との共生の可能性を模索しなければならないのではないでしょうか。わたしは「宇宙的希望」をそのようなものとして捉えています。

例えば、仏教で言われる輪廻《りんね》について考えてみてもいいでしょう。その考え方が教えるのは、わたしたちが人類以外の種ともつながっているということです。人類の存続よりも大きなスケールで生命は存続しているのだとすると、人類の生存限界を超えて残る「文」もあるにちがいないと考えたほうが適切ではないでしょうか。

「文」の場としての大学

最後に、「文」の希望をどのように育むべきなのかについて考えてみたいと思います。わたしが念頭においているのは、ここでも孔子のことです。

先生が匡《きょう》の土地で危険にあわれたときにいわれた、「文王はもはやなくなられたが、文はここに伝わっているぞ。天がこの文を滅ぼそうとするなら、後代のわが身はこの文にたずさわれないはずだ。天がこの文を滅ぼさないからには、匡の連中ごとき、わが身をどうしようぞ。

（前掲金谷治訳注『論語』子罕《しかん》第九、168ページ）

匡という名の地を訪れたとき、孔子は非常な危機に見舞われたようです。どのような危機だったのかについては諸説あるのでここでは省きます。注目したいのは、危機にさらされてなおも孔子が楽観的であり得た秘訣は何かということです。彼は、「文がここに伝わっている」以上、自分はだいじょうぶだと言っています。孔子は、「文がここにあるかぎり」、匡の人も自分をどうにもすることはできないと嘯《うそぶ》きます。孔子にここまで確信を持たせる「文」とは何だったのでしょうか。

『論語』の中にはほかにも孔子が「文」やそれを支えている「天」に言及している箇所が複数ありますが、それらを総合して想像してみるに、孔子が多くの弟子たちと共にあったことが、「文」に対する確信を支えていることがわかります。このことは、いまわたしが皆さんと共にいる大学と、そこにおける研究と教育のことを思い起こさせます。

わたしたちがいま共に学問を行っている大学は、孔子が危機に瀕した時に声に出して確認した「文」に等しい希望の場にほかなりません。孔子は決して俗世を離れて清貧と隠退の中で自らの描く理想に籠もった人ではありませんでした。そうではなく、勢としてのシステムに内在しながら、「文」のか細い希望に賭けたのです。大学は象牙の塔と言われ、近年では文系学部不要論までが出てくるようになりました。しかし、大学は、「文」の希望をつなぐためにこそ、開かれた場であるべきではないでしょうか。「文」は「文」たることによって悪を免れるわけではありません。むしろ、「文」はその始めから悪を兆《きざ》しているのです。しかし、だからこそ「文」は、わたしたちの努力によって希望にもなりうるのだとわたしたちは確認してきました。そのために、わたしたちの学問は、あらゆる前提や条件を超えて、一切を問いの対象にしながら社会と共に進むべきであると思うのです。

わたしたちは学問の場において、悪と共にありながら、なおも希望を見据えてそこに向かって行こうとする作法をこそ身につけなければなりません。新型コロナウィルスのパンデミックでオンライン授業が行われるようになったことで、大学がキャンパスを有した場であることの意味を問い直す必要がでてきました。もしも学問を悪と共にありながらなおも希望の道を開く営みであると理解するなら、キャンパスの存在が不可欠であるはずです。なぜなら、そこで初めて、学問が人との交わりの中で、善にも悪にもなりうるプロセスの中に位置づけられるからです。大学は、ヴァーチャルではなく肉体を伴った人の交わりの場であることで、危機に瀕した孔子をしてなおも希望を失わせなかった「文」の共同体たり得ます。

学問をより大きな「文」の共同体の内部に位置づけて、学問と共に人として成長していく場が必要であり、大学はそのような共同体になるべきだとわたしは思います。荀子における「礼」の習得を含む「学」とは、まさにこうした「文」の共同体における学問のあり方であると理解すべきではないでしょうか。したがって、サークル活動などの課外活動を学問とは別の余興と考えるのではなく、課外活動があるからこそ学問は善に寄与する有意義な営みへと展開していくのです。その意味では、キャンパスにはより多様な人々が集まったほうがよいにちがいありません。安全や効率という観点だけでオンライン授業を評価すると、大学における学問は縮んでいってしまいますので、インクルーシヴな大学を目指すためにもキャンパスに集うことの学問的意味を強調する必要があるはずです。

このような場は、大学という特定の空間だけに許されるわけではないでしょう。しかし、大学だからこそ可能になることもあります。まず、大学が研究機関でもあるということが重要です。中心に研究があるからこそ、そこは「文」の共同体として、人類の智慧に直接寄与することができるからです。もう一つ、大学という場においては失敗が許容されうるということが重要です。「実験」は、ただラボラトリーの中だけで行われるのではありません。キャンパスもまた人生の「実験」が行われる大きなラボであると言えないでしょうか。このような場は社会的にも価値があるにちがいありません。しかし、大学が失敗を許容する限定的な人生の「実験」の場として機能するためには、そのような場を維持し育むために社会が協同参与し、共にそうした場を支えていくことが不可欠でしょう。そうすることで、大学は、社会全体にとっての「コモンズ」として機能しうると思います。

「コモンズ」としての大学は、社会の縮図でありながら社会とは距離をおいた生活の「実験」の場として、その中心で学問研究を遂行し、終わりなき「正名」のプロセスたる「文」の作業を営む場です。文明というシステムの悪が最悪のものになることを防ぎ、未来への希望を提示するのは、そのような場においてであるにちがいありませんし、大学がそうであるためにも、研究者、教職員や学生のみならず、社会全体が協力することがきっと必要なのだと思います。

□読書案内

文中で示さなかった文献をいくつか記します。中動態論については、國分功一郎『中動態の世界』（医学書院、２０１７年）のほか、東京大学東アジア藝文書院編『私たちはどのような世界を想像すべきか』（トランスビュー、２０２１年）の中でも國分さんが熊谷晋一郎さんとの対談という形式で論じています（第11講「中動態と当事者研究」）。７３１部隊については、森村誠一『悪魔の飽食』（光文社、１９８１年）というルポルタージュがあり、出版当初はたいへんな反響を呼び、中学生だったわたしも少なからぬ衝撃を受けました。「勢」という概念を体系的に論じているのは、フランソワ・ジュリアン『勢効力の歴史――中国文化横断』（中島隆博訳、知泉書館、２００４年）です。戴震の哲学については石井剛「中国における感情の哲学」（伊藤邦武、山内志朗、中島隆博、納富信留編『世界哲学史』６、ちくま新書、２０２０年）がありますが、より詳しく知りたい方は、同じく拙著『戴震と中国近代哲学――漢学から哲学へ』（知泉書館、２０１４年）を読んでいただければと思います。毛沢東と文化大革命に関する著作は数多くありますが、比較的最近のものとして、中兼和津次『毛沢東論――真理は天から降ってくる』（名古屋大学出版会、２０２１年）と銭理群『毛沢東と中国――ある知識人による中華人民共和国史』上下（阿部幹雄、鈴木将久、羽根次郎、丸川哲史訳、青土社、２０１２年）をあげておきます。荀子論として本稿に大きな影響を与えているのは、マイケル・ピュエット、クリスティーン・グロス＝ロー『ハーバードの人生が変わる東洋哲学』（熊谷淳子訳、ハヤカワ文庫、２０１８年）です。章炳麟に関しては、林少陽『「修辞」という思想――章炳麟と漢字圏の言語論的批評理論』白澤社／現代書館、２００９年）と小林武『章炳麟と明治思潮――もう一つの近代』（研文出版、２００６年）があり、本稿で触れた「消極」論については、わたしも石井剛「書く・隠れる」（中島隆博、石井剛編著『ことばを紡ぐための哲学』、白水社、２０１９年）で触れています。原子力の「最悪の悪」については、東浩紀さんも取り上げているジャン＝ピエール・デュピュイ『ありえないことが現実になるとき』（桑田光平、本田貴久訳、ちくま学芸文庫、２０２０年）が重要です。また、まさに「システム的な悪」の問題として終生原子力問題に取り組んできた高木仁三郎《じんざぶろう》のことをわたしたちはしっかりと記憶しておきたいものです。その遺作となった高木仁三郎『原発事故はなぜくりかえすのか』（岩波新書、２０００年）は繰り返し参照されるべき著作です。

私《わたし》たちは世界《せかい》の「悪《あく》」にどう立《た》ち向《む》かうか

東京大学教養《とうきょうだいがくきょうよう》のフロンティア講義《こうぎ》

二〇二二年一一月二〇日　初版第一刷発行

編　者　東京大学東《とうきょうだいがくひがし》アジア藝文書院《げいもんしょいん》
発行者　工藤秀之
発行所　株式会社トランスビュー
〒一〇三－〇〇一三
東京都中央区日本橋人形町二－三〇－六
電話　〇三－三六六四－七三三四
URL　http://www.transview.co.jp/

ブックデザイン　川添英昭
印刷・製本　モリモト印刷

ISBN 978-4-7987-0186-8 C0010

好評既刊

信長
歴史的人間とは何か
本郷和人

なぜ信長によって戦国時代は終わったのか？歴史を構造として捉え「歴史的人間」の観点からその問いに答える画期的信長論。　1800円

生きることの豊かさを見つけるための哲学
齋藤 孝

現代のストレス社会で幸せに生きるために必要な「技」とは。西洋哲学や東洋思想をヒントに「身体の知恵」を取り戻す。　1600円

13（サーティーン）
ハンセン病療養所からの言葉
石井正則

全国に13ある国立ハンセン病療養所を俳優石井正則が訪れ撮影した。写真と入所者の方々の詩で綴る、療養所の姿。　2900円

美術解剖学とは何か
加藤公太

芸術家は人間を表現するために、人体から多くのことを学んできた。芸術と医学両方を修めた著者による画期的入門書。図版多数。　2500円

（価格税別）